博雅

21世纪韩国语系列教材

고급 한국어 하

高级韩国语 下

主编／王 丹
副主编／南 燕 〔韩〕琴知雅
林成姬 文丽华 李婷婷

北京大学出版社
PEKING UNIVERSITY PRESS

本书在编写过程中得到韩国国际交流财团资助

图书在版编目(CIP)数据

高级韩国语.下 / .王丹主编. —北京：北京大学出版社，2017.4
(21世纪韩国语系列教材)
ISBN 978-7-301-27714-0

Ⅰ.①高… Ⅱ.①王… Ⅲ.①朝鲜语—高等学校—教材 Ⅳ.①H55

中国版本图书馆CIP数据核字（2017）第267654号

书　　名	高级韩国语（下）
	GAOJI HANGUOYU
著作责任者	王　丹　主编
组稿编辑	张　娜
责任编辑	刘　虹
标准书号	ISBN 978-7-301-27714-0
出版发行	北京大学出版社
地　　址	北京市海淀区成府路205号　100871
网　　址	http://www.pup.cn　新浪微博：@北京大学出版社
电子信箱	554992144@qq.com
电　　话	邮购部62752015　发行部62750672　编辑部62754382
印刷者	北京大学印刷厂
经销者	新华书店
	650毫米×980毫米　16开本　19印张　330千字
	2017年4月第1版　2017年4月第1次印刷
定　　价	65.00元

未经许可，不得以任何方式复制或抄袭本书之部分或全部内容。
版权所有，侵权必究
举报电话：010-62752024　电子信箱：fd@pup.pku.edu.cn
图书如有印装质量问题，请与出版部联系，电话：010-62756370

前　言

　　《高级韩国语》（上、下）是中国朝鲜（韩国）语教育的摇篮——北京大学外国语学院朝鲜（韩国）语言文化系继《韩国语》（1-4）之后奉献给广大读者的又一倾心之作，是六名青年教师精诚合作的结果，是教材编写团队集体智慧的结晶。

　　从开始策划编写这套高级教材之初，我们一直在思考这样几个问题，那就是在对已经掌握了基本的语法、词汇，能够用韩国语实现基本交际功能的大学韩国语专业学生进行高级阶段的教学时，我们的教学重点究竟是什么，我们应该为其提供怎样的知识，培养其何种能力。我们在深入分析中国大学生的学习特点、社会对其实际需求的基础上，结合自身的教学经验，最终确定了教材的基本编写思路，那就是在加强语言知识、文化知识传授的同时，更重视加强学生综合能力的培养，启发学生进行有深度的思考，以期达到拓展其人文视野，提高其人文素养之目的。为体现这一编写理念，在编写过程中，我们一直努力将近年来国内外在应用语言学、朝鲜（韩国）语教育学研究方面的先进成果及我们在教学过程中积累下来的行之有效的经验与方法融入到教材之中。全套书共分为上、下两册，每册设有5个单元15课，涵盖了日常生活、语言文学、民族精神、宗教思想、文化艺术、社会制度等诸多领域，精选最能反映韩国文化的代表性文章，力求角度多元，体裁多样，同时结合"文化介绍"及"拓展阅读"等版块，为广大读者搭建一个全面深入了解韩国文化与社会的平台。在练习题设计方面，注重进行听说读写译五种功能的多维度训练，注重加强对学生理解与表达能力的培养，在对语法与词汇进行充分练习的同时，通过设计各种促进学生能力发展的训练内容，启发学生进行独立而深入的思考，以期达到语言活动与认知活动的完美结合。

　　本书每一课的基本结构如下：

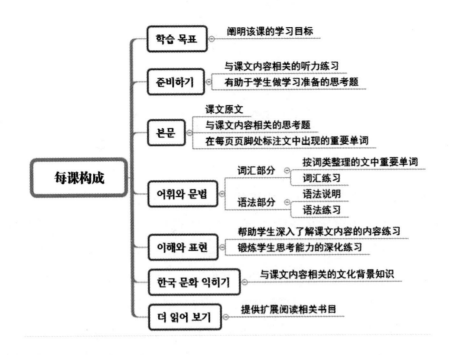

　　本套教材采用的编写方法是，在集体讨论确定各单元主题及各课选材后，首先解决所有选文的版权问题，并向部分作者直接约稿。之后在确定教材单元构成的基础上，由各位老师执笔编写各课内容，最后所有编者打破分工界限，一起对教材书稿进行反复修改、完善。教材编写的具体分工情况如下，王丹全面主持编写工作并编写上册6、10、11、12课及下册7、15课；南燕协助主持编写工作并编写上册5、7、14、15课及下册2、12课；琴知雅协助主持编写工作、编写教材听力文本、韩文词句把关；林成姬编写上册1、3、8课及下册4、5、9课；文丽华编写上册4、9、13课及下册3、8、11课；李婷婷编写上册2课及下册1、6、10、13、14课。把六个人的思想完美地融合到一套教材中并非易事，既要求我们把每个人的专业优势发挥得淋漓尽致，又需要我们为全书的统一而顾全大局。在并肩战斗的近千个日夜里，在同甘共苦的艰苦过程中，我们不仅收获了知识与经验，更收获了彼此的信任与友谊。

　　在这套教材即将付梓的今天，谨向关心与支持我们的所有同仁表达我们诚挚的谢意！首先，我们要把发自内心的感谢献给韩国釜山大学的金承龙教授。为了能让学生学习地道的韩国语，了解韩国文化的精髓，我们决定选取韩国原版文章作为课文文本，这就意味着我们首先要取得所有选文的版权许可。当我们真正开始联系相关出版社或者作者时，我们才意识到事情的难度远远超出我们的想象。当多次联络石沉大海、试图通过官方途径解决的努力得不到回应之时，金承龙教授主动请缨帮助我们解决这一横亘在我们面前的难题。金教授牺牲了自己的宝贵时间，与几十个出版社、几十位作者一一联系，历时一年多的时间，终于为我们从出版社或原文作者处取得了全部引用文章的版权使用许可！不仅如此，他还慷慨解囊，从韩国为我们购置大量参考图书，并在主题选取方面也给了我们诸多宝贵意见与建议。金教授的无私帮助给了我们战胜困难的勇气，而我们能做的，唯有用心编写这套教材来回报他的默默付出与真挚情谊！我们还要感谢欣然接受我们的赐稿请求，百忙之中为我们的教材亲自撰文的梨花女子大学李培镕教授、韩国国立首尔大学宋丙洛教授、权在一教授、闵贤植教授、庆北大学白斗铉教授、郑羽洛教授、釜山大学金承龙教授，他们的不吝赐文为更多渴求知识的中国学生打开一扇充满魅力的智慧之门。感谢欣然同意我们使用珍贵作品作为教材课文的所有相关出版社与原文作者。我们还要真诚地感谢抽出宝贵时间为我们认真校对书稿的我们的好姐妹——北京联合大学权震红老师、北京第二外国语学院崔英兰老师、北京语言大学丁一老师，她们的热情帮助我们将永远铭记在心。感谢帮助我们对书稿做最后校对、整理的爱徒刘畅、张磊、申明钰、曹梦玥，是他们用他们的真诚给了我们最灿烂最幸福的回报，让我们更加深刻体会到了教师这一工作的意义！感谢允许我们无偿使用《岁寒图》这一韩国文化瑰宝作为教材封面的《岁寒图》所有者孙昌根老人，感谢在我们与老人联系过程中予以积极协助的韩国国立中央博物馆有关人士，感谢为教材听力部分献上完美配音的闵庆万先生、琴知雅老师，感谢为我们的教材绘制精美插图的我们系的才女刘雨晨同学，感谢为本书的编写与出版提供经费支持的韩国国际交流财团及北京大学国家外语非通用语种本科人才培养基地。最后，我们还要感谢此书的编辑，我们的学生兼系友刘虹的积极配合与鼎力相助！太多感激，无以言表，我们只能藏记于心；太多激励，怎敢辜负，我们唯有砥砺前行！

尽管这是一部用心之作，但由于我们的能力与经验的不足，在实际编写中难免仍会出现各种纰漏，我们真诚盼望广大读者与国内外同行不吝赐教，批评指正！

编者

2017.3

目 录

제1단원 문화의 상징과 공간들

01	잃어버린 문화재, 되찾은 문화재	3
02	간송 전형필	15
03	신라 천년의 중심, 속살을 드러낸 반월성에 올라	39

제2단원 사상의 갈래와 만남

04	매화 그늘을 서성이며	59
05	산신각	77
06	서양은 에피스테메를 말하지만 우리는 혼란을 말한다	95

제3단원 문화를 사랑하는 민족

07	추운 시절의 그림, 세한도	109
08	미인도는 왜 남겨 두었을까?	131
09	가야금 인생	153

제4단원 품성이 아름다운 사람들

10	백범일지	175
11	한국 역사를 빛낸 아름다운 여성들	191
12	엄마를 부탁해	215

제5단원 사람 사회는 어떻게 이루어져 가는가

13	한강의 경제 기적	237
14	우리 사회를 바꾼 호주제 판결	251
15	우리에게 대학이란 무엇인가?	265

제 1 단원

문화의 상징과 공간들

01 잃어버린 문화재, 되찾은 문화재
02 간송 전형필
03 신라 천년의 중심, 속살을 드러낸 반월성에 올라

잃어버린 문화재, 되찾은 문화재

학습 목표

★ 문화재의 중요성에 대해 알아봅시다.
★ 문화재 환수의 당면성에 대해 생각해 봅시다.

준비하기

1. 다음은 한국 문화재에 대한 대화입니다. 잘 듣고 말해 봅시다.

2. 다음 내용에 대해 생각해 봅시다.

   ❓ 다음 사진을 보고 떠오르는 국가 이름을 빈칸에 써 봅시다.

   ❓ 문화재에도 국적이 있다고 생각합니까? 요즘 많은 국가들이 자국의 문화재를 세계 유산으로 등재하기 위해 많은 노력을 기울이고 있는데 이런 현상에 대해 어떻게 생각하는지 말해 봅시다.

잃어버린 문화재, 되찾은 문화재#

오태경*

1. 북관대첩비, 100년 만에 돌아오다

북관대첩비는 임진왜란(1592~1598) 당시 의병장 정문부(鄭文孚)가 함경도, 곧 '북관(北關)'에 쳐들어온 왜군을 크게 격퇴한 것을 기리기 위해 세운 기념비이다. 전쟁 초기에 파죽지세로 밀고 들어와 함경도까지 진주했던 왜군은 정문부가 이끄는 7천여 의병의 반격에 밀려 물러가게 되었다. 수적인 열세에도 불구하고 왜군의 침략을 꿋꿋하게 물리쳐 조선의 동북부를 지킨 의병들의 업적을 기념하기 위해 이 북관대첩비가 세워지게 된 것이다.

그러나 조선의 지배권을 두고 러시아와 일본 간의 전쟁이 한창이던 1905년, 북관대첩비는 일본군에 의해 강제로 뽑혀 일본으로 반출된다. 일본인들은 자신들의 치욕적인 역사가 담겨 있는 이 비석을 그냥 놓아 둘 수 없었던 것이다. 전리품으로서 야스쿠니 신사에 보내진 북관대첩비는 '비문의 내용이 사실과 다르니 믿지 말라'는 안내문과 함께 신사 한 구석에 방치된다.

일제 강점기와 해방, 뒤이은 남북 분단과 전쟁 등 역사의 소용돌이를 거치면서 비석의 존재는 사람들의 기억에서 사라지고 말았다. 그러다가 1978년에 재일 동포 출신의 학자에 의해 비석이 다시 발견되고, 이때부터 북관대첩비를 환수하려는 움직임이 일어나기 시작하였다. 이러한 움직임은 민간 차원과 정부 차원에서 동시에 이루어져 우리나라 정부가 일본 정부에 공식적으로 반환을 요청하였다.

그러나 일본 정부나 야스쿠니 신사에서는 비석 반환을 거부하였다. 당시 일본 정부는 '북관대첩비의 본래 소재지가 북한'이라는 이유를 들어 우

---

1. '북관대첩비'의 사진을 찾아보고 그 문화재적 가치에 대해 말해 봅시다.

2. 러일전쟁에서 왜 조선의 비석이 '전리품'이 되었을까요? 그 역사적 배경에 대해 알아봅시다.

3. 비석이 70여 년 만에 다시 발견된 것에 대해 어떻게 생각합니까?

본문에서 언급된 '북한'은 '조선'을 말한다. 원문을 존중하는 차원에서 그대로 쓰기로 한다.
* 오태경(吳泰京, 1972~2011), 전 고려대학교 사범대학 부속중학교 국어교사.

의병장, 쳐들어오다, 왜군, 격퇴하다, 기리다, 파죽지세, 진주하다, 반격, 물러가다, 수적, 열세, 꿋꿋하다, 물리치다, 반출되다, 치욕적, 비석, 전리품, 야스쿠니 신사, 비문, 방치되다, 일제 강점기, 뒤잇다, 분단, 소용돌이, 재일 동포, 환수하다, 반환, 소재지

리 정부의 반환 요청을 받아들이지 않았으며, 야스쿠니 신사에서도 '남한과 북한이 공동으로 합의하면 반환하겠다'는 입장을 보였다. 하지만 분단 상황에 놓여 있는 남북이 문화재 반환에 대한 합의를 이루기는 거의 불가능했다. 또한 북한은 일본과 공식적으로 외교 관계를 맺은 상태가 아니기 때문에 문화재 반환에 대한 협상 자체를 할 수도 없었다. 이런저런 이유로 북관대첩비는 계속 방치된 채 훼손되고 있었다.

그러나 한반도에 화해 분위기가 무르익으면서 북관대첩비의 반환 협상도 물꼬가 트이게 되었다. 남한, 북한, 일본의 민간단체가 만나 북관대첩비를 북한으로 돌려보내기로 합의를 한 데 이어, 남북한 정부도 공동으로 일본에 문화재 반환을 요청하기로 합의를 보았다. 이렇게 민간단체와 남북한 정부가 서로 협력한 결과, 북관대첩비는 2005년 10월 20일 우리나라로 돌아오게 된다. 비석은 훼손된 부분을 복원하는 작업을 거친 다음 국립박물관에서 일반에 공개되었다. 그리고 전시용 복제품을 만들어 경복궁에 비치하고, 진품은 2006년 3월 1일에 북한으로 인도하였다. 북한은 이 비석을 '국보 유적 제193호'로 등록하고 함경북도 김책시, 비석이 원래 있던 자리에 세워 보존하고 있다.

4. 일본의 입장이 합리적이라고 생각합니까?

5. 한일 관계에 있어서 '2005년'과 '3월 1일'은 어떤 의미가 있는지 알아봅시다.

2. 되찾아야 할 우리 문화재

혼란과 격변의 시대를 거치면서 우리나라의 수많은 문화 유물들이 파괴되거나 불법으로 약탈당했다. 현재 약 7만 6천여 점의 문화재가 해외 여러 나라에 흩어져 있으며, 대다수는 일본, 미국, 영국 등의 강대국들이 소유하고 있다. 잃어버린 문화재를 되돌려 받기 위해 민간이나 정부 차원에서 꾸준한 노력이 있어 왔지만, 그 실적은 아직 미미하다.

다른 나라에 빼앗긴 문화재를 되찾기 힘든 것은 현재 문화재를 소유하고 있는 나라가 되돌려 주기를 꺼리는 데에 가장 큰 원인이 있다. 그 나라들은 대부분 불법으로 약탈해 간 사실을 숨기거나, 아니면 합법적인 거래를 통해 얻었다고 주장하며 문화재를 환수할 구실을 주지 않으려 한다. 또한 문화재를 되찾으려는 나라들의 관리 능력을 문제 삼으며 자신들이

6. 이 나라들이 왜 한국의 유실된 문화재를 많이 보유하고 있을까요?

7. 다른 나라의 문화재를 얻는 데 있어서 '불법'과 '합법'의 경계가 무엇인지 생각해 봅시다.

훼손되다, 화해, 무르익다, 물꼬, 트이다, 돌려보내다, 복원하다, 일반, 복제품, 비치하다, 진품, 인도하다, 격변, 유물, 불법, 약탈(당하다), 점, 흩어지다, 강대국, 실적, 미미하다, 꺼리다, 구실

그 문화재를 보호하는 것이 인류 문화를 위해서 더 좋다는 논리를 펴기도 한다.

하지만 이런 어려움 때문에 문화재를 되찾으려는 노력을 소홀히 하거나 포기해서는 안 된다. 빼앗긴 문화재는 아무리 오랜 시일이 걸리더라도 반드시 되찾아야 할 필요가 있다. 그 이유는 다음과 같은 점에서 찾을 수 있다.

첫째, 문화재는 민족의 역사와 문화를 이해하기 위해 필요한 <u>연구 자료</u>가 되기 때문이다. 과거에 강대국들이 문화재 약탈에 열을 올렸던 데에는 그것이 속한 사회와 문화에 대한 지식을 얻으려는 목적도 있었다. 문화재를 약탈한 나라는 그에 대한 연구를 통해 다른 민족과 사회에 관한 귀중한 지식을 얻는 반면, 문화재를 빼앗긴 나라에서는 자신들의 역사와 전통을 연구하는 데 필요한 자료가 없어 쩔쩔매고 있다. 이런 현실이 우리 세대를 넘어 후대까지 지속되는 것은 부끄러운 일이 될 것이다.

둘째, 문화재는 그저 박물관에나 보관되어야 할 과거의 유물이 아니라 자기 문화의 자긍심을 나타내는 것이기 때문이다. 우리는 개성을 가진 개인이기도 하지만 문화적인 전통 안에 있는 사회적 존재이기도 하다. <u>우리의 자긍심과 정체성은 문화적 전통이나 문화재를 통해서도 형성된다.</u> 이런 역할을 하는 문화재를 외국에 두고서도 그것에 대한 소유권조차 강력하게 주장할 수 없는 것은 민족적 자존심을 훼손당하는 일이다. 역사와 문화를 배울 때마다 '이 작품은 매우 훌륭한 작품입니다. 그런데 이 작품은 현재 우리가 갖고 있지 못하지요.'라는 설명을 대를 이어 되풀이하게 할 수는 없다.

잃어버린 문화재를 되찾으려는 노력은 우리나라만 하고 있는 것이 아니다. <u>이집트, 에티오피아, 그리스 등 많은 나라들</u>이 자기네 문화재를 보유하고 있는 나라들을 상대로 문화재 환수를 위한 협상을 벌이고 있다. 약탈당한 문화재를 환수하는 것은 한 국가의 위상을 세계 속에 다시 세우는 일일 뿐 아니라 어그러진 자국민의 문화적 자긍심을 바로잡는 일이기도 하다. 문화재를 되찾아 오는 것은 위대한 문화를 물려받은 후손으로서 마땅히 해야 할 일이다. 또한 되찾아 온 문화재를 원천으로 새로운 문화를 창조해야 할 후대를 위해 마땅히 해야 할 일이다.

8. 문화재의 실제적 용도는 '연구 자료' 이외에 또 무엇이 있는지 말해 봅시다.

9. 글쓴이의 이 주장에 동의하는지 말해 봅시다.

10. 이 나라들은 어떤 공통점을 갖고 있는지 생각해 봅시다.

시일, 열, 귀중하다, 쩔쩔매다, 자긍심, 정체성, 되풀이하다, 위상, 어그러지다, 물려받다, 원천

 어휘와 문법

단어

명　　사: 의병장, 왜군, 파죽지세, 반격, 열세, 비석, 전리품, 야스쿠니 신사, 비문, 일제 강점기, 분단, 소용돌이, 재일 동포, 반환, 소재지, 화해, 물꼬, 일반, 복제품, 진품, 격변, 유물, 불법, 점, 강대국, 실적, 구실, 시일, 열, 자긍심, 정체성, 위상, 원천
명사·관형사: 수적, 치욕적
동　　사: 쳐들어오다, 격퇴하다, 기리다, 진주하다, 물러가다, 물리치다, 반출되다, 방치되다, 뒤잇다, 환수하다, 훼손되다, 무르익다, 트이다, 돌려보내다, 복원하다, 비치하다, 인도하다, 약탈(당하다), 흩어지다, 꺼리다, 쩔쩔매다, 되풀이하다, 어그러지다, 물려받다
형용사: 꿋꿋하다, 미미하다, 귀중하다

어휘 연습

1. 반대말이 아닌 것을 골라 봅시다.

   (1) ① 환수하다-반환하다　　② 격퇴하다-물리치다
   　　③ 물러가다-쳐들어오다　　④ 트이다-막히다
   (2) ① 자긍심-자괴감　　② 복제품-진품
   　　③ 소용돌이-물꼬　　④ 분단-통일

2. [보기]에서 알맞은 것을 골라 빈칸에 써 봅시다.

   > 보기: 위상, 구실, 실적, 수적, 원천, 정체성, 일반, 보통

   (1) 계속 몰려오는 적군들을 (　　　)로/으로 당하기는 어려웠다.
   (2) 청소년기는 자신의 (　　　)를/을 확립하는 시기이다.
   (3) 그는 보호라는 (　　　) 아래 우리를 자기 마음대로 하려 했다.
   (4) 그의 마지막 작품은 이번 전시를 통해 처음으로 (　　　)에 공개됐다.

3. 밑줄 친 부분과 바꾸어 쓸 수 있는 것을 [보기]에서 골라 봅시다.

> 보기: 어그러지다, 약탈당하다, 방치하다, 기리다,
> 비치하다, 뒤잇다, 되풀이하다

(1) 큰아들이 아버지의 가업을 <u>물려받았다</u>. ( )
(2) 가난한 농민들의 얼마 안 되는 재물조차도 적군에게 <u>빼앗겼다</u>. ( )
(3) 이사를 하면서 장롱의 문짝이 <u>틀어져서</u> 잘 닫히지 않는다. ( )
(4) 그들은 고인을 <u>기념하는</u> 문학상을 만들기로 결정했다. ( )
(5) 아프지 않다고 그대로 <u>내버려 두면</u> 나중에 큰 병이 될 수 있다. ( )

4. [보기]에서 알맞은 것을 골라 적절한 형식으로 문장을 완성해 봅시다.

> 보기: 꿋꿋하다, 미미하다, 쩔쩔매다, 어그러지다,
> 방치하다, 비치하다, 물러가다, 반출되다

(1) 당황해서 어찌할 바를 몰라 _____ 목소리였다.
(2) 가정에도 상비약을 항상 _____ 것이 좋다.
(3) 그들은 시련과 고통을 _____ 이겨 나갔다.
(4) 일본에 _____ 불상은 기업인들의 노력으로 국내로 들어오게 됐다.

문법 설명

1. -(으)ㄴ 데 이어

앞과 뒤의 행위가 잇따라 발생함을 나타낸다.

▶ 민간단체들이 북관대첩비를 돌려보내기로 합의를 한 데 이어, 양측 정부도 공동으로 일본에 문화재 반환을 요청하기로 합의를 보았다.
▶ 회사 매출은 작년에 두 배 증가한 데 이어 올해에도 꾸준한 성장세를 보이고 있다.
▶ 앞서 우리 회사가 신제품을 출시한 데 이어 어제 경쟁사에서도 신제품을 내놓았다.
▶ 몇 년 전부터 친구들이 차례대로 결혼을 한 데 이어 슬하에 아이를 두고 있다.

2. 에/-(으)ㄴ/는데도 불구하고

얽매여 거리끼지 않다는 뜻을 나타낸다.

▶ 수적인 열세에도 불구하고 왜군의 침략을 꿋꿋하게 물리쳐 조선의 동북부를 지킨 의병들의 업적을 기념하기 위해 이 북관대첩비가 세워지게 된 것이다.
▶ 쏟아지는 폭우에도 불구하고 공사를 강행했다.
▶ 몸살이 나 밤새 뜬눈으로 밤을 새웠음에도 불구하고 정상 출근했다.
▶ 그렇게 말렸는데도 불구하고 말을 듣지 않고 일을 저질렀다.

3. -당하다

행위를 나타내는 일부 명사 뒤에 붙어 '피동'의 뜻을 더하고 동사를 만드는 접미사이다.

▶ 혼란과 격변의 시대를 거치면서 우리나라의 수많은 문화 유물들이 파괴되거나 불법으로 약탈당했다.
▶ 수없이 거절당하다 보니 실패가 두렵지 않았다.
▶ 가장 친한 친구에게 이용당한 걸 생각하면 아직도 속상하다.
▶ 여중생 2명이 학교 앞에서 납치당할 뻔한 사실이 알려져 주목을 받고 있다.

문법 연습

1. '-(으)ㄴ 데 이어'를 사용하여 적절한 형식으로 문장을 완성해 봅시다.

   (1) 월초부터 (대화의 물꼬가 트이다/ 협상이 타결되다)
       월초부터 대화의 물꼬가 트인 데 이어 2주 만에 협상이 타결됐다.
   (2) 오전에 (반격을 시작하다/ 적군을 격퇴하다)
       오전에 _____.
   (3) 훼손된 비석은 (복원 작업을 거치다/ 공개적으로 전시되다)
       훼손된 비석은 _____.
   (4) 미술관에서 그림의 (복제품을 만들다/ 진품을 반환하다)
       미술관에서 그림의 _____.

2. '에/-(으)ㄴ/는데도 불구하고'를 사용하여 문장을 만들어 봅시다.

(1) 야스쿠니 신사, 주변국, 반대(하다), 거세다, 참배하다
   _____

(2) 실적, 열, 추격(하다), 뒤늦다, 올리다, 미미하다
   _____

(3) 화해, 협상, 분위기, 끝내, 무르익다, 어그러지다
   _____

(4) 열세, 작전, 수적, 꿋꿋하다, 준비하다, 펼치다
   _____

3. 주어진 단어를 피동형으로 바꾸어 문장을 완성해 봅시다.

(1) 그들에게 주도권이 (잡다) _____ 뒤로 우리는 계속 밀리기만 했다.
(2) 중학교 때 매일 (무시하다) _____ 살았던 기억이 아직도 생생하다.
(3) 사망자 유품이 가족들에게 (인도하다) _____ 3개월이나 걸렸다.
(4) 경찰의 꼼꼼한 수사로 사건의 전모가 (밝히다) _____.
(5) 유명 정치인이 가정 폭력 혐의로 (체포하다) _____ 충격을 주고 있다.
(6) 수입금 전액이 문화 사업에 (사용하다) _____.

 이해와 표현

내용 학습

1. '북관대첩비'의 유출과 환수 과정에 대해 본문의 내용을 참조하여 정리해 봅시다.

연도	사건	사건의 결과/영향
1905		
		환수 노력 시작
	남북 화해 분위기 조성	
2005		
		비석을 원래 자리에 세워 보존

2. 북관대첩비의 환수 과정에서 관련국 정부 이외에 민간 행위자도 중요한 역할을 한 것으로 나타났습니다. 본문에서 언급된 다양한 행위자들의 역할을 정리해 봅시다.

개인	단체/기관	정부

3. 문화재 환수에 관련한 당사국들은 각자의 처지에 따라 다른 '입장'을 보이곤 합니다. 글쓴이가 주장하는 환수의 필요성과 현재 소유국들이 흔히 내세우는 반환 거부의 논리에 대해 본문의 내용을 참조하여 각각 정리해 봅시다.

되찾으려는 입장	되돌려 주기를 꺼리는 입장
▶	▶
▶	▶

심화 학습

1. 문화재 환수와 국력 혹은 국제 정치와의 관계에 대해 본문의 내용을 참조하여 생각해 봅시다.

2. 문화재의 주인은 누구일까요? 글쓴이가 해당 문화재를 만든 '민족'이나 '국가'라고 주장하는 반면 현재 소유국의 주장에서 시사되는 바와 같이 '합법적인 거래를 통해 얻은 자'나 '인류 공동'이라고 보는 시각도 있을 수 있습니다. 이에 대한 여러분의 생각을 정리해 봅시다.

    ▶나의 생각: ☐ (문화재를 만든) 민족이나 국가, ☐ 합법적 소유자, ☐ 인류 공동
    ▶그 이유: _____
    _____
    _____
    _____

3. '잃어버린 문화재는 우리 민족을 위해 반드시 되찾아야 한다.'라는 글쓴이의 주장에 대해 찬성측과 반대측으로 나누어 토론해 보고 양측의 주요 논리를 다음에 정리해 봅시다.

찬성측	반대측

한국 문화 익히기

한국의 문화재 반환*

문화재 반환 문제는 문화재가 제작된 원소유국을 떠나 불법적인 과정을 거쳐서 타 국가의 공공 기관 및 개인이 소장하게 된 문화재에 대해 원소유국이 반환을 주장할 경우에 제기된다. 불법적으로 해외로 반출된 문화재를 환수하기 위해서 유엔 산하 전문 기구인 UNESCO를 중심으로 관련 협약이 제정되어 왔다. 하지만 협약이 강제력이 없는 국제법이며, 문화재 반환 분쟁에서 가장 많이 원용되는 '문화재의 불법 반출입 및 소유권 양도 금지와 예방 수단에 관한 협약'은 1970년 이후 거래된 문화재에만 적용된다는 한계가 있다. 결국 문화재 반환은 주로 이해 당사국 정부 간의 협상, 기증, 구입을 통해 이루어지고 있다.

한국 문화재도 역사상 다양한 원인으로 인해 해외로 많이 유출됐다. 현재까지 파악된 해외 소재 한국 문화재는 총 167,968점(2016년 9월 1일 기준)이고, 약 20여 개국에 퍼져 있다. 그 국가별 소장 현황은 다음 표와 같다.

표1: <국가별 한국 문화재 소장 현황>

국가	소장처	수량(%)	국가	소장처	수량(%)
일본	동경국립박물관 등	71,422(42.52)	덴마크	국립박물관	1,278(0.76)
미국	메트로폴리탄 박물관 등	46,641(27.77)	카자흐스탄	국립도서관	1,024(0.61)
중국	북경고궁박물원 등	12,706(7.56)	헝가리	훼렌쯔호프동양미술박물관	341(0.20)
독일	쾰른동아시아박물관 등	10,940(6.51)	바티칸	민족박물관	298(0.18)
영국	영국박물관 등	7,955(4.74)	스위스	민족학박물관 등	119(0.07)
러시아	모스크바국립동양박물관 등	5,633(3.35)	벨기에	왕립예술역사박물관 등	56(0.03)
프랑스	국립기메박물관 등	3,319(1.98)	스웨덴	동아시아박물관 등	51(0.03)
캐나다	로얄온타리오박물관 등	3,289(1.96)	호주	뉴사우스웨일즈박물관 등	41(0.02)
오스트리아	빈민속박물관 등	1,511(0.90)	이탈리아	국립동양예술박물관	17(0.01)
네덜란드	라이덴국립민속박물관 등	1,327(0.79)	합계	--	167,968(100)

(출처: 국외소재문화재재단 홈페이지 참조)

---

* 이 부분의 내용은 '위키백과(http://ko.wikipedia.org)', '국외소재문화재재단 홈페이지(http://www.overseaschf.or.kr)' 등을 참조하여 정리한 것이다.

표2: <시대별 한국 문화재 환수 현황>

	1951~1960	1961~1970	1971~1980	1981~1990	1991~2000	2001~2010	2011~2016.9
	113	1,344	45	1,248	1,733	3,769	1,718

(출처: 국외소재문화재재단 홈페이지 참조)

한국은 해외 유출 문화재의 환수를 위해 오랫동안 노력해 왔고 위의 도표에서 보여 준 바와 같이 현재까지 환수된 문화재 수는 총 9,970점이다(2016년 9월 1일 기준). 국가별로는 일본, 미국, 스페인 등의 순이며, 방법별로는 기증, 정부간 협상, 구입 등의 순이다. 대표적인 사례로는 1965년의 '한일문화재협정' 1,432점, 1991년의 '영친왕비 복식 양도협정' 295점, 2011년의 '프랑스가 보유하고 있던 외규장각 도서 반환' 297점과 '일본 궁내청 소재 조선 왕조 도서 반환' 1,205점이 있다.

한국 문화재청은 해외 유출 문화재에 대한 조사 연구 및 환수를 위해 2012년 7월에 산하 특수 법인으로 국외소재문화재재단을 설립했다. 재단의 중요한 임무는 해외 유수의 박물관과 미술관은 물론, 민간에 흩어져 있는 한국문화재의 정확한 실태를 파악하는 것이다. 이를 통해 합법적으로 반출된 문화재는 현지에서 최대한 활용할 수 있게 돕는 각종 지원 사업을 수행하고, 불법 혹은 부당하게 국외로 유출된 것이 분명하게 확인되면 이를 되찾기 위해 사업을 진행하고 있다.

 더 읽어 보기

국외소재문화재재단, 『우리 품에 돌아온 문화재』, 눌와, 2014.
유홍준, 『나의 문화유산답사기』(1~8), 창비, 2011, 2012, 2015.
이영호, 『잃어버린 우리 문화재를 찾아서』, 거인, 2014.
이재호, 『천년 고도를 걷는 즐거움』, 한겨레, 2005.
혜 문, 『빼앗긴 문화재를 말하다』, 금강초롱, 2015.

02 간송 전형필

 ## 학습 목표

★ 간송 전형필에 대해 알아봅시다.
★ 문화재를 보호하기 위해 어떠한 노력을 해야 하는지 생각해 봅시다.

 ## 준비하기

1. 다음은 간송 전형필의 삶에 대한 대화입니다. 잘 듣고 말해 봅시다. 02

2. 다음 내용에 대해 생각해 봅시다.

   ❓ 다음은 문화재를 판매하거나 파괴시키는 그림들입니다. 이에 대한 여러분의 생각을 말해 봅시다.

   ❓ 만약 여러분이 우연한 기회에 귀한 문화재를 발견하게 된다면 어떻게 하겠습니까? 이에 대해 말해 봅시다.

간송 전형필

김창원·조형주*

1. '반년 시계로 통하다'라는 말은 무슨 뜻일까요?

서울 성북동의 좁은 골목 끝에 위치한 간송미술관은 우리나라 최초의 근대식 사립 박물관이다. 이곳에서는 1971년 이래 해마다 1년에 딱 두 번 2주일(5월과 10월 둘째 주) 동안만 전시회를 여는데, 전시회가 열리는 동안에는 이른 아침부터 늦은 저녁까지 기대감에 부푼 사람들의 발걸음으로 북적거린다. 전시회에 나오는 작품들이 하나같이 국보나 보물급에 이르는 귀한 것들인데다, 도심에서는 매우 드물게 한적하고 고요한 분위기의 전시 공간에서 진지하게 감상에 몰두할 수 있기 때문이다. 상황이 이러하니 미술 애호가들 사이에서 간송미술관의 전시회는 흔히 '반년 시계'로 통한다. 반년의 긴 기다림이 끝나고 드디어 전시물을 볼 기회가 주어졌음을 알려 주기 때문이다. 이 미술관이 세워진 것은 1938년, 간송 전형필(澗松 全鎣弼, 1906~1962)에 의해서이다. 그는 평생 우리 문화유산을 수집하는 데 헌신하였으며, 일제 강점기와 한국 전쟁이라는 사회 혼란기에 우리의 소중한 문화유산이 나라 밖으로 빠져나가거나 훼손당하는 것을 온몸으로 막아 낸 사람이었다.

1. 10만 석을 상속받은 갑부의 고민

2. 전형필의 출신과 경력에 대해 정리해 봅시다.

간송 전형필은 1906년 중추원 의원이자 종로 거상인 전영기의 2남 4녀 중 막내로 태어났다. 그의 집안은 당시 서울 종로 일대의 상권을 잡다시피 한 소문난 갑부였다. 간송은 태어나자마자 작은 아버지에게 입양되었는데, 워낙 손(孫)이 귀한 집안이었기에 그는 집안 어른들의 사랑을 독차지하며 자라났다. 집에서 집안 어른들에게 한학을 배우던 간송은 열두 살 되던 해, 어의동 보통학교(지금의 효제 초등학교)에 입학해 신학문을 공부하면서 세상에 대한 견문을 넓혀 나갔다. 1921년 휘문 고보에 진학한 간송

---

* 김창원: 경인교육대학교 국어교육과 교수, 조형주: 한성고등학교 국어교사

근대식, 사립, 부풀다, 북적거리다, 한적하다, 강점기, 혼란기, 상속, 갑부, 거상, 상권, 입양되다, 견문

은 학업뿐 아니라 예술과 체육 분야에서도 뛰어난 재능을 보이는데, 휘문고보 4학년 때에는 야구부 주장을 맡아 일본 원정 경기에서 오사카고를 대파하기도 했다.

하지만 이런 행복은 오래가지 않았다. 집안 어른들의 죽음이 이어지면서 집안에 남자라고는 간송과 그의 친부만 남게 되었다. 간송은 이런 슬픔을 뒤로 한 채 더 넓은 세상을 만나기 위해 일본 와세다대학으로 유학을 갔다. 하지만 그의 유학 생활은 순탄치 않았다. 4년 간의 유학 기간 동안 망국인의 설움을 많이 겪었는데, 그때마다 그를 위로해 주는 것은 독서와 도서 수집밖에 없었다. 간송은 학교 근처에 있던 '마루젠'이라는 서점을 즐겨 찾았다. 그의 저서인 『수서만록』에는 다음과 같은 일화가 기록되어 있다.

어느 날, 간송이 마루젠에서 도서 목록을 기록한 책을 보고 있었다. 그런데 같은 반에 다니던 일본인 친구가 뒤에서 그를 툭 치며 "자네, 그 목록을 가득 채울 자신이 있나?" 하며 비웃었다. 순간 간송은 미묘한 감정을 느꼈다. '조선인인 너 따위가 그 도서 목록이 다 차도록 장서를 할 수 있겠느냐?'는 뜻으로 들은 것이다. 그는 화를 억누르며 "오랫동안 노력해서 책을 모으면 이런 목록을 몇 권이라도 채울 수 있지 않겠는가?"라고 대꾸했지만, 가슴이 쓰리고 아팠다. 이 일을 계기로 그는 조선의 훌륭한 문화를 입증할 도서 문고를 만들겠다고 결심하게 되었다.

간송은 일본 유학을 마치고 돌아오자마자 10만 석이나 되는 막대한 재산을 상속받았지만 마냥 기뻐하지는 않았다. 오히려 '이 막대한 재산을 어떻게 가치 있게 쓸 것인가?'에 대해 깊이 고민하였다. 그 무렵, 간송은 그의 인생을 뒤바꾸게 될 중요한 사람을 만나게 된다. 바로 3.1 운동 때 민족대표의 한 사람이었던 위창 오세창(葦滄 吳世昌, 1864~1953) 선생이다.

고교 시절부터 전형필의 예술적 감각을 눈여겨 본 한국 최초의 서양화가인 고등학교 은사 춘곡 고희동(春谷 高羲東, 1886~1965)의 주선으로 만나게 된, 스무 살의 간송과 환갑의 위창은 40년의 나이 차이에도 불구하

3. 전형필이 책을 소장하게 된 계기는 무엇인가요?

4. 오세창이 전형필에게 어떤 영향을 미쳤는지 말해 봅시다.

주장, 원정, 대파하다, 친부, 망국인, 장서, 억누르다, 쓰리다, 막대하다, 뒤바꾸다, 눈여겨보다, 주선

고 세월을 뛰어넘은 우정으로 서로에게 큰 영향을 미쳤다. 간송은 당대 최고의 문화재 감식안이자 서예의 대가인 위창에게 직접 글씨와 서화를 배우면서 문화재에 대한 안목과 올바른 관점을 갖게 되었다.

"인간과 짐승을 가장 분명하게 구분해 주는 것이 바로 문화라는 것이야. 그런 의미에서 한 나라의 문화재란 그것을 공유하는 사람들의 주체성과 정신적 가치가 깃든 일종의 유산이지. 즉 우리 문화재는 우리 민족의 정신이 함축된 유산이란 말일세. 우리 문화재를 지키는 일은 그 일에 생애를 바치겠다는 굳건한 뜻이 있어야 가능하네. 아니, 그 뜻만큼 중요한 것이 능력이야. 우리 문화재를 닥치는 대로 사들이는 일본인 수집가들과 맞설 수 있는 힘이 있어야 한다는 말일세."

당시만 해도 문화를 만들고 누리는 일에 무지하다시피 한 사람들이 많아 김홍도나 장승업의 명화로 벽을 도배하는가 하면, 청화 백자 같은 보물들을 개나 고양이의 밥그릇으로 쓰기도 하였다. 설상가상으로 관리들은 문화재를 골동품이라 하여 뇌물로 바치는 데 급급했고, 이를 무더기로 밀반출하면서 제 주머니만 불리는 수집가들이 판치던 때였다. 게다가 일제는 재력이나 무력을 사용하여 가치 있어 보이는 다량의 문화재를 일본으로 빼돌리고 있었다.

위창으로부터 큰 깨달음을 얻은 간송은 우리 문화재가 소실되거나 나라 밖으로 유출되는 상황을 그저 두고 볼 수 없었다. 1932년, 간송은 '한남 서림'이라는 인사동의 고서점을 인수하여 일제에 빼앗기고 불태워지던 우리의 고서들을 본격적으로 수집했다. 우리의 문고를 만들겠다는 대학 시절의 다짐을 실천에 옮기기 시작한 것이다. 간송의 남다른 뜻이 알려지면서 훌륭한 고서들이 한남 서림으로 모여들었다. 이렇게 수집된 『금보(琴譜)』(보물 283호), 『동국정운(東國正韻)』(국보 71호), 『동래선생교정북사상절(東萊先生校正北史詳節)』(국보 149호) 등은, 오늘날 국학 연구에 없어서는 안 되는 귀중한 자료들이다.

5. '제 주머니만 불리다'라는 말은 무슨 뜻인가요?

감식안, 함축되다, 굳건하다, 닥치다, 무지하다, 설상가상, 급급하다, 무더기, 밀반출하다, 불리다, 판치다, 재력, 무력, 다량, 빼돌리다, 소실되다, 유출되다, 인수하다, 불태우다 간송미술관 최완수 학예 실장은 당시의 간송에 대해 다음과 같이 언급했다.

"(간송)은 단지 골동 가치만 보고 문화재를 수집하지 않았습니다. 문화재를 통해 미술사 연구를 하고, 미술사 연구를 통해서 우리 전통 문화의 우수성을 후손들에게 밝히고 알게 하려는 목적이 있었습니다. 미술사 연구를 위해서는 문화재뿐 아니라 관련 서적들이 많이 있어야 합니다. 간송은 그런 목적으로 책을 모았던 것입니다."

간송은 한남 서림을 통해 고서적뿐 아니라 서화와 골동품까지 수집하였다. 맨 처음 서화와 고서로부터 시작된 간송의 문화재 수집은 차차 고려 및 조선 시대의 도자기, 기타 불교 조각품으로 대상을 확대해 갔다. 드디어 본격적인 문화재 지킴이 역할이 시작된 것이다.

6. 전형필이 문화재를 수집한 목적이 무엇인가요? 그리고 수집한 문화재로는 무엇이 있는지 말해 봅시다.

2. 문화재 수집에 모든 열정을 쏟다

1936년 11월 22일, 경성 미술 구락부 경매장에는 조선과 일본에서 모여든 고미술 수집가들이 긴장감 속에 조선 백자 한 점을 주시하고 있었다. 드디어 경매가 시작되어 경매 물품이 소개되자 탄성과 수군거림이 일었고 몇 사람의 경합자가 나서서 값을 점점 올려 백자의 경매가는 순식간에 5천 원을 넘어섰다. 당시 천 원이면 기와집 한 채를 살 수 있었기에 조그마한 그릇 하나의 가격이 5천 원이나 되자 경매장은 열기로 후끈 달아올랐다.

"칠천 원, 또 없습니까?" 사회자가 경락봉을 집어 드는 순간, 지금까지 침묵하던, 간송을 대신해 경매에 참여한 신보가 소리쳤다. "팔천 원." 실내는 갑자기 쥐 죽은 듯이 조용해졌다. 백 원 단위로 오르던 값을 단숨에 천원을 올린 것이었다. 그러자 한쪽 구석에서 "구천 원." 하는 소리가 들렸다. 일본인 골동품 상인 야마나카였다. 신보가 다시 "일만 원." 하고 외쳤다. 차츰 경매는 일본인과 조선인의 자존심 싸움으로 번지고 있었다. 오백 원씩 오르던 경매 액은 경매 사상 최고액을 넘어섰고, 일만 사천 원부터는 오십 원 단위로 바뀌었다. 야마나카는 지친 듯 눈을 감고 외쳤다. "일만 사천오백오십 원." 신보가 다시 외쳤다. "일만 사천오백육십 원." "일만 사천오백칠십 원." 야마나카는

구락부, 경매장, 고미술, 경매, 수군거리다, 후끈, 경락봉, 신보, 최고액

미련을 버리지 못하고 마지막으로 한 번 더 불렀으나 이미 목소리는 힘이 빠져 있었다. "일만 사천오백팔십 원." 신보가 마지막 일격을 가했다. 그 후로는 아무 소리도 들리지 않았다. 사회자가 경락봉을 힘껏 내리치는 순간 경매장은 우레와 같은 박수가 터져 나왔다. 마침내 백자의 주인이 결정되는 순간이었다. 간송은 미리 당일 경매될 물품을 보았고, 신보에게 돈을 아끼지 말고 백자를 구입하라고 지시를 했던 것이다.

경성 구락부 설립 이후 최고 경매가로 낙찰된 것이 바로 '청화백자 철사 진사 국화문병(靑華白磁鐵砂辰砂菊花文甁)'(국보 294호)이다. 향기를 뿜어내는 듯한 국화와 난초, 풀벌레를 양각으로 새겨 넣은 회화미와 청화, 철사, 진사 삼색의 화려한 채색감이 돋보이는 이 백자는 조선백자의 제작 기술이 집대성된 걸작이었다.

정양모 전 국립중앙박물관장은 이 백자에 대해 다음과 같이 평가하였다. "이건 자연이야, 자연! 우선 아름답잖아요. 넓은 면에 문양을 가득 채우지 않고 국화에 난을 곁들여 그렸어요. 거기에다 풀벌레가 있고 이건 가만히 보면 자연이야, 자연!"

간송은 조선과 일본의 각 경매장에서 최고품의 조선 유물을 경매로 구입해 들였다. 그리고 뒤로는 사람을 시켜서 구가(舊家)에 비장되었다 흘러나오는 일급 문화재를 모아들였다. 그의 문화재 수집은 일제의 탄압과 간섭 하에서 이루어진 것이었기에, 드라마 같은 그의 수집 일화는 지금도 문화재 애호가 사이에 즐거운 목소리로 회자되고 있다.

간송의 문화재 수집에서 가장 큰 사건은 영국인 존 개스비(John Gadsby)의 소장품을 인수한 것이다. 국제 변호사로 30년 동안 일본에 머물렀던 개스비는 서양인임에도 동양의 도자기에 대한 조예가 매우 깊었다. 특히 고려자기의 매력에 푹 빠졌던 그의 수집품은 질적으로나 양적으로 다른 수집가들의 것을 압도했다. 그 존재를 알고 있던 간송은 그의 행방에 대해 끊임없이 주의를 기울였다. 언젠가는 개스비가 소장품을 처분하고 모국으로 돌아갈 것이라 예상하고, 그의 소장품이 일본인이나 다른 외국인의 손에 넘어가지 않도록 단골 업자에게 미리 의뢰해 놓고 있었던 것이다.

7. '청화백자 철사 진사 국화문병'의 이미지를 찾아보고, 그 자연미에 대해 말해 봅시다.

8. 문화재 수집 일화들을 통해 알 수 있는 전형필의 일면을 생각해 봅시다.

미련, 일격, 가하다, 우레, 낙찰되다, 뿜어내다, 양각, 청화, 철사, 진사, 채색감, 집대성되다, 최고품, 구가, 비장되다, 탄압, 애호가, 회자되다, 소장품, 조예, 처분하다, 업자, 의뢰하다 그의 예감은 적중했다. 1937년 2월, 간송은 일본의 정세가 불안해지자 개스비가 자신의 소장품을 모두 처분하고 영국으로 돌아간다는 소식을 듣게 되었다. 그런데 개스비가 소장하고 있는 최고급 작품들을 한꺼번에 구입하려면 엄청난 거금이 필요했다. 간송은 망설일 틈이 없었다. 그동안 그의 문화재 수집에 대해 이렇다 말씀이 없으셨던 그의 어머니조차도 "사기그릇을 사기 위해 조상 대대로 내려온 전답을 팔려고 하느냐?"라며 간송을 말렸지만, 간송은 서둘러 공주에 있는 5,000석의 농장을 팔아서 돈을 마련하여 일본으로 갔다.

그날, 간송이 개스비로부터 인수한 것은 '청자상감유죽연로 원앙문정병(靑磁象嵌柳竹蓮蘆鴛鴦文淨瓶)'(국보 66호)과 '청자기린유개향로(靑磁麒麟鈕蓋香爐)'(국보 65호), '청자압형수적(靑磁鴨形水滴)'(국보 74호) 국보 3점을 포함한 수십 점의 명품들로, 연적(硯滴), 향로(香爐), 매병(梅瓶), 향합(香盒) 등 그 종류 또한 다양했다.

3. '문화 광복'의 집, 보화각을 세우다

1938년 여름, 간송은 33세의 나이에 그동안 모은 수집품을 전시할 '보화각(葆華閣)'이라는 한국 최초의 사립 박물관을 세웠다. 이곳이 바로 지금의 간송 미술관이다. '보화'란 '빛나는 물건을 모아 둔다.'라는 뜻이지만, 보화각은 단순히 수집한 미술품이나 문화유산을 전시하는 곳이 아니었다. "보화각은 단순히 제가 수집한 미술품이나 문화유산을 전시하기 위한 곳이 아닙니다. 저는 앞으로 이곳을 우리의 전통문화를 연구하는 연구소로 운영하고자 합니다."라는 그의 말에서 알 수 있듯이, 간송은 보화각을 우리의 전통문화를 수장, 연구, 복원할 수 있는 연구소로 삼고자 했다. 보화각을 통해 민족 문화를 보존함은 물론 민족적 긍지를 되찾고 싶어했던 것이다.

당시 75세의 고령이던 위창을 비롯한 문화 예술인이 보화각 건립의 기쁨을 나누기 위해 함께 했는데, 특히 위창은 그 기쁨을 글로 남겼다.

9. '문화 광복의 집'이란 말은 무슨 뜻일까요?

10. 보화각을 세운 목적이 무엇인가요?

적중하다, 거금, 수장하다, 복원하다, 긍지, 고령, 건립

여기에 모인 것이 천추(千秋)의 정화(精華)로다. 조선의 유물로서 살피고 연구할 수 있게 되었네. 세상 함께 보배로 여겨 자손 길이 보존하세.

1937년, 중일전쟁이 터지고 전쟁이 확대되자 일제는 우리 젊은이들에게 입대를 강요하는 등 우리 민족에 대한 탄압을 강화하였다. 간송은 위기에 처한 나라를 구하기 위해서는 우리의 문화유산과 민족정신을 수호하고, 인재를 양성해야 한다는 생각을 했다. 그런데 얼마 후, 보성학교가 문을 닫아야 할 위기에 처해 있다는 소식을 듣게 되었다. 보성학교는 3.1 운동 때 독립 선언서를 찍었던 곳으로, 간송은 민족정신이 투철한 인재를 길러 냈던 학교가 문을 닫는 것을 보고만 있을 수는 없었다. 1940년, 그는 막대한 자금을 치르고 재정 위기에 몰렸던 보성학교를 인수했다. 우리 전통문화를 계승할 인재를 양성하기 위해 보성학교 재단을 인수했지만 자신이 믿을 수 있는 사람에게 학교를 맡긴 후로는 학교 일에 일체 간섭하지 않았다. 자신은 문화재 발굴과 연구라는 일을 가장 잘하고, 이에 매진하기 위해서는 다른 일에 신경 쓸 여력이 없다는 생각 때문이었다.

1943년 6월, 한남 서림에서 창밖을 바라보던 간송의 눈에 옛 서적을 거간하는 이름난 골동품 상인이 들어왔다. 어딘가 바쁘게 가는 것을 이상하게 여긴 간송은 그를 붙잡아 세웠다.

"그리 부지런히 어디를 가는 길이오? 더위나 좀 식히고 가시구려."

간송이 웃으며 말하자 그 사람은 조금 머뭇거렸다.

"뭔가 중요한 일이라도 있는 겁니까?"

"실은 지금 경상도 안동에서 기막힌 물건이 나타났다는 정보가 들어왔습니다."

"기막힌 물건이라 …… 물론 서적이겠지요?"

"예, 아주 큰 물건입니다. 바로 훈민정음 원본이 나타났다고 합니다."

그 말을 듣는 순간, 간송은 갑자기 숨이 멎고 머릿속이 하얘지는 것만 같았다. 세종이 한글을 창제할 때 찍어 낸 훈민정음 원본은 그때까지도 국내에서 발견되지 않았다. 당시는 일제가 조선어 사용을 금지하고(1941),

11. 이 일화에서 알 수 있는 전형필의 일면을 생각해 봅시다.

강화하다, 수호하다, 투철하다, 몰리다, 매진하다, 여력, 거간하다, 식히다, 머뭇거리다 조선어학회 탄압 사건(1942)을 일으키는 등 극단적인 민족 말살 정책을 펴던 엄혹한 시기였다. 만약 이 책이 발견되었다는 소식이 조선 총독부의 귀에 들어가면 일제는 그야말로 눈에 불을 켜고 달려들 것이 뻔했다.

상인은 간송의 눈치를 보며 조심스럽게 말을 꺼냈다.

"책 주인이 일천 원을 불렀다고 합니다. 그래서 지금 돈을 구하러 가는 길입니다."

간송은 그의 손을 잡고 천천히 말했다.

"나와 여러 번 거래해 봐서 아시겠지만 물건은 제 값을 주고 사야지요."

그리고 선뜻 일만 일천 원을 전해 주면서

"책 주인에게 일만 원을 전하세요. 그리고 일천 원은 수고비로 받으세요."

이렇게 해서 『훈민정음』(국보 70호) 원본은 간송이 소장하게 되었다. 그리고 이를 통해 그동안 베일에 싸여 있던 한글의 제자(制字) 원리가 밝혀졌다. 한글의 자음이 발음 기관의 모양을 본뜬 것이며, 모음에는 천지인(天地人)의 철학이 담겨 있다는 사실이 드러난 것이다. 간송은 일제 하에서도 목숨을 걸고 『훈민정음』을 지켰고, 한국 전쟁으로 피난 생활을 할 때에도 이 책을 가슴에 품고 다닐 정도로 소중히 보관했다.

일제의 탄압 속에서도 꿋꿋이 지켜 왔던 보화각은 1950년 한국 전쟁을 거치면서 아수라장이 되었다. 전쟁의 참화 속에 주인을 잃은 간송의 소장품은 이미 다른 사람의 손에 들어간 상태였다. 하지만 간송은 그러한 시련에 좌절하지 않았다. 그는 피난에서 돌아온 후에 잃어 버린 물건들의 소재를 파악하여 돈을 주고 그것을 되사왔다. 또, 1960년에는 지속적인 문화재 연구와 보호의 기틀을 마련하기 위하여, '고고 미술 동인회'를 결성하였고 동인지 『고고 미술』을 발간하였다. 그러나 우리 문화재를 지키기 위해 자신의 모든 열정과 재산을 쏟아부은 간송은 1962년 1월 26일, 신장병으로 죽음을 맞이한다. 그의 나이 불과 57세, 안타까운 나이였다. 이후 보화각은 1965년 간송미술관으로 개칭되고 이듬해에는 고인의 유지를 잇는 한국민족미술연구소가 설립되면서, 간송 소장품의 본격적인 목록 정리

12. '조선 총독부'는 어떤 곳인지 알아봅시다.

13. 한글 창제의 원리에 대해 말해 봅시다.

14. '아수라장'은 무슨 뜻인가요?

말살, 엄혹하다, 거래하다, 수고비, 베일, 본뜨다, 꿋꿋이, 아수라장, 참화, 시련, 좌절하다, 피란, 소재, 되사다, 기틀, 결성하다, 동인지, 발간하다, 쏟아붓다, 개칭되다, 유지

와 순차적인 공개가 이루어지기 시작하였다. 그 결과, 1971년 간송미술관의 첫 전시가 시작되었고, 오늘날까지 매년 봄, 가을마다 많은 이의 기대감을 부풀리면서 정기 전시를 이어 오고 있는 것이다.

4. '노블레스 오블리주' 정신을 실천하다

일제 강점기, 일본인들의 손으로 한없이 흘러 들어가거나 시대의 혼란 속에 방치되어 훼손될 처지에 놓이게 된 귀중한 우리 문화재들을 구하기 위해, 자신의 재산을 아끼지 않았던 간송 전형필. 그가 세상을 떠날 때, 억만금의 재산은 흔적 없이 사라졌지만 문화재는 아직도 우리 곁에 남아 있다. '노블레스 오블리주(noblesse oblige)', 높은 사회적 신분에 상응하는 도덕적 의무를 뜻하는 말이다. 조선 최고 갑부의 아들로 태어나 호사와 안락한 생활이 약속되어 있음에도 불구하고 간송은 그 길을 선택하지 않았다. 그는 동시대인 중, '노블레스 오블리주'의 정신을 가장 잘 실천한 인물이라 할 수 있다. 독립 투사의 애국심 못지않게 민족 문화와 문화재 수집에 남다른 애정을 갖고 외곬으로 묵묵히 매진한 그에 대해, 그와 함께 『고고미술』 동인으로 활동했던 진홍섭 전 이화여대 박물관장은 다음과 같이 평가하였다. "문화재와 전형필은 한 몸이다. 그러니까 그 분이 가지고 있는 문화재에는 그의 정신이 배어 있는 것이지요." 개인의 행복보다는 역사와 문화재를 지키려 했던 간송의 원대한 이상과 강한 집념의 발자취는 우리 후손들에게 깊은 생각 거리를 안겨 준다.

15. '노블레스 오블리주'를 구체적 사례를 들어 해석해 봅시다.

16. '문화재와 전형필은 한 몸이다'라는 말은 무슨 뜻일까요?

순차적, 부풀리다, 혼란, 방치되다, 억만금, 상응하다, 호사, 안락하다, 동시대인, 외곬, 동인, 원대하다, 집념, 발자취

 **어휘와 문법**

단어

명 사: 근대식, 사립, 강점기, 혼란기, 상속, 갑부, 거상, 상권, 견문, 주장(主將), 원정, 친부, 망국인, 장서, 주선, 감식안, 설상가상, 무더기, 재력, 무력, 다량, 구락부, 경매장, 고미술, 경매, 경락봉, 신보, 최고액, 미련, 일격, 우레, 양각, 청화, 철사, 진사, 채색감, 최고품, 구가, 탄압, 애호가, 소장품, 조예, 업자, 거금, 긍지, 고령, 건립, 여력, 말살, 수고비, 베일, 아수라장, 참화, 시련, 피란, 소재, 기틀, 동인지, 유지, 혼란, 억만금, 호사, 동시대인, 외곬, 동인, 집념, 발자취

관형사·명사: 순차적

동 사: 부풀다, 북적거리다, 입양되다, 대파하다, 억누르다, 뒤바꾸다, 눈여겨보다, 함축되다, 닥치다, 밀반출하다, 불리다, 판치다, 빼돌리다, 소실되다, 유출되다, 인수하다, 불태우다, 수군거리다, 가하다, 낙찰되다, 뿜어내다, 집대성되다, 비장되다, 회자되다, 처분하다, 의뢰하다, 적중하다, 수장하다, 복원하다, 강화하다, 수호하다, 몰리다, 매진하다, 거간하다, 식히다, 머뭇거리다, 창제하다, 거래하다, 본뜨다, 좌절하다, 되사다, 결성하다, 발간하다, 쏟아붓다, 개칭되다, 부풀리다, 방치되다, 상응하다

형용사: 한적하다, 쓰리다, 막대하다, 굳건하다, 무지하다, 급급하다, 투철하다, 엄혹하다, 안락하다, 원대하다

부 사: 후끈, 꿋꿋이

어휘 연습

1. [보기]에서 알맞은 것을 골라 빈칸에 써 봅시다.

> 보기: 주선, 다량, 설상가상, 무더기, 감식안,
> 시련, 집념, 기틀, 우레, 상속, 여력

(1) 내 코가 석자인데 지금 언니한테 신경 쓸 (   )가/이 어디 있어?

(2) 예술가가 아닌 그에게는, 물론 중세 미술에 대한 (   )가/이 없다.
(3) 한 업체에서 만든 나무 도마에서 유해물질이 (   )로/으로 검출되었답니다.
(4) 결혼하고 한 달도 못 돼 나에게 큰 (   )가/이 찾아왔다.
(5) 우리 팀은 꼭 상대팀을 이겨야 한다는 (   )로/으로 뭉쳤다.
(6) (   )와/과 같은 박수를 받으며 상장을 받았을 때, 그는 눈물이 앞을 가렸습니다.
(7) 공사 현장에서 공룡 발자국 수십 개가 (   )로/으로 발견되었답니다.
(8) 아버지가 회사에서 퇴사당하시고, (   )로/으로 어머니께서 병까지 얻으셨다.
(9) 잘 알다시피 화랑은 신라 통일의 (   )자/이자 정신적 지주라고 할 수 있다.
(10) 김 씨는 3년 전 시골에 있는 논 5000평을 (   ) 받아 벼락부자가 되었다.
(11) 나는 친구의 (   )로/으로 지금 다니고 있는 회사에 입사하게 되었다.

2. 밑줄 친 부분과 반대의 의미를 가진 것을 골라 봅시다.

(1) 도시 생활에 시달린 사람들은 잠시나마 <u>한적한</u> 농촌 또는 소규모 지방 도시로 탈출했다.
   ① 고요한   ② 한가한   ③ 번잡한   ④ 지저분한
(2) 그는 기어코 그 어려운 일을 해 내고야 마는 아들의 <u>굳건한</u> 의지가 자랑스러웠다.
   ① 부드러운   ② 연한   ③ 빈약한   ④ 단단한
(3) 미술 감상에 <u>무지해서</u> 이들 그림이 무슨 내용을 전달하고 있는지 잘 모르겠어요.
   ① 무식해서   ② 천박해서   ③ 박식해서   ④ 유지해서
(4) 전쟁이 일어나면 국민들의 평화롭고 <u>안락한</u> 생활이 파괴당하기 마련이다.
   ① 편리한   ② 불안한   ③ 불리한   ④ 불쾌한

3. 밑줄 친 부분과 바꾸어 쓸 수 있는 것을 골라 봅시다.

(1) 아이들도 저축 정신이 <u>투철한</u> 부모를 닮아서인지 동전만 생기면 저금통으로 달려간다.
   ① 투명한   ② 철저한   ③ 명백한   ④ 명석한
(2) 취임식 때 쏟아지는 사장의 <u>원대한</u> 포부가 얼마나 이행될지 궁금하다.
   ① 심오한   ② 막중한   ③ 큰   ④ 중요한
(3) 그는 잠시 <u>머뭇거리는</u> 듯하더니만 조용히 말문을 열었다.
   ① 더듬거리는   ② 서성이는   ③ 머무는   ④ 망설이는

(4) 마을 앞에는 쓰레기 더미가 <u>방치되어</u> 있고 곳곳에 산업 폐기물이 함부로 버려져 있다.

　① 내버려 두어지고　　② 처치되고　　③ 놓이고　　④ 늘어놓고

4. [보기]에서 알맞은 것을 골라 다음 중국어 문장을 한국어로 번역해 봅시다.

> 보기: 북적거리다, 뒤바꾸다, 눈여겨보다, 수군거리다,
> 　　　돋보이다, 집대성되다, 처분하다, 회자되다, 부풀다

（1）杜甫、李白两位诗人的诗歌不仅在东方，在西方也一直广泛流传，脍炙人口。

（2）我走进办公室时，几个同事在一旁不知在窃窃私语些什么。

（3）汽车站因等车的人而沸沸扬扬。

（4）本店重新装修，廉价处理库存。

（5）没想到的是一次偶然的相遇完全改变了我的人生。

（6）村民们满怀期待早早地聚到了村里的空地，等待着电影放映。

（7）平时表现平平的他提出了一个很有市场前景的新商品开发计划，让公司领导对他另眼相看。

（8）儒学由孔子创立，孟子发展，荀子集大成。

（9）在此次口译大赛中他的口译水平尤为突出，荣获了第一名。

5. [보기]에서 알맞은 관용어를 골라 적절한 형식으로 문장을 완성해 봅시다.

> 손이 귀하다, 견문을 넓히다, 머릿속이 하얘지다, 쥐 죽은 듯이,
> 베일에 싸이다, 숨이 멎다, 주의를 기울이다, 눈에 불을 켜다

(1) 안전한 추석 연휴가 될 수 있도록 국민 모두가 화재 안전에 _____.

(2) 20년 전의 간첩 사건에 대한 조사 내역은 _____ 최근에 대중에 공개되었다.

(3) 수능시험을 앞두고 고3 학생들은 모두 _____ 공부하고 있다.

(4) 이번 면접을 위해 많은 준비를 했음에도 불구하고 면접장에 들어서는 순간부터 _____.

(5) 남편: 우리 집은 _____ 집안이야. 애 셋은 낳아야 하고, 그리고 아들은 꼭 낳아야 해.
    아내: 그게 어떻게 우리 마음대로 되는 일이에요?

(6) 아들: 엄마가 잔뜩 화났어요. 어떻게 해요? 가서 뭐라도 얘기할까요?
    아버지: 이럴 때일 수록 _____ 아무 말도 안 하는 게 상책이야. 말 잘 못 건넸다가 더 화나게 만들 수 있거든.

(7) 많이 배우고 _____ 우물 안 개구리 신세를 벗어날 수 있다.

(8) 그곳 경치는 _____ 정도로 아름답다.

6. 다음 단어와 어울리는 표현들을 써 봅시다.

매진하다: 일에 매진하다, _____

식히다: _____

판치다: _____

몰리다: _____

본뜨다: _____

억누르다: _____

뿜어내다: _____

쏟아붓다: _____

쓰리다: _____

막대하다: _____

급급하다: _____

후끈: _____

꿋꿋이: _____

한없이: _____

7. 다음에 공통으로 들어가는 것을 [보기]에서 골라 적절한 형식으로 문장을 완성해 봅시다.

> 보기: 미련, 아수라장, 못지않다, 빼돌리다

(1) (   )

① 우리 회사 사장은 회사 돈을 개인 주식 투자에 _____.

② 신용 카드 업자들이 회원 개개인의 정보를 타기관에 _____.

③ 마트 매니저가 남몰래 마트의 재고를 _____ 구속되었다.

(2) (   )

① 10년이 지난 지금도 아직도 가끔 꿈에서 옛 남자친구가 나타나곤 하는 걸 보면 옛 남자친구에 대한 _____ 남아 있나 봐요.

② 아직도 나한테 _____ 버리지 못하고 있니? 왜 자꾸 나를 쫓아다녀?

③ 암에 걸린 그는 아내가 자기한테 _____ 가지지 않게 하기 위해 아는 친구에게 부탁해 바람피는 연극을 했다.

④ 이미 지나간 일에 _____ 두면 미래를 준비할 수 없고 발전이 없을 것이다.

(3) (   )

① 총소리가 들리자 극장 안은 순식간에 _____ 변했다.

② 결혼식 진행 도중 배가 남산만 한 여자가 갑자기 쳐들어와 결혼식장을 _____ 만들어 놓았다.

③ 식당은 술 취한 손님의 주정으로 _____ 되었다.

(4) (   )

① 그는 가수 _____ 노래를 잘 부른다.

② 국내에서 자체로 개발한 휴대폰은 품질이 외제 휴대폰에 _____ 가격은 외제 휴대폰보다 절반이나 저렴하니 소비자의 호응이 뜨겁다.

③ 나는 남들 _____ 열심히 살아 왔지만 남들만큼 잘 사는 것 같지는 않다.

29

문법 설명

1. -다시피

    실제로 그 동작을 하는 것은 아니지만 그 동작에 가깝게 함을 나타낸다.
    ▶ 그의 집안은 당시 서울 종로 일대의 상권을 잡다시피 한 소문난 갑부였다.
    ▶ 그녀는 날다시피 지하철역으로 달려갔다.
    ▶ 그는 부끄러워서인지 도망치다시피 내 앞에서 사라졌다.
    ▶ 그는 게임을 워낙 좋아해서 PC방에서 살다시피 했다.
    ▶ 그녀는 살을 뺀다고 매일 굶다시피 야채와 과일만 조금씩 먹었다.
    ▶ 가: 눈이 왜 그렇게 빨개요?
       나: 밀린 숙제를 하느라고 거의 밤을 새우다시피 했거든요.

2. 를/을 뒤로 한 채

    무엇을 뒤에 남겨 놓고 떠난 상태에서 다른 동작을 진행함을 나타낸다.
    ▶ 간송은 이런 슬픔을 뒤로 한 채 더 넓은 세상을 만나기 위해 일본 와세다 대학으로 유학을 갔다.
    ▶ 가고 싶은 데를 다 못 가는 아쉬움을 뒤로 한 채 일터로 돌아왔다.
    ▶ 개인적 아픔을 뒤로 한 채 일에 몰두하는 프로다운 모습이 보기 좋았다.
    ▶ 이별의 고통을 뒤로 한 채 새출발을 하기로 마음먹었다.
    ▶ 가: 이젠 모든 걸 뒤로 한 채 새롭게 시작해 봐.
       나: 그럴게요. 지난날에 연연한다고 잃어버린 행복을 되찾을 수 있는 것도 아니니까.

3. -(으)ㄹ세

    자기의 생각을 설명하는 데 쓰이는 종결 어미이다. 어느 정도 나이가 든 화자가 나이가 든 손아랫사람이나 같은 연배의 친숙한 사이에 사용된다. 주로 '이다'의 어간 뒤에 결합하며, 구어체에 많이 쓰인다.
    ▶ 우리 문화재는 우리 민족의 정신이 함축된 유산이란 말일세.
    ▶ 그런 속담은 금시초문일세.
    ▶ 이제는 옛날처럼 쉽게 흥분되는 내가 아닐세.
    ▶ 보통 힘들지 않을세.

- ▶ 할머니께서 오시면 출발할세.
- ▶ 가: 자네 본 지 오랜만일세.
  나: 네, 그러네요. 한 반년쯤 못 뵙는 것 같아요.

4. 에서 알 수 있듯이

어떤 사실이나 내용을 통해 다른 사실이나 내용을 감지할 수 있음을 나타낸다.

- ▶ "저는 앞으로 이곳을 우리의 전통 문화를 연구하는 연구소로 운영하고자 합니다."라는 그의 말에서 알 수 있듯이, 간송은 보화각을 우리의 전통문화를 수장, 연구, 복원할 수 있는 연구소로 삼고자 했다.
- ▶ 위에서 알 수 있듯이 가정은 우리 삶에 매우 중요한 요소이다.
- ▶ 그녀의 말에서 알 수 있듯이 그 남자는 그녀한테 가장 소중한 사람입니다.
- ▶ 최신 시장 조사에서 알 수 있듯이 동남아 시장을 차지하려면 아직도 많은 노력이 필요합니다.
- ▶ 제목에서 알 수 있듯이 이 책은 건강 관리에 관련된 책입니다.
- ▶ 가: 참, 어제 경기 어땠어요?
  나: 점수에서 알 수 있듯이 우리 팀이 간신히 이겼어요.

5. -구려

상대를 대접하면서 완곡하게 시키거나 부탁하는 뜻을 나타내는 종결 어미이다. 서로 어느 정도 나이가 들거나 웬만큼 지위가 있는 부부나 친구 사이에서 사용된다.

- ▶ 그리 부지런히 어디를 가는 길이오? 더위나 좀 식히고 가시구려.
- ▶ 아이가 기다릴 테니 어서 가구려.
- ▶ 이리로 앉구려.
- ▶ 소나기가 오려 하니 어서 들어오구려.
- ▶ 괜찮은 사람이라니 한번 만나 보시구려.
- ▶ 가: 여보, 안주 좀 마련해 주시구려.
  나: 알았어요. 좀 기다려 보시오.

문법 연습

1. '-다시피'를 사용하여 문장을 완성해 봅시다.

    (1) 기차 출발 시간이 다 되어 가자 그는 거의 (뛰다) _____ 기차역으로 달려 갔다.

    (2) 선생님들이 논문의 제목, 체계 등에 대해 많은 수정 의견을 말씀해 주셨는데, 이들의 의견대로 수정한다면 논문을 거의 (쓰다) _____.

    (3) 열애 중인 두 사람은 하루 안 봐도 너무 그리운 것 같아 거의 만날 (만나다) _____.

    (4) 아이를 낳고 키우는 얼마 동안은 나는 친구와의 연락도 끊고, 나들이도 잘 안 나갔어요. 한마디로 거의 외부 세상과 (연락을 끊다) _____ 지내던 것 같아요.

    (5) 영화제에서 뜻밖으로 인기상을 타게 된 배우 김씨는 너무나도 감격해 거의 (울다) _____ 수상 소감을 말했다.

2. '를/을 뒤로 한 채로'를 사용하여 다음 상황에 대해 써 봅시다.

    (1) 상황 1: 전쟁 통에 남편을 잃게 되었다. 그러나 그녀는 이대로 슬픔에만 빠져 있지 않고 꿋꿋하게 어린 아이를 키우며 새 삶을 향해 열심히 살아 갔다.
     → <u>그녀는 전쟁 통에 남편을 잃은 슬픔을 뒤로 한 채 꿋꿋하게 아이를 키우며 새 삶을 향해 열심히 살아 갔다.</u>

    (2) 상황 2: 소방관 김씨 일가가 살고 있는 아파트에 화재가 일어났다. 그러나 소방관으로서 김씨는 비록 가족들에 대한 걱정과 염려도 있었지만 기타 주민을 우선 구조해 내기 위해 열심히 뛰었다.
     → _____
        _____

    (3) 상황 3: 그는 이번 서울 지역의 말하기 대회에서 우승을 거두어 큰 기쁨을 느꼈다. 그러나 곧바로 전국 말하기 대회가 열릴 예정이어서 그는 좋은 성적을 거두기 위해 더욱더 열심히 준비를 하기로 했다.
     → _____
        _____

(4) 상황 4: 회사에 급한 일이 생겨 주말인데도 나가봐야 했는데, 어린 아이가 가지 말라고 울며불며 매달렸다. 그런데도 직장인으로서 어쩔 수 없이 독한 마음을 먹고 문을 나서야만 했다.

→ _____

3. '를/을 뒤로 한 채'를 사용하여 문장을 완성해 봅시다.

(1) 진로에 대한 고민과 갈등_____.
(2) 전쟁 통에 남편과 어린 아이를 잃은 엄청난 상처_____.
(3) 한국에서의 바쁜 삶_____.
(4) 잘못된 정책_____.
(5) 어렸을 때부터 키워 왔던 꿈_____.
(6) 여자 친구와의 약속_____.

4. '에서 알 수 있듯이'를 사용하여 문장을 고쳐 써 봅시다.

(1) 아이들은 컴퓨터 게임을 본떠 범행을 저질렀다. 우리는 최근의 일련 사건을 통해 이런 사실을 알게 되었다.

→ <u>최근의 일련 사건에서 알 수 있듯이 아이들은 컴퓨터 게임에서 본떠 범행을 저질렀다.</u>

(2) 제목에서 보여 준 것처럼 소설 내용은 젊은 남녀의 사랑과 꿈에 관한 것이다.

→ _____

(3) 최근 몇 년간 학생들의 졸업 논문을 보면 논문 수준이 점차 높아지고 있다는 사실을 알 수 있다.

→ _____

(4) 옆 동네에서 발생한 절도 사건에 대한 수사가 별로 진전이 없다고 한다.

→ _____

(5) 그는 여자 친구에게 보낸 연애 편지에서 "그대가 옆에 있어도 그대가 그립다."라는 시구(詩句)를 인용했다. 이런 시구에서 사랑하는 사람에 대한 지극한 사랑을 읽어 낼 수 있다.

→ _____

(6) 월급쟁이인 그녀는 열심히 돈을 벌어서 외진 시골의 아이들이 학교에 다닐 수 있도록 도와주었다. 참 마음씨가 따뜻한 사람이다.

→ _____

5. 다음 문장을 보고 화자와 청자의 관계가 알맞은 것을 골라 봅시다.

문장		화자 → 청자
나 지금 병원에 들렀다가 들어오는 길일세.	•	• 김숙자(65세)→딸 강미영(30세)의 친구
		• 서 교수님(50세)→이 교수님(48세)
이쪽은 새로 온 김창호 과장일세.	•	• 민동호(75세)→옆집 할아버지(67세)
		• 민동호(75세)→아들 창식(50세)
지금 쉬고 있는 중일세.	•	• 김 사장(55세)→박 부장(50세)
		• 이준호(35세)→아내 김미영(30세)

6. '-구려', '-아/어라', '(으)세요'에서 알맞은 것을 골라 다음 상황에 맞게 명령문으로 고쳐 써 봅시다.

(1) 상황 1: 사장님(55세)의 친구분이 사무실에 찾아오셨는데 사장님이 어서 들어와 앉으라고 하신다.

→ 어서 들어와 앉구려.

(2) 상황 2: 노교수가 자기 부인한테 붓글씨를 연습하게 붓과 종이를 좀 가져오라고 부탁한다.

→ _____

(3) 상황 3: 할머니가 손자한테 간장 좀 사 오라고 하신다.
　　→ _____
　　　 _____

(4) 상황 4: 백화점 직원은 손님에게 옷을 입어 보라고 권한다.
　　→ _____
　　　 _____

(5) 상황 5: 동갑내기 친구 세준이가 준호한테 물 좀 가지고 나오라고 부탁한다.
　　→ _____
　　　 _____

(6) 상황 6: 국회의원인 이세창 씨(58세)는 역시 국회의원인 친구 김창준 씨한테 시장 선거에 한번 나가 보라고 권한다.
　　→ _____
　　　 _____

(7) 상황 7: 며느리가 시부모님에게 해외 여행을 다녀오시라고 권한다.
　　→ _____
　　　 _____

(8) 상황 8: 의사인 아버지(60세)가 길거리에서 고등학교 동창을 만났다. 반가워서 시간 날 때 집에 놀러 오라고 요청한다.
　　→ _____
　　　 _____

(9) 상황 9: 아내가 남편의 남동생에게 설 음식을 좀 가져가라고 한다.
　　→ _____
　　　 _____

(10) 상황 10: 학교 선배가 후배한테 자료를 좀 복사해 오라고 시킨다.
　　→ _____
　　　 _____

 **이해와 표현**

내용 학습

1. 간송 전형필이 문화재를 지키기 위해 했던 노력들을 본문의 내용을 참조하여 정리해 봅시다.

문화재	되찾는 시간	되찾는 경로
『훈민정음』 원본	1943.6	천 원을 달라고 했지만 값을 제대로 치러야 한다며 돈 만 원을 전달하여 사들였음.

2. 본문의 내용을 참조하여 간송 전형필이 어떤 사람인지 말해 봅시다.

   (1) 출신: _____
   (2) 성격: _____
   (3) 사상/정신: _____
   _____

심화 학습

1. 문화재를 지키기 위해 헌신적으로 노력한 간송 전형필의 이야기에서 깨달은 바가 무엇인지 적어 봅시다.

   (1) 문화재의 중요성에 대해 다시 생각해 봐야 한다.
   (2) _____
   (3) _____
   (4) _____

2. 문화재를 보호하기 위해 온갖 노력을 해 온 사람들의 예를 찾아봅시다. 이들에게서 배운 교훈이 무엇인지 말해 봅시다.

 한국 문화 익히기

간송미술관*

　간송미술관은 한국 전통 미술품 수집가인 간송 전형필(全鎣弼, 1906~1962)이 33세 때 세운 한국 최초의 사립 미술관이다. 서울 성북구 성북동에 위치해 있으며 한국 최초의 근대 건축가 박길룡이 설계했고, 1938년에 완공되었다.

　설립자 간송 전형필은 한국의 문화재와 미술품, 국학 자료 등이 체계적으로 관리되지 못하고 일본인에 의해 해외로 유출되는 것을 막아 내기 위해 자신의 전 재산을 들여 이들을 수집했고, 일제강점기, 식민 지배를 위해 의도적으로 평가절하되고 말살되어 가던 한국 문화의 우수성과 아름다움을 후세에도 널리 알리고자 한국을 대표할 만한 유물들을 연구하며 지켰다. 1938년 전형필의 수집품을 바탕으로 수장품을 정리, 연구하기 위해 한국민족미술연구소의 부속 기관으로 발족되었으며 이름은 보화각(葆華閣)이었다. 보화각은 2층 콘크리트 건물로 지어진 대한민국 최초의 근대식 사립 미술관이다. 보화각이라는 명칭은 간송의 스승이었던 오세창이 지은 것을 사용하다가 1966년 간송 전형필이 사망하고 난 후 간송미술관으로 명칭을 변경했다.

　간송미술관의 일반 공개 전시는 1971년 가을 「겸재전」부터 시작됐다. 그 의의는 한국에서 본격적으로 겸재에 대한 연구의 물꼬를 텄다는 점이다. 간송미술관에는 겸재의 서화가 200점 이상 소장되어 있으며 이는 국립중앙박물관의 소장품을 훨씬 웃도는 것이다. 1972년에는 봄가을 두 번에 걸쳐서 「추사전」을 개최했다. 1973년에는 역시 봄가을에 걸쳐 두 번의 「단원 김홍도 회화전」을 개최했다. 이런 식으로 현재 심사정, 오원 장승업 등의 대가를 집중적으로 조망하는가 하면 고려 시대 문화의 진면목을 한 번의 전시로 파악할 수 있는 「고려청자전」을 열기도 했다. 80년대에 들어서면서 전시의 주제는 개인의 일대기를 조망하는 전시회에서 장르를 심도 있게 파헤치는 장르 전시회로 세분화되었다. 예를 들면, 「조선 남종화전」, 「진경풍속화전」, 「근대산수화전」 등의 전시회가 그것이다. 90년대에 들어선 이후의 전시 특징은 장르를 상세히 구분하던 연구 성격의 전시회를 지속적으로 개회하는 한편 다양한 분야의 장르를 포괄하는 전시회도 새롭게 추가되었다는 점에 있다. 따라서 전문적 성격의 전시와 병행하여 일반 대중의 관심과 이해를 도모하는 전시회도 개최되었다는 점에서 진일보한 측면이 있다. 이를테면, 1991년의 「간송 선생 30주기 특별명품전」이나 1998년 「보화각 설립 60주년 기념전」이라는 전시가 대표적인 사례다. 2000년대 들어서면서 간송 미술관의 전시는 더욱더 풍요로운 경지에 돌입하게 된다. 첫째, 조선 시대의 화파 형성과 양식사의 변천, 상호 영향사에 관한 심도 깊은 주제가 줄을 이었다. 둘째, 여태껏 산수나 인물에 비해서 상대적으로 주목받지 못했던 장르에 대한 연구 전시도 괄목할 만한 부분이다. 첫째의 경우, 2001년의 전시 「추사와 그 학파」, 2007년 현재 심사정의 그림과 그 유파를 정리한 「현재 심사정 탄신 300주년기념전-현재화파전」 등을 들 수 있으며, 둘째의 경우 도석화, 화훼영모, 사군자 등의 주제를 다

---

* 이 부분의 내용은 '네이버 지식백과(http://terms.naver.com)'를 참조하여 정리한 것이다.

룬 전시를 들 수 있다.

　대개의 박물관이 전시를 주된 사업으로 하고 있는 데 비해 전시보다는 미술사 연구의 산실(産室)로서의 역할을 주로 한다. 연구소에서는 매년 2회에 걸쳐 논문집 『간송문화(澗松文華)』(1971년 창간)을 발행한다. 그외에 발행된 책자로 『추사명품집(秋史名品集)』, 『겸재명품집(謙齋名品集)』 등이 있다. 국보급의 문화재도 10여 점이나 소장되어 있다. 대표적인 것으로는 『훈민정음(해례본)』(원본, 국보 70호)이 손꼽히며 고려청자는 '청자상감운학문매병'(국보 68호)이 대표적인 것이다. 그외에 국보급 문화재로 조선백자, 불교 유물로 금동불상 등이 소장되어 있다. 특히 국내 최고의 서화를 다수 소장하고 있는데 미술품으로는 신윤복의 「미인도(美人圖)」와 풍속화 그리고 김홍도의 「마상청앵(馬上聽鶯)」, 겸재 정선의 「풍악산내총람」, 「청풍계」, 「독백탄」 등이 유명한 소장품이다. 또한 정조, 안평대군, 한석봉, 추사의 글씨가 있다. 간송미술관은 일년에 두 번의 전시회를 열어 일반에 공개하는데, 봄과 가을에 한 차례씩 두 번을 공개한다.

 더 읽어 보기

양윤식, 「숭례문의 문화재적 가치와 문화재 복원의 방향」, 『시민과 세계』 13, 2008.
이만열, 「문화재를 대하는 이중성」, http://news.khan.co.kr/kh_news/khan_art_view.html?artid=200803041802325&code=990000
장재천, 『간송 전형필 선생의 민족 문화주의 철학』, 한국사상문화학회, 2011.
「숭례문이 남긴 교훈」, http://www.jamill.kr/news/articleView.html?idxnO=5537

03 신라 천년의 중심, 속살을 드러낸 반월성에 올라

 학습 목표

★ 신라의 고도 경주와 신라의 역사에 대해 알아봅시다.
★ 유적지 보호 의식에 대해 생각해 봅시다.

 준비하기

1. 다음은 경주 지역의 문화재에 대한 대화입니다. 잘 듣고 말해 봅시다.   03

2. 다음 내용에 대해 생각해 봅시다.

   ❓ 다음 사진에 대해 아는 것이 있으면 말해 봅시다.

   ❓ 중국의 고도 중에서 어디를 가 봤습니까? 그 느낌에 대해 말해 봅시다.

신라 천년의 중심, 속살을 드러낸 반월성에 올라

이재호*

반월성 가는 길은 첨성대, 계림 지나 북쪽에서 동쪽 안압지를 지나가는 길이 일반적인데 이 코스는 제일 느낌이 떨어지는 C급이다. A급 코스는 동쪽 길을 올라 남서쪽 성(城) 위 오솔길 따라 북쪽 입구로 나가는 길이다. 신라를 잘 모르겠거든 이 코스대로만 천천히 걸어도 어렴풋이 느낄 수 있을 것이다. 단 밤에 걸으면 경주의 온 유적지에 천박하게 불을 밝혀 놓아 느낌이 감퇴되고 특히 동쪽에는 막대기불이 알록달록해서 꼭 도깨비불 같다.

경사가 가파른 반월성 오르는 길은 낙엽이 수북히 쌓여 올라가기가 미끄러웠다. 성 위에는 앙상하게 드러난 돌들이 사람들의 발길을 묵묵히 수용하고 있었고, 하얀 속살을 드러낸 겨울나무가 더욱 나를 숙연하게 했다.

성에 다다르니 워낙 높아 박물관이 한눈에 내려다 보인다. 아직도 성을 끼고 도는 남천은 하얀 얼음이 군데군데 보이고 맑은 물도 소리 없이 모래를 적시고 있었다. 대숲이 보이고 솔밭이 보인다. 3시가 되었는지 매 시간마다 울리는 성덕대왕 신종 소리가 온 반월성과 허공을 울리고 있었다. 대숲 옆 높은 참나무 가지에 비둘기 두 마리가 다정하게 앉아 있다. 세한(歲寒) 연후에 송죽(松竹)의 푸르름을 알듯이 앙상한 가지만 흔들거리는 나무들과 대조적으로 솔잎은 푸르고 댓잎에서는 윤기가 흐른다.

솔밭과 대밭이 어우러진 아름다운 모습을 바라보면 궁녀들의 치맛자락 소리가 사각사각 나는 것 같은데, 그 옆에는 족구장, 화장실, 각종 운동기구, 활쏘기 체험장, 말타기까지…… 아! 한심하다. 천년 궁성이 무슨 체육공원 같다.

반월성에서도 엄청난 유물들이 나올 것으로 예상되지만 후세들을 위하여 그대로 묻어 두었다. 성 아래 맑은 물가에서는 아줌마 셋과 아저씨 하나가 소줏잔을 기울이고 있었다. 성 따라 이리저리 휘어진 흙길은 정겹고, 남

*기행 작가

---

1. 글쓴이는 무엇을 도깨비불에 비유했습니까? 왜 그랬을까요?

2. 성덕대왕 신종의 유래에 대해 알아봅시다.

3. 글쓴이는 이 단락에서 어떠한 심정을 토로하고 있습니까?

4. 이 구절을 쓴 글쓴이의 생각에 대해 토론해 봅시다.

떨어지다, 어렴풋이, 천박하다, 감퇴되다, 알록달록하다, 도깨비불, 경사, 가파르다, 수북히, 수용하다, 숙연하다, 끼다, 적시다, 대숲, 솔밭, 세한, 흔들거리다, 댓잎, 대밭, 어우러지다, 치맛자락, 사각사각, 족구장, 활쏘기, 휘어지다, 흙길

쪽 끝과 서쪽이 시작하는 높은 성 위에서는 커다란 고목나무 두 그루와 예쁜 소나무가 나를 반겨준다. 이 반월성(半月城)을 흔히 반달 모양이라 생각하지만 우리들 마음속의 반달은 언제나 상형문자 月과 같이 초승달 모양이다. 이 반월성도 그렇게 생겼다. 그래서 고려 시대 대표적인 문인 이인로(李仁老, 1152~1220)도 「반월성」이라는 시에서 "외로운 성이 약간 굽어 반달처럼 형상 짓고"로 시작했는가 보다. 신라 최초의 궁궐은 서남산 기슭(현 창림사)에 있었다 하나 흔적도 없고, 탈해가 왕이 되자 이곳에 궁성을 정했는데 5대 파사왕 22년(101년) 2월에 성을 쌓아 월성이라 이름 짓고 거처하였다. 기록대로라면 탈해가 토함산에서 지형을 살펴보다 호공이 살고 있던 이곳이 탐나서 몰래 숫돌과 쇠붙이 숯을 묻어 놓고 자기 조상이 살던 곳이라 하면서 빼앗는다. 이 내막을 알게 된 2대 남해왕은 탈해가 보통 사람이 아니라 생각하고 맏사위로 삼는다.

나는 아무도 없는 성 위에 앉아서 아름다운 서쪽 하늘과 남산 도당산, 남천 요석궁의 최부자집, 경주 향교, 계림 등을 바라보았다. 역사의 흔적이 무엇인지 흐르는 물은 끊임없이 말해 주는데 나에게는 아직 들리지 않는다. 여기서 바라보는 석양은 기가 막히는데 아직도 서산에 해가 많이 남았고 나도 갈 길이 멀다.

> 반월성 머리에 날은 저물려 하니
> 먼 나그네의 심정이 더욱 처량하네
> 푸른 양산 기슭에는 노을이 늙었는데
> ……
> 평생에 만사가 뜻과 같지 않으니 무슨 소용 있으랴
> 술단지 앞에서 거나하게 취해 볼까?

서거정(徐居正, 1420~1488)의 위의 시를 보니 지금 내가 앉아 있는 여기쯤이 아닐까? 북쪽 입구에는 간간이 가족 동반 여행객들이 들어오고 있다. 조금 더 가면 1738년(영조 14년)에 만든 석빙고가 있는데 잘 만들어 놓았다. 예전에는 반월성을 다 돌고 나면 짚신 두 짝이 다 닳아 없어진다 했지만 내 신발은 얼마나 닳았는지 모르겠다.

고목나무, 초승달, 거처하다, 숫돌, 쇠붙이, 내막, 맏사위, 석양, 거나하다, 짚신, 짝

5. 이인로의 시 「반월성」을 찾아 읽고 그 뜻을 음미해 봅시다.

6. 신라의 탈해왕에 대해 알아봅시다.

7. 글쓴이는 왜 '갈 길이 멀다.'고 말했을까요?

8. 글쓴이가 이렇게 말한 이유는 무엇일까요?

1. 계림, 동부사적지

을유년(乙酉年) 닭띠 해에 닭띠 나그네가 닭숲으로 가니 묘한 기분이다. 이 계림은 원래 시림(始林)인데 흰 닭이 울고 있었다고 계림(鷄林)이 되었고, 찬란히 빛나는 금궤에서 사내아이가 누워 있다 나왔다 하여 금궤는 성 김씨(金氏)가 되고 사내아이 이름은 알지(閼智)가 된다. 경주 김씨 시조가 되는 알지는 신라어[鄕言]로 어린아이란 뜻인데 지금도 경주 아줌마들은 나이 어린 사람들을 부를 때 "아지야, 아지야"하고 부르고 있다.

계림은 규모는 작아도 신비로움이 흐르지만 사람들은 입장료를 주고 안에는 잘 들어가지 않는다. 바깥에서 다 보이기도 하지만 그리 넓지 않아 그냥 지나친다. 그래도 계림에 오거든 경덕왕 때 충담사가 지은, "흐느끼며 바라보며 나타난 달이"로 시작하는 향가 「찬기파랑가」의 향가비를 한번 읽어 보는 것도 괜찮다. 이것은 1986년 경주시에서 세웠다. 이곳에 온 사람들은 대개 끝까지 가지 않고 돌아나와 버리는데 주인공은 마지막에 나타나듯이 끝 왼쪽에는 경주 향교 담벼락이 있고, 대숲이 바람에 일렁인다.

오른쪽에는 김씨 두 번째 왕인 17대 내물왕릉이 보물같이 숨어 있다. 『삼국유사』에서는 첨성대 서남쪽에 있다 했는데, 적당한 크기에 단정하게 누워 있다. 곁에는 소나무 한 그루가 말없이 아름다움을 흘리고 있었다. 그 뒤는 크고 작은 여러 고분들이 평화롭게 누워 있는 동부사적지다. 예쁜 유방같이 생긴 고분 두 기가 내물왕릉 뒤에 연이어 있고, 서쪽에는 거대한 하마 같은 것이 위용을 자랑하고 있다. 그런데 여기도 조명등이 수십 군데에 있어 어둠이 주는 신비로움을 자꾸만 사라지게 한다. 이제 밤은 망쳐 버렸으니 차라리 낮이 낫겠다. 봄부터 가을까지는 파란 잔디가 눈을 시원하게 하고, 겨울에 흰 눈이라도 쌓이면 어른 아이 할 것 없이 마음껏 뒹군다. 미끄럼 탄다고 왕릉 위에 새까맣게 올라가면 관리 아저씨는 호루라기를 힘차게 불며 고함을 친다.

---

9. 계림(鷄林)의 유래에 대해 알아봅시다.

10. 관리 아저씨는 왜 호루라기를 불며 고함을 쳤을까요?

금궤, 지나치다, 흐느끼다, 향가, 향교, 담벼락, 일렁이다, 고분, 유방, 연잇다, 위용, 조명등, 망치다, 뒹굴다, 미끄럼, 새까맣다, 호루라기, 힘차다

2. 첨성대는 무엇인가?

첨성대는 선덕여왕(善德女王, 632~647) 때 만든 것인데 무슨 용도로 왜 세웠는지 아직까지 베일에 가려져 있다. 아직까지 명쾌하게 이유가 밝혀지지 않았고 여러 설과 이론(異論)만이 분분하다. 지금까지는 천문 관측대 설이 가장 힘을 얻어 동양에서 가장 오래된 천문 관측대라고 여겨 왔는데 이 동양 최초도 중국에 내주어야 될 형편이다. 2004년 5월에 산서성(山西省) 타오쓰(陶寺) 유적에서 4,100여 년(B.C. 2100년) 전에 제작된 천문대가 나왔기 때문이다. 지금까지 세계 최고(最古)의 천문대는 B.C. 1680년 무렵에 만들어진, 거대 암석에 둥글게 열주(列柱) 형태로 세워 놓은 영국의 스톤헨지였는데 이것도 자리를 내주어야겠다.

11. 중국 산서성의 타오쓰 유적에서 발굴된 천문대에 대해 알아봅시다.

한편 첨성대는 별을 관측하기 위한 상징물, 불교의 수미산을 상징하는 건축물, 별을 보고 국가의 길흉화복을 점치는 시설, 하늘에 제사를 지내는 제단, 적의 침입을 알리는 봉화대, 정교한 기하학적 구조의 수학적 상징물, 선덕여왕이 신하들을 은밀하게 만나던 장소, 외계인이 남겨 놓은 기념비라는 주장까지 헤아릴 수 없을 정도로 의견이 분분했다.

한번 첨성대를 자세히 살펴보자. 네모난 기단 밑에는 지진에도 견딜 수 있는 진흙과 자갈이 여러 층 다져져 있지만 위의 모양이 그대로 묻혀 있다고 생각하면 나는 꼭 큰 음료수병 같아 보인다. 내 어릴 때 밀짚으로 매미집을 만들면 이 모양이었다. 토기 형태, 고구려의 높은 성곽 형태, 호리병 등이 연상된다. 아래위 네모난 것을 빼고 원주형 돌은 27단이다. 이것을 27대 선덕여왕과 연관 짓고, 중간의 네모난 창문까지 12단은 1년 12달, 위 12단을 포함하면 24절기, 창문틀 3단을 포함하면 30단으로 한달 30일, 맨위 우물 정(井)자를 합친 28단은 별의 기본인 28수(宿), 총 362개 돌은 1년의 음력 날수인 362일을 의미한다고 할 수 있다.

첨성대에 대한 기록은 『삼국사기』에는 한 줄도 없고 『삼국유사』에도 아주 짧게 "돌을 다듬어 첨성대를 쌓았다[鍊石築瞻星臺]"고만 나와 있다. 첨성대와 관련한 시 몇 수도 전해지는데, 고려 때 경기체가 「관동별곡」, 「죽계별곡」을 지은 안축(安軸, 1282~1348)은 "전대의 흥망이 세월을 지나, 돌

12. 안축에 대해 알아봅시다.

용도, 베일, 명쾌하다, 분분하다, 관측대, 길흉화복, 점치다, 기하학적, 은밀하다, 네모나다, 기단, 자갈, 밀짚, 매미집, 호리병, 단, 절기, 창문틀, 날수, 경기체가, 전대

13. 정몽주에 대해 알아봅시다.

로 세운 첨성대만 푸른 하늘에 솟았네."했고, 유명한 정몽주(鄭夢周, 1337~1392)는 이웃 영천이 고향으로 울산에도 1년 귀양 왔고 경주에도 들렀던 모양이다.

> 월성에 첨성대 우뚝 서 있고
> 옥피리 소리는 만고의 바람소리 머금었네.
> 신라가 망하자 문물도 사라졌건만
> 아 슬프다 산천만은 옛과 같구나.

14. 첨성대의 역사는 우리에게 무엇을 말해 주고 있습니까?

또 첨성대를 서쪽에서 자세히 보면 북쪽으로 삐딱하게 많이 기울어져 있다. 마치 피사의 사탑같이. 1920년대 일본 사람들이 길(신작로)을 낼 때 첨성대 옆 북쪽에다 내어 6.25 때 미군 장갑차, 군용 차량이 막 지나가는 바람에 북쪽으로 10도 가량 기울었단다. 그 뒤에 첨성대에 밧줄을 매어놓고 군용 짐차를 동원하여 남쪽으로 잡아당겨 5도 정도 바로 섰다. 하지만 내가 서쪽에서 바라보면 5도보다는 훨씬 많이 기울어져 있는 듯 보인다.

귀양, 우뚝, 옥피리, 만고, 바람소리, 머금다, 문물, 삐딱하다, 피사, 사탑, 장갑차, 매다, 짐차, 잡아당기다

어휘와 문법

단어

명   사: 도깨비불, 경사, 대숲, 솔밭, 세한(歲寒), 댓잎, 대밭, 치맛자락, 족구장, 활쏘기, 흙길, 고목나무, 초승달, 숫돌, 쇠붙이, 내막, 맏사위, 석양, 짚신, 짝, 금궤, 향가, 향교, 담벼락, 고분, 유방, 위용, 조명등, 미끄럼, 호루라기, 용도, 베일, 관측대, 길흉화복, 기단, 자갈, 밀짚, 매미집, 호리병, 단, 절기, 창문틀, 날수, 경기체가, 전대, 귀양, 옥피리, 만고, 바람소리, 문물, 피사, 사탑, 장갑차, 짐차

명사·관형사: 기하학적

동   사: 떨어지다, 감퇴되다, 가파르다, 수용하다, 끼다, 적시다, 흔들거리다, 어우러지다, 휘어지다, 거처하다, 지나치다, 흐느끼다, 일렁이다, 연잇다, 망치다, 뒹굴다, 점치다, 머금다, 매다, 잡아당기다

형용사: 천박하다, 알록달록하다, 가파르다, 숙연하다, 거나하다, 새까맣다, 힘차다, 명쾌하다, 분분하다, 은밀하다, 네모나다, 삐딱하다

부   사: 어렴풋이, 수북히, 사각사각, 우뚝

어휘 연습

1. 다음 단어에 대응되는 해석을 연결해 봅시다.

떨어지다	•	• 크거나 긴 물건 등이 이리저리 크게 흔들리다.
드러나다	•	• 다른 것보다 수준, 처지, 느낌 등이 못하다.
어우러지다	•	• 필요 없는 부분을 손질하고 매만지다.
닮다	•	• 사물의 어떤 기운이나 감정 등을 품다.
일렁이다	•	• 가려 있거나 보이지 않던 것이 보이게 되다.
망치다	•	• 누르거나 밟거나 해서 단단하게 하다.
다듬다	•	• 여럿이 자연스럽게 조화를 이루다.
머금다	•	• 어떤 힘을 받아서 곧은 것이 구부러지다.
다지다	•	• 어떤 물건이 낡거나, 길이, 두께, 크기 등이 줄어들다.
휘어지다	•	• 어떤 일이나 상황 등을 그르치거나 잘못 되게 하다.

2. 다음 해석에 해당되는 단어를 [보기]에서 골라 봅시다.

> 보기: 천박하다, 삐딱하다, 알록달록하다, 숙연하다,
> 분분하다, 은밀하다, 정겹다, 거나하다

(1) 어지간히 술에 취한 상태에 있다.　　　　　　　(　　　)
(2) 여러 가지 밝은 빛깔이 고르지 않게 무늬를 이루다.　(　　　)
(3) 의견이나 소문 등이 많아서 갈피를 잡을 수 없다.　(　　　)
(4) 고르지 않고 어수선하여 바르지 못하다.　　　　(　　　)
(5) 겉으로 드러나지 않게 숨기다.　　　　　　　　(　　　)
(6) 한쪽으로 비스듬하게 기울어지다.　　　　　　　(　　　)
(7) 감정 등이 따뜻하고 그립다.　　　　　　　　　(　　　)
(8) 고요하고 엄숙하다.　　　　　　　　　　　　　(　　　)

3. [보기]에서 알맞은 것을 골라 빈칸에 써 봅시다.

> 보기: 묵묵히, 어렴풋이, 수북히, 우뚝,
> 사각사각, 군데군데, 간간이

(1) 지하철을 타고 학교에 도착했을 때도 비는 (　　　) 내리고 있었다.
(2) 머리칼에는 흙과 토사물 따위가 (　　　) 묻어 지저분했다.
(3) 천년의 반월성은 사람들의 발길을 (　　　) 수용하고 있다.
(4) 그 사이 누군가 마당으로 (　　　) 눈을 밟고 지나가는 소리가 들려왔다.
(5) 너무 오래된 일이라 (　　　) 떠올랐지만 분명하지는 않다.
(6) 남산 팔각정이 보이고 여의도 63빌딩이 눈앞에 (　　　) 서 있었다.
(7) 가을이 되면 낙엽이 한 잎 두 잎 떨어지다가 나중엔 (　　　) 쌓이게 된다.

4. [보기]에서 알맞은 것을 골라 적절한 형식으로 문장을 완성해 봅시다.

> 보기: 기가 막히다, 내려다 보이다, 앙상하다, 울리다,
> 새까맣다, 처량하다, 닳다, 시원하다, 흐르다, 밝히다

(1) 산 위에 오르니 마을이 한눈에 _____.

(2) _____ 나뭇가지가 바람에 흔들리고 있다.
(3) 종소리가 허공에 _____.
(4) 그 광경이 _____ 아름다웠다.
(5) 먼 길을 떠나는 나그네의 심정이 _____ 그지 없었다.
(6) 신발이 _____ 뛰어 다녔다.
(7) 푸른 잔디가 눈을 _____ 해 주었다.
(8) 해수욕장에 사람들이 _____ 몰려들었다.
(9) 무슨 영문인지 아직 이유가 _____ 않고 있다.
(10) 피부색은 검고 윤기가 _____.

문법 설명

1. -(으)랴

어떤 사실을 반어적인 의문으로 강하게 긍정하거나 부정하는 뜻을 나타내는 종결 어미이다. 주로 구어체에 쓰이며 친구나 아랫사람에게 말할 때 쓰인다.

▶ 평생에 만사가 뜻과 같지 않으니 무슨 소용 있으랴.
▶ 이십 년 만에 만난 친구인데 얼마나 반가우랴.
▶ 아니 땐 굴뚝에 연기 나랴.
▶ 우리 팀이 얼마나 강한데 설마 지랴.
▶ 아무리 돈이 없다 해도 너한테까지 돈을 빌리러 갔으랴.

2. 차라리 ……가/이 낫겠다

어떤 동작이나 행동, 상태 등의 선택에서 다른 것에 비해 이것이 더 나음을 제안할 때 사용된다.

▶ 이제 밤은 망쳐 버렸으니 차라리 낮이 낫겠다.
▶ 이 시간에는 택시보다 차라리 지하철을 타는 것이 낫겠다.
▶ 이렇게 굴욕스럽게 사느니 차라리 죽는 것이 낫겠다.
▶ 거짓말을 하고 전전긍긍하느니 차라리 사실을 말하는 것이 낫겠다.

3. -(으)ㄹ 수 없을 정도이다

수량이나 정도, 수준, 일 등이 어떤 정도에 도달할 수 없음을 나타낸다.
▶ 외계인이 남겨 놓은 기념비라는 주장까지 헤아릴 수 없을 정도로 의견이 분분하다.
▶ 햇빛이 너무 강해서 눈을 뜰 수 없을 정도였다.
▶ 그는 한참 동안 멍하니 서 있을 정도로 나의 말을 믿지 못했다.
▶ 트렁크가 좀 무겁긴 해도 들을 수 없을 정도는 아니야.
▶ 그 말을 들으니 정말 참을 수 없을 정도로 화가 났다.
▶ 그를 보는 순간 그녀의 심장은 걷잡을 수 없을 정도로 빠르게 뛰었다.

4. -단다

말하는 사람이 이미 알거나 들은 사실을 객관화하여 이야기할 때 사용하는 종결 어미이다. 친구나 아랫사람에게 말할 때 쓰인다. 친근하거나 자랑스러운 감정을 나타내기도 한다.
▶ 첨성대가 북쪽으로 10도 가량 기울었단다.
▶ 우리 아버지도 젊었을 때는 정말 멋있었단다.
▶ 세상에는 그래도 좋은 사람이 많단다.
▶ 예전에 여기에 큰 강이 흘렀단다.
▶ 내가 어렸을 때는 집이 가난해서 빈대떡이라도 배불리 먹고 싶었단다.

5. -(으)ㄴ/는 듯 보이다

어떤 동작이나 행동, 사실에 대해 추측함을 나타낸다.
▶ 서쪽에서 바라보면 5도보다는 훨씬 많이 기울어져 있는 듯 보인다.
▶ 요즘 그는 무슨 고민이 있는 듯 보였다.
▶ 친구는 나와 같이 가기 싫어하는 듯 보였다.
▶ 그 아이는 아무리 달래도 소용이 없는 듯 보였다.
▶ 그의 걸음걸이를 보니 많이 바쁜 듯 보였다.
▶ 사장님은 오늘 기분이 좋은 듯 보였다.
▶ 노크해도 기적이 없는 걸 보니 어디로 간 듯 보였다.

문법 연습

1. '-(으)ㄹ 수 없을 정도이다'를 사용하여 문장을 완성해 봅시다.

   (1) 밤하늘의 별들이 (헤아리다) _____ 많았다.
   (2) 내 인내력도 극치에 도달해 더는 (감당하다) _____.
   (3) 괜찮아요. (참다) _____로 아픈 것은 아니에요.
   (4) 그의 행위에 대해서는 아무도 (이해하다) _____.
   (5) 제가 아무리 정신이 없어도 지금 상황을 (판단하다) _____는 아니에요.
   (6) 더는 거짓말을 하지 마세요. 그 누구라도 이젠 (믿다) _____.

2. [보기]에서 알맞은 것을 골라 적절한 형식으로 대화를 완성해 봅시다.

   > 보기: -단다, -(으)랴, 차라리 ……가/이 낫겠다, -(으)ㄴ/는 듯 보이다

   (1) 가: 사장님이 안 보이시네요. 혹시 퇴근하셨나요?
       나: 사장님이 벌써 (퇴근하다) _____.
   (2) 가: 이게 누구 사진이에요? 미인이시네요.
       나: 누구긴 누구야 나지. 나도 젊었을 때는 (예쁘다) _____.
   (3) 가: 정말 그 말을 믿어?
       나: 설마 그가 나한테 이런 거짓말을 (하다) _____.
   (4) 가: 정말 고민이 되네.
       나: 그렇게 고민을 하느니 (포기하다) _____.

3. [보기]에서 밑줄 친 부분과 바꾸어 쓸 수 있는 것을 골라 문장을 고쳐 써 봅시다.

   > 보기: 차라리 ……가/이 낫겠다, -(으)ㄴ/는 듯 보이다, -(으)랴,
   > -(으)ㄹ 수 없을 정도이다, -단다

   (1) 어떻게 그 사람이 그런 일을 할 수 있겠는가?
   _____

   (2) 일의 진전이 우리가 <u>상상하기 어렵게</u> 빠르게 진행되었다.
   _____

(3) 그 때 우리 집 뒷동산에 큰 등나무가 있었지.
_____

(4) 비행기가 이렇게 연착될 줄 알았으면 고속철을 탈 걸 그랬어요.
_____

(5) 조용한 것을 보니 방에 아무도 없는 것 같네요.
_____

4. [보기]에서 제시된 문법 사항 4개 이상을 사용하여 '여행지 관광 체험'을 주제로 400자 내외의 글을 써 봅시다.

> 보기: -거든, -(으)ㄹ 수 없을 정도이다, 차라리 ……가/이 낫겠다,
> -(으)랴, 대로라면, -는 바람에, -(으)ㄴ/는 듯 보이다

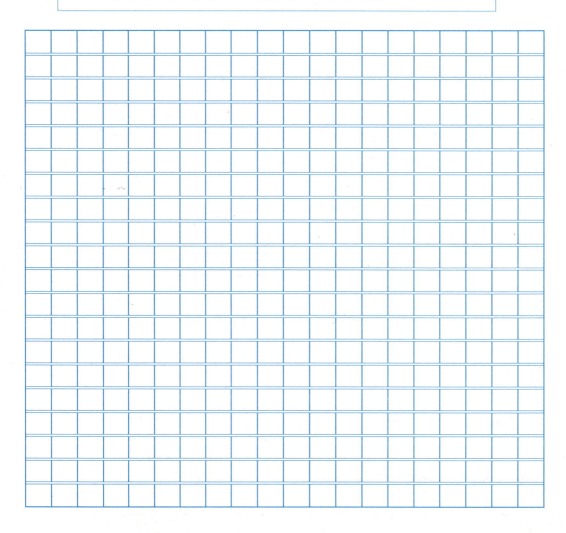

 이해와 표연

내용 학습

1. 글쓴이가 반월성을 걸으며 느낀 점은 무엇일까요? 그 느낌을 묘사한 사물과 인물을 본문을 참조하여 정리해 봅시다.

사물과 인물	묘사	글쓴이의 느낌
막대기불	도깨비불 같다	
겨울나무		숙연함
솔밭과 대밭		
	소줏잔을 기울이다	
석양		처량함
조명등		신비로움이 사라짐
관리 아저씨	호루라기를 불며 고함을 치다	
첨성대		

2. 다음 내용을 중국어로 번역해 봅시다.

(1) 이제 밤은 망쳐 버렸으니 차라리 낮이 낫겠다. 봄부터 가을까지는 파란 잔디가 눈을 시원하게 하고, 겨울에 흰 눈이라도 쌓이면 어른 아이 할 것 없이 마음껏 뒹군다. 미끄럼 탄다고 왕릉 위에 새까맣게 올라가면 관리 아저씨는 호루라기를 힘차게 불며 고함을 친다.

_____
_____

(2) 경사가 가파른 반월성 오르는 길은 낙엽이 수북히 쌓여 올라가기가 미끄러웠다. 성 위에는 앙상하게 드러난 돌들이 사람들의 발길을 묵묵히 수용하고 있었고, 하얀 속살을 드러낸 겨울나무가 더욱 나를 숙연하게 했다.

_____

_____

_____

3. 첨성대에 대해 본문의 내용을 참조하여 정리해 봅시다.

내용	정리
용도	
구조	
역사	

4. 다음 인물에 대해 본문의 내용을 참조하여 알아봅시다.

인물	관련 이야기
이인로	
서거정	
충담사	
선덕여왕	

심화 학습

1. 여러분은 주변에서 문화 유적을 파괴하는 현상을 본 적이 있습니까? 이에 대해 토론해 봅시다.

2. 정부나 개인적 차원에서 문화 유적 보호를 위해 어떠한 노력을 해야 할지 생각해 봅시다.

3. 여행을 다니면서 가장 인상 깊었던 유적지는 어디입니까? 이에 대한 본인의 소감을 400자 내외의 글로 써 봅시다.

 한국 문화 익히기

경주의 유적지들*

1. 불국사

불국사(佛國寺)는 경상북도 경주시 동쪽 토함산에 위치하고 있다. 일연(一然, 1206~1289)의 『삼국유사(三國遺事)』에 따르면 이 절은 신라 경덕왕 때인 751년에 김대성(金大城)이 세웠다고 한다. 불국사는 여러 차례에 걸쳐 고쳐 지으면서 규모가 2,000여 칸으로 커졌으나, 임진왜란 때인 1593년에 왜군에 의하여 건물이 불타 버렸다. 그후 광해군 때인 1612년과, 인조 때인 1630년, 순조 때인 1805년까지 40여 차례의 복원 공사가 계속되면서 안양문, 극락전, 비로전, 관음전, 나한전, 시왕전, 조사전 등이 다시 세워졌다. 조선 말기에 이르면서 복원 공사가 중단되었다가 1970년부터 1973년까지 대대적인 복원 공사를 하였다. 이때, 그때까지 옛 터로만 방치되어 오던 자리에 무설전, 경루, 관음전, 비로전, 화랑 등이 복원되고, 대웅전, 극락전, 범영루, 자하문 등이 새롭게 단청되었다. 불국사는 대한불교조계종 11교구 본사의 하나로 그 경내는 2009년 12월 21일에 사적 제502호로 지정되었으며 1995년 세계문화유산목록에 등록되었다. 불국사 경내에 또한 많은 문화재가 보존되어 있다. 그 중 잘 알려진 문화재로는 '다보탑(多寶塔)'(국보 20호), '삼층석탑(三層石塔)'(국보 21호), '연화교(蓮華橋), 칠보교(七寶橋)'(국보 22호), '청운교(靑雲橋), 백운교(白雲橋)'(국보 23호), '금동비로자나불좌상(金銅毘盧遮那佛坐像)' (국보 26호), '불국사금동아미타여래좌상(金銅阿彌陀如來坐像)'(국보 27호), '사리탑(舍利塔)'(국보 61호) 등이 있다. 불국사의 불상과 불당, 탑 등은 최고의 기술과 웅장함으로 세계적으로 귀중한 문화적 유산이 되었으며 이는 한국 사람들의 뛰어난 예술적 재주와 지혜를 보여 주고 있기도 하다.

2. 석굴암

석굴암(石窟庵)은 경상북도 경주시 토함산 중턱에 자리 잡고 있다. 일연의 『삼국유사』에 의하면, 석굴암은 경덕왕 10년인 751년에 대상 김대성이 만들기 시작했고 20여 년을 거쳐 완성되었다고 한다. 석굴암의 원래 이름은 '석불사(石佛寺)'였으나, '석굴', '조가절' 등의 이름을 거쳐 일제강점기 이후로 석굴암으로 불리게 되었다. 전하는 데 의하면 김대성은 왕명을 받들어 토함산의 정상을 사이에 두고 동서로 불국사와 석굴암이라는 김씨 왕족을 위한 2대 사찰을 건립하였다고 한다. 즉 김대성이 현세(現世)의 부모를 위하여 불국사를 세우는 한편, 전세(前世)의 부모를 위해서는 석굴암을 세웠다는 것이다. 석굴암의 방위가 김씨 왕족의 공동 묘역인 신라의 동해구와 일치하고 있다고 한다. 동해구란, 삼국통일의 영주인 문무왕(文武王)의 해중릉이 자리 잡고 있는 곳을 말하는데 문무왕은 욕진왜병(欲鎭倭兵)하고자 동해의 호국대룡(護國大龍)이 되어 저승에 가서도 국가 수호의 집념을 잃지 않겠다고 한 군왕이었다. 이는 석굴암이 신앙적 측면에서 신라

---

* 이 부분의 내용은 '네이버 지식백과(http://terms.naver.com)', '한국민족문화대백과사전(http://encykorea.aks.ac.kr)', '경주남산연구소(http://www.kjnamsan.org)' 등을 참조하여 정리한 것이다.

인의 믿음과 호국 정신의 요람으로서 국찰(國刹)과 같은 존재와 중요성을 뚜렷이 부각시켜 주는 예라고 할 수 있다. 석굴암은 360여 개의 화강암으로 아치형 구조로 구성되었으며 자연적으로 온도와 습도를 조절하여 돌로 된 불상과 내부 구조물이 잘 부식되지 않고 오랜 기간 보존될 수 있도록 과학적으로 구성되었다. 석굴암은 건축, 수리, 기하학, 종교, 예술 등의 면에서 신라 예술의 최고 걸작품으로 꼽히고 있으며, 1995년 불국사와 함께 유네스코가 지정한 세계문화유산이 되었다.

3. 경주 남산

경주 남산(慶州 南山)은 경주시의 남쪽에 솟은 산으로 금오산(金鰲山)이라고도 한다. 일반적으로 북쪽의 금오산과 남쪽의 고위산(高位山)의 두 봉우리 사이를 잇는 산들과 계곡 전체를 통칭해서 남산이라고 한다. 금오산의 정상의 높이는 466m이고, 남북의 길이는 약 8㎞, 동서의 너비는 약 4㎞이다. 남산은 신라 사령지(四靈地) 가운데 한 곳이다. 『삼국유사』에 의하면, 이곳에서 모임을 갖고 나랏일을 의논하면 반드시 성공하였다고 한다. 그래서 남산에 얽힌 전설과 영험의 사례가 풍부하고 다양하다. 박혁거세(朴赫居世)가 태어난 곳이 남산 기슭의 나정(蘿井)이며, 불교가 공인된 528년(법흥왕 15년) 이후 남산은 부처님이 상주하는 신령스러운 산으로 존숭되었다. 100여 곳의 절터, 80여 구의 석불, 60여 기의 석탑이 산재해 있는 남산은 노천 박물관으로 유명하다. 남산에는 40여 개의 골짜기가 있으며, 신라 태동의 성지 서남산과 미륵골, 탑골, 부처골 등의 수많은 돌 속에 묻힌 부처가 있는 동남산으로 구분된다. 남산 서쪽 양산재는 신라 건국 이전 서라벌에 있었던 6촌의 시조를 모신 사당이다. 포석정은 신라 천년의 막을 내린 비극이 서린 곳이기도 하다. 동남산에는 보리사 석불좌상, 불무사 부처바위, 부처골 감실석불좌상이 있다. 남산에는 미륵골(보리사) 석불좌상, 용장사터 삼층석탑, 국보 칠불암 마애불상군을 비롯한 11개의 보물, 포석정터, 나정과 삼릉을 비롯한 12개의 사적, 삼릉골 마애관음보살상, 입골석불, 약수골 마애입상을 비롯한 9개의 지방 유형문화재, 1개의 중요 민속 자료가 있다. 유적뿐만 아니라 남산은 자연경관도 뛰어나다. 변화무쌍한 많은 계곡이 있고 기암괴석들이 만물상을 이루며, 등산객의 발길만큼이나 수많은 등산로가 있다. 사람들은 "남산에 오르지 않고서는 경주를 보았다고 말할 수 없다."고 한다. 곧, 자연의 아름다움에다 신라의 오랜 역사, 신라인의 미의식과 종교 의식이 예술로서 승화된 곳이 바로 남산인 것이다.

 더 읽어 보기

강석경, 『이 고도를 사랑한다』, 난다, 2015.
유홍준, 『나의 문화유산답사기』(1~8), 창비, 2011, 2012, 2015.
이재호, 『천년 고도를 걷는 즐거움』, 한겨레, 2005.
이종묵, 『조선의 문화공간』(1~4), 휴머니스트, 2006.
최순우, 『무량수전 배흘림기둥에 기대서서』, 학고재, 2008.
최준식, 『신라가 빚은 예술 경주』, 한울아카데미, 2010.

제 2 단원

사상의 갈래와 만남

04 매화 그늘을 서성이며
05 산신각
06 서양은 에피스테메를 말하지만 우리는 혼란을 말한다

04 매화 그늘을 서성이며

 학습 목표

★ 조선 시대 선비들의 학문 세계에 대해 알아봅시다.
★ 한국의 선비 정신에 대해 알아봅시다.

 준비하기

1. 다음은 한국의 선비 정신에 대한 대화입니다. 잘 듣고 말해 봅시다.   04

2. 다음 내용에 대해 생각해 봅시다.

　다음 초상화를 보고 조선 시대의 선비에 대해 알아봅시다.

　　　조광조　　　　　　　이황　　　　　　　정약용

　여러분이 알고 있는 중국의 유명한 유학자에 대해 말해 봅시다.

매화 그늘을 서성이며

정우락*

나는 한국 한문학을 전공하는 학자다. 우리가 어떤 전공을 선택하는 데 있어서는 그와 결부된 여러 가지 사연이 있기 마련이다. 나의 경우 역시 예외일 수는 없다. 나는 초등학교에 들어가기 전부터 할아버지로부터 한문을 배웠다. 내가 배운 책은 『천자문(千字文)』, 『동몽선습(童蒙先習)』, 『명심보감(明心寶鑑)』, 『소학(小學)』, 『통감(通鑑)』 등의 초급 교재들이었다. 이러한 책들을 배우면서 나는 참으로 고민이 많았다. 학교에 들어가기 전에는 글 읽는 것 때문에 제대로 놀 수가 없었고, 학교에 들어가서는 이 같은 공부를 왜 해야 하는지에 대한 근본적인 회의가 생겼기 때문이다. 할아버지는 나의 이러한 고민에는 어떤 반응도 보이지 않으시고, 당신의 뜻대로 고학(古學)을 가르치셨다. 아침마다 일정한 양을 가르쳐 주시고, 그것을 하루 동안 읽어 다음날 아침에 할아버지 앞에서 암송해야만 했다. 암송하지 못하면 사정없는 회초리가 나의 종아리를 향하여 날아들었다.

사정이 이렇다 보니 내가 싫어하는 사람, 제1호는 할아버지였다. 글 읽는 것뿐만 아니라 삶의 방식도 마음에 들지 않았다. 할아버지는 다른 아이들의 할아버지와는 달리 항상 흰색 두루마기를 입고 상투에다 갓을 쓰고 다니셨다. 그리고 우리 동네에 전기가 들어왔을 때는 전기를 넣지 못하게 하셨다. 최근에 할아버지를 생전에 뵌 분으로부터 들은 이야기이지만 '왜 전깃불을 쓰지 않습니까?'라고 여쭈어 보았더니, 할아버지는 '나는 문명이 싫어!'라고 일갈(一喝)하셨다고 한다. 그러니 할아버지께서는 일체의 문명을 거부하신 것이었다. 이처럼 우리 집에는 전기가 들어오지 않았으니 텔레비전 등 전기를 사용해야 하는 문명 제품은 있을 수가 없었고, 공부도 가물거리는 호롱불 밑에서 심지를 돋우어가면서 해야만 했다. 서울에 사는

*경북대학교 국어국문학과 교수

결부하다, 참으로, 회의, 고학, 일정하다, 암송하다, 사정없다, 회초리, 종아리, 날아들다, 상투, 전깃불, 일갈하다, 가물거리다, 호롱불, 심지, 돋우다

---

1. '나'의 고민은 무엇이었습니까?

2. '나'는 왜 할아버지가 싫었을까요?

3. 할아버지는 왜 문명을 거부하셨는지 생각해 봅시다.

고종(姑從) 누나가 이를 딱하게 여겨 조그마한 라디오 하나를 주고 갔으나, 그것도 할아버지가 계시지 않는 틈을 타서 몰래 들었다.

나는 전깃불이 있어 밤도 대낮처럼 밝은 문명의 세계, 도시로 가고 싶었다. 자유가 있는 꿈틀거리는 그 도시말이다. 사랑마루에 걸터앉아 화물차가 먼지를 뽀얗게 날리며 신작로(新作路)로 지나가는 것을 보기라도 하면 도시를 향한 나의 꿈은 더욱 깊어져 갔다. 대문으로 뛰어나가 화물차가 보이지 않을 때까지 우두커니 서 있었던 것도 그 꿈을 버리지 못했기 때문이었다.

4. '나의 꿈은 무엇입니까?

내가 중학교 3학년으로 올라가던 해 봄에 할아버지께서 돌아가셨다. 당시 나는 그렇게 슬퍼하지 않았던 것 같다. 그 재미없는 한문책을 읽지 않아도 될 뿐만 아니라, 어쩌면 문명의 세계 도시로 갈 수 있다는 생각이 작용했기 때문인지도 모른다. 이 같은 나의 생각은 고등학교에 진학하면서 현실이 되었다. 대구 소재의 고등학교에 입학했기 때문이다. 고등학교에 가서도 할아버지에 대한 거부 의식은 여전히 있었는데, 이것은 이과(理科)를 선택하면서 더욱 구체화되었다. 한문에서 가장 먼 거리에 있는 공학(工學)을 전공하고 싶다며 나는 그렇게 선택했고, 따라서 공대에 진학했다.

이 같은 일련의 행위가 할아버지에 대한 나의 비겁한 반발 심리에 의한 것임을 대학 1학년 가을이 되어서야 알았다. 공학의 바탕이 되는 수학에 흥미가 없었던 것은 아니었으나 나는 그 학문에 나를 몰입시키지 못했다. 그리고 자꾸 어린 시절 몸으로 읽었던 한문에 대한 추억이 떠올랐다. 이 같은 생각은 걷잡을 수 없었다. 급기야 나는 나뭇잎이 선홍의 피를 뚝뚝 흘리며 사라져 가던 가을 어느 날 한문 공부를 향하여 다시 눈을 들었다. 한문학은 고전 문학에 속하고 고전 문학은 국문학에 포함되니, 한문학을 하기 위하여 문과 시험을 다시 보아야 했다. 그리하여 국문학과에 입학하였다.

여기서 뜻을 같이하는 동학(同學)들과 한문 원전 읽기 모임을 만들었다. 이 과정에서 나는 놀라지 않을 수 없었다. 할아버지가 돌아가신 후 근 5년 동안 한 번도 보지 않았던 그 책들을 읽으면서 구절구절마다 내용과 관련된 할아버지의 말씀이 생생하게 떠올랐기 때문이다.

고종, 딱하다, 조그마하다, 꿈틀거리다, 사랑마루, 뽀얗다, 신작로, 우두커니, 작용하다, 비겁하다, 몰입(시키다), 걷잡다, 급기야, 뚝뚝, 같이하다, 구절구절, 생생하다

5. '나'의 학맥에 대해 알아봅시다.

할아버지는 한강(寒岡) 정구(鄭逑) 선조에 대하여 자주 언급하셨다. 한강 선조는 영남학파를 대표하는 퇴계(退溪) 이황(李滉)과 남명(南冥) 조식(曺植) 선생의 학문을 발전적으로 계승하고 집대성하여, 근기(近畿) 남인(南人)에게 그 학문을 전수하여 실학을 성립시킨 분이셨다. 내가 한강 선조의 직계 후예가 됨을 아는 까닭에 나는 한강 선조를 중심으로 16, 17세기 사림파 문학을 공부하기 시작하였다.

한강 선조에 대하여 공부하면서 선조께서 스승으로 모셨던 두 분, 퇴계와 남명 선생도 알게 되었다. 퇴계 선생은 봄 동산과 같은 따뜻한 논리를 지니셨고, 남명 선생은 설산(雪山)과 같은 우뚝한 기상을 가지셨다. 젊은 나는 자연스럽게 남명 선생의 기상에 매료되었다. 특히 '화덕에서 천하의 명검 태백(太白)을 뽑아 내니, 그 빛이 달빛을 치고 흐르네'라며 시작되는 남명의 작품은 감전에 의한 경련 바로 그것이었다. 이 감전의 힘이 결국 박사 논문까지 쓰게 했고, 다시 『남명문학의 철학적 접근』이라는 단행본을 내게 하였다. 그 힘의 원천에 할아버지가 계셨으므로 나는 이 책의 첫 장에 '학문의 원형을 일구어 주신 조고(祖考; 厚山 鄭在華)께 이 책을 바칩니다'라는 글귀를 써 넣고 할아버지를 추모하였다.

할아버지는 그야말로 한국 근대사의 격변기를 살다 가신 분이다. 1905년(고종 9)에 탄생하시어 1978년에 돌아가셨으니 일제 강점기, 민족 해방, 6.25 한국 전쟁, 조국 근대화 등을 모두 경험하신 셈이다. 이 과정에서 할아버지는 단발령을 거부하면서 만주로 피신하기도 하셨고, 해방이 되었을 때는 음양(陰陽)과 오행(五行)의 원리를 이용하여 민주공립국의 깃발을 나름대로 만들기도 하셨다. 또한 주위 사람들로부터 여러 차례 출사(出仕) 제의를 받기도 하셨는데 할아버지는 그때마다 뿌리치고 기꺼이 초야에 묻혀 지내셨다. 그야말로 처사(處士)적 삶을 영위하셨던 것이다.

6. '처사'란 무슨 의미일까요?

처사란 깊은 학문적 역량을 지니고 있으면서도 지조를 지켜 정치 일선에 나아가지 않는 선비를 말한다. 할아버지께서 돌아가셨을 때 유림(儒林)에서는 존호(尊號)를 논의했고, 그때 처사라는 칭호로 공론을 모았다. 처사는 내가 그 의식의 영역을 탐험한 바 있는 남명 선생의 사

집대성하다, 우뚝하다, 기상, 매료되다, 감전, 경련, 일구다, 추모하다, 격변기, 출사, 뿌리치다, 기꺼이, 초야, 처사, 영위하다, 일선, 칭호, 공론, 탐험하다

후 칭호이기도 하고, 항상 내 의식의 중심에 자리하고 계셨던 할아버지의 존칭이기도 하니 나로서는 참으로 인연이 많은 용어라 하겠다. 할아버지는 이 같은 처사적 삶 속에서 『후산졸언(厚山拙言)』이라는 5권의 책을 남기셨다. 이 책은 백여 수의 시 작품과 예설(禮說)에 관한 글 등 다양한 문체의 산문들로 구성되어 있다. 이 가운데 다음 두 수에는 할아버지의 깨끗한 처사적 삶과 그에 대한 고뇌가 배어 있다.

매화(梅花)

葩着枝枝葉未開　꽃은 가지마다 피고 잎은 아직 돋지 않았는데,
何多淸馥襲人來　얼마나 많은 맑은 향기가 사람을 엄습해 오는가?
時節雖知經臘雪　시절이 비록 눈 내린 섣달인 줄을 알지만,
月明疎影故徘徊　달 밝은 밤 성긴 그림자 사이를 짐짓 배회한다네.

비 온 후 밤에 홀로 앉아(雨後獨夜)

風由暑氣淸　바람은 더운 기운을 따라 맑아지고,
月得霽天明　달은 개인 하늘에서 밝다네.
街戱夜分歇　거리의 떠들썩한 소리 밤이 되자 멎고,
溪流枕上鳴　시냇물은 베갯머리에서 우는구나.
詩書存素志　시(詩)와 서(書)에 본디 뜻을 두어,
畎畝是平生　전원에 사는 것이 나의 삶이라네.
人縱嘲愚拙　사람들은 비록 어리석다 조롱하지만,
吾無向世營　세상을 경영하는 것은 내 뜻이 아니라네.

> 7. 이 시의 중심 내용에 대해 생각해 봅시다.

위 작품은 각각 「매화(梅花)」와 「비 온 후 밤에 홀로 앉아(雨後獨夜)」의 전문이다. 앞의 작품에서 하나의 정경이 떠오른다. 우리 집 사랑 마당에 있는 매화나무, 아직 봄은 이른 것 같은데 싸늘한 기운 속에서 꽃이 피었다. 달 밝은 밤, 매화의 향기가 갑자기 할아버지가 앉아 계시는 방까지 엄습해 왔다. 이 향기를 따라 할아버지는 달빛 가득한 마당에 나오셨다. 그리고 깨끗하게 비질이 되어 있는 마당에 엉성한 가지로 모습을 드러낸

엄습하다, 섣달, 성기다, 짐짓, 배회하다, 떠들썩하다, 베갯머리, 본디, 전원, 조롱하다, 싸늘하다, 비질, 엉성하다

매화나무 그림자, 그 사이를 배회하신다. 그때 할아버지는 싸늘한 기운을 피부로 느끼신다.

8. 할아버지는 왜 달 밝은 밤 매화 향기에 이끌려 그 그림자 사이를 서성이셨을까요?

할아버지는 무엇 때문에 잠 못 이루고 달 밝은 밤 매화 향기에 이끌려 그 그림자 사이를 서성이셨을까? 그 해답을 둘째 작품에서 찾을 수 있을지도 모르겠다. 특히 경련(頸聯)과 미련(尾聯)에서는 세상을 향한 당신의 부정적 의지를 드러내셨다. 즉 시서(詩書)로 대표되는 유가의 경전을 읽으면서 초야에 묻혀 사는 것이 당신의 삶이라는 것이다. 부조리한 세상에 나아갈 뜻이 없음을 분명히 하신 것이다. 문명을 추구하는 세상은 더욱 어두워져 가고 사람들은 모두 속물이 되어 가고 있었다. 이 때문에 할아버지는 매화 향기 아득한 어느 달 밝은 밤, 자신도 모르게 마당으로 내려와 서성였을 것이다.

9. 할아버지에 대한 사람들의 태도는 어떠했습니까?

그렇다. 할아버지는 잇속을 차리는 사람들로부터 세상의 변화를 따라잡지 못하는 어리석은 사람이라고 조롱받으셨는지도 모른다. 고인(古人)의 학문을 한다면서 일체의 문명을 거부하고 세상과 절연하셨기 때문이다. 그러나 사람들은 할아버지께서 돌아가시자 매화 같은 맑은 성품을 입 모아 칭송하였다. 그 옛날 남명 선생이 '사람들이 바른 선비 사랑하는 건, 호랑이 털가죽을 좋아하는 것과 비슷하다네. 살아 있을 땐 죽이려고 하다가, 죽은 뒤에야 칭송한다네.'라고 노래한 것처럼 말이다.

10. 여기서 말하는 '향기'의 의미는 무엇일까요?

나의 의식 깊은 곳에 그 근원을 마련해 두고 언제나 곧은 외침으로 내 게으른 일상을 흔들어 깨우는 할아버지, 혹은 곧은 삶이란 무엇인가를 항상 귓전에서 조용히 일러주시는 할아버지, 그 할아버지가 이 봄 가슴 저미도록 그립다. 불안한 문명의 21세기, 연무(煙霧)에 휩싸인 도시, 여기서 죽음을 본 나는 다시 매화를 찾아 그 은은한 향기 속을 서성인다. 그 옛날 나의 할아버지가 그러했던 것처럼. 스승은 떠났으나 그 위대한 정신은 남아 이렇게 향기를 전하는가.

이끌리다, 서성이다, 부조리하다, 속물, 아득하다, 잇속, 절연하다, 근원, 곧다, 흔들다, 귓전, 이르다, 저미다, 연무, 휩싸이다, 은은하다

 **어휘와 문법**

단어

명   사: 회의, 고학, 회초리, 종아리, 상투, 전깃불, 호롱불, 심지, 고종, 사랑마루, 신작로, 구절구절, 기상, 감전, 경련, 격변기, 출사, 초야, 처사, 일선, 칭호, 공론, 섣달, 베갯머리, 전원, 본디, 비질, 속물, 잇속, 근원, 귓전, 연무

동   사: 결부하다, 암송하다, 날아들다, 일갈하다, 가물거리다, 돋우다, 꿈틀거리다, 작용하다, 몰입(시키다), 걷잡다, 같이하다, 집대성하다, 매료되다, 일구다, 추모하다, 엄습하다, 조롱하다, 이끌리다, 서성이다, 절연하다, 뿌리치다, 영위하다, 탐험하다, 배회하다, 흔들다, 이르다, 저미다, 휩싸이다

형용사: 일정하다, 사정없다, 딱하다, 조그마하다, 뽀얗다, 비겁하다, 생생하다, 우뚝하다, 성기다, 떠들썩하다, 싸늘하다, 엉성하다, 부조리하다, 아득하다, 곧다, 은은하다

부   사: 참으로, 우두커니, 급기야, 뚝뚝, 기꺼이, 짐짓

어휘 연습

1. 다음 해석에 해당되는 단어를 [보기]에서 골라 봅시다.

> 보기: 딱하다, 뽀얗다, 비겁하다, 생생하다, 성기다, 엉성하다, 싸늘하다, 부조리하다

(1) 사이가 배지 않고 뜨다.   (   )
(2) 빽빽하지 못하고 성기다.   (   )
(3) 눈앞에 보이듯이 명백하고 또렷하다.   (   )
(4) 사정이나 처지가 애처롭다. 가엾다.   (   )
(5) 투명하거나 선명하지 않고 좀 희기만 하다.   (   )
(6) 도리에 어긋나다. 불합리하다.   (   )
(7) 날씨 같은 것이 매우 선선하고 좀 추운 느낌이 있다.   (   )

2. [보기]에서 알맞은 것을 골라 빈칸에 써 봅시다.

> 보기: 몰래, 본디, 뚝뚝, 짐짓, 홀로,
> 참으로, 기꺼이, 우두커니

(1) 그는 발소리를 죽이고 (　　) 들어왔다.
(2) 그는 (　　) 모르는 체했다.
(3) 장미는 (　　) 아름다운 꽃이다.
(4) (　　) 외롭게 살아가는 노인이 가엽다.
(5) 그는 (　　) 창 밖을 내다보고 서 있었다.
(6) 그녀는 눈물을 (　　) 흘렸다.
(7) 그와 나는 (　　) 알던 사이였다.
(8) 너의 말이라면 무엇이든 (　　) 듣겠다.

3. 밑줄 친 부분의 의미가 [보기]와 같은 것을 골라 봅시다.

(1) (　　　　)

[보기]: 한문에서 가장 먼 거리에 있는 공학을 전공하고 싶다며 나는 그렇게 선택했고, 따라서 공대에 진학했다.

① 우리는 규칙에 따라서 경기를 해야 한다.
② 그 물건은 품질이 좋고 따라서 값도 비싸다.
③ 돌담을 따라서 10분쯤 걸어가자 곧 바닷가가 나왔다.
④ 나이가 많아짐에 따라서 그는 고집이 더욱 세어졌다.

(2) (　　　　)

[보기]: 할아버지께서는 곧은 삶이란 무엇인가를 항상 귓전에서 조용히 일러 주신다.

① 반장은 선생님께 내가 거짓말한 것을 일러 주었다.
② 내가 저녁 식사에 늦어진다고 어머니께 일러 주세요.
③ 출발 시간을 일러 주려고 갔더니 이미 떠나고 없었다.
④ 사리 분별이 없는 아이에겐 잘 알아 듣도록 일러 주어야 한다.

4. 다음을 연결하고 문장을 만들어 봅시다.

삶	• •	맺다
회의	• •	저미다
인연	• •	울리다
잇속	• •	차리다
귓전	• •	생기다
가슴	• •	은은하다
향기	• •	영위하다

(1) 모든 사람들이 안정되고 편안한 마음으로 가치 있는 삶을 영위할 수 있는 사회적 기반이 마련되어야 한다.

(2) _____

(3) _____

(4) _____

(5) _____

(6) _____

(7) _____

5. 다음 표현을 사용하여 문장을 만들어 봅시다.

(1) 뜻을 같이하다

_____

(2) 속물이 되다

_____

(3) 세상과 절연하다

_____

(4) 초야에 묻혀 살다

_____

(5) 입 모아 칭송하다

_____

문법 설명

1. -다 보니

선행 절의 행위나 상태가 계속되다가 후행 절의 결과에 이르게 되었음을 나타낸다.

▶ 사정이 이렇다 보니 내가 싫어하는 사람, 제1호는 할아버지였다.
▶ 살기가 어렵다 보니 어쩔 수 없었다.
▶ 계속 하다 보니 재미가 생기던데요.
▶ 제가 게으르다 보니 전화도 못했네요.
▶ 듣기 연습을 열심히 하다 보니 몰라보게 실력이 늘었다.
▶ 가: 언제 결혼할 거니?
   나: 독신 생활을 하다 보니 결혼이 필요없다는 생각이 들어요.

2. -아/어서야

어떤 때가 되었을 때만 후행 절의 일을 할 때 사용되는 연결 어미이다.

▶ 이 같은 일련의 행위가 할아버지에 대한 나의 비겁한 반발 심리에 의한 것임을 대학 1학년 가을이 되어서야 알았다.
▶ 그는 날이 밝아서야 깨어났다.
▶ 샛별이 돋아서야 잠자리에 들었다.
▶ 그의 작품 세계는 후기에 와서야 많은 변화가 있었다.
▶ 나이가 들어서야 부모님의 사랑을 알게 되었다.
▶ 가: 조카들은 언제 방으로 들어갔어요?
   나: 12시가 되어서야 제 방으로 돌아갔어요.

3. -(ㄴ/는)다네/-(이)라네

화자가 어떤 사실을 청자에게 일러 줌을 나타내는 종결 어미이다. 하게체로, 친근감이나 감탄, 자랑의 뜻을 나타낼 때 많이 사용된다.

▶ 달 밝은 밤 성긴 그림자 사이를 짐짓 배회한다네.
▶ 집사람은 평소에도 한복을 잘 입는다네.
▶ 하얀 눈이 왔다네. 소복이 왔다네.

- 꽃이 피었다네. 빨간 꽃 노란꽃 탐스럽게 피었다네.
- 천안에 삼거리 실버들도 촉촉히 젖어서 늘어졌다네.
- 그곳은 눈이 와서 매우 춥다네.
- 들리는 말에 의하면 옆집에 간밤에 도둑이 들었다네.
- 자식으로서 믿기지 않겠지만 이것은 사실이라네.
- 가: 그 친구는 뭐하는 사람인가요?
  나: 유명한 배우라네.

4. -자

앞의 동작이 막 끝남과 동시에 뒤의 어떤 동작이나 사실이 생김을 나타내는 연결 어미이다.

- 거리의 떠들썩한 소리 밤이 되자 멎고 시냇물은 베갯머리에서 우는구나.
- 까마귀 날자 배 떨어진다.
- 그 사람 흉을 보기 시작하자 그가 방안에 들어서는 거야.
- 가: 방학이 시작되자 피서 가는 사람들이 늘어나는군요.
  나: 그런 것 같아요.

문법 연습

1. 다음을 연결하고 '-다 보니'를 사용하여 문장을 만들어 봅시다.

계속 한 일			그 결과
학생이다	•	•	귀엽다
운전을 하다	•	•	연락하다
소설을 읽다	•	•	사랑하다
얼굴이 예쁘다	•	•	공부하다
돈을 마구 쓰다	•	•	걷기 싫다
회사일이 바쁘다	•	•	지루해지다
한국 친구를 만나다	•	•	카드빚을 지다
친구들과 떠들다	•	•	한국어를 잘하다
가까운 친구로 지내다	•	•	시간 가는 줄 모르다
직장 생활을 오래 하다	•	•	이야기에 빠지다

(1) 학생이다 보니 공부밖에 모른다.
(2) _____
(3) _____
(4) _____
(5) _____
(6) _____
(7) _____
(8) _____
(9) _____
(10) _____

2. 밑줄 친 부분의 용법이 다른 것을 골라 봅시다.

   (1) (   )

   ① 밤이 늦어서야 비로소 그가 왔다.

   ② 요즘 같아서야 세상일을 누가 알겠는가?

   ③ 20세기 후반에 들어서야 사회는 눈부시게 발달했다.

   ④ 근래에 와서야 서울 근처에 새로운 도시들이 많이 생겼다.

   (2) (   )

   ① 나는 요즘 평소와는 달리 회사 일로 무척 바쁘다네.

   ② 나도 요즘 건강을 위해 매일 3km 정도씩 걷는다네.

   ③ 비록 결과가 좋지는 않았지만 그것은 내 본심이 아니라네.

   ④ 그는 이번 추석에 고등학교 동창 모임에 참가할 겸 고향에 내려간다네.

3. '-자'를 사용하여 문장을 만들어 봅시다.

   (1) 해가 돋다/ 바다는 붉게 물들다
   _____

   (2) 논문 발표가 끝나다/ 박수가 터지다
   _____

   (3) 시합에서 이기다/ 모두들 소리를 지르다
   _____

(4) 정이 들다/ 이별하다
_____

(5) 소식을 듣다/ 기뻐서 어쩔 줄을 모르다
_____

(6) 문을 나서다/ 택시가 오다
_____

(7) 재판이 끝나다/ 법원을 나오다
_____

(8) 강의가 시작되다/ 귀를 기울이다
_____

(9) 집을 막 나오다/ 비가 내리다
_____

(10) 나스닥지수가 하락하다/ 주식을 매도하다
_____

내용 학습

1. 다음 내용을 읽고 선비 정신에 대해 토론해 봅시다.

> 매화는 선비를 상징하는 대표적인 사물이다. 그 이유는 첫째, 혹독한 추위를 이기고 꽃을 피우니 불의에 굴하지 않는 선비의 정신을 표상하며, 둘째, 가장 먼저 꽃을 피워 봄을 알리는데 이는 우주의 생명력을 상징적으로 나타내는 것이며, 셋째, 맑고 깨끗한 자태는 선비들이 추구하는 순수한 이(理)를 상징하기 때문이다. 필자의 조부 역시 매화를 지극히 사랑하여 「매화」라는 시를 짓는데, 우주의 생명력이 순수하고 맑은 이(理)에 있다고 보고, 일제강점기를 맞아 여기에 저항하면서 매화의 지조를 적극 나타냈다. 그의 저항은 민족의 순수함을 지키기 위한 것이라 하겠는데, 필자 역시 이러한 조부를 생각하며 매화 그늘을 거닌다고 했다.

2. 본문의 내용을 참조하여 할아버지에 대한 '나'의 태도를 정리해 봅시다.

시기	'나'의 태도
어린 시절	
중학 시절	
대학 시절	
학자가 된 후	

3. 본문에서 언급된 다음 시를 읽은 후 떠오르는 정경을 말해 봅시다.

萉着枝枝葉未開	꽃은 가지마다 피고 잎은 아직 돋지 않았는데,
何多淸馥襲人來	얼마나 많은 맑은 향기가 사람을 엄습해 오는가?
時節雖知經臘雪	시절이 비록 눈 내린 섣달인 줄을 알지만,
月明疎影故徘徊	달 밝은 밤 성긴 그림자 사이를 짐짓 배회한다네.

심화 학습

1. 다음 내용을 중국어로 번역해 보고 그 내용에 대해 알아봅시다.

   (1) 「후산졸언(厚山拙言)」은 후산(厚山) 정재화(鄭在華, 1905~1978)의 시문집이다. 정재화는 일제 강점기를 맞아 일경(日警)을 벼루로 타격하고 두 차례나 만주로 피신하여 자정(自靖)의 장소로 삼고자 했으며, 귀국 후에는 고전 학문에 침잠하였다. 가학으로 전해지는 한강(寒岡) 정구(鄭逑)의 심학(心學)과 예학(禮學)을 바탕으로 하여 「후산졸언」 5권을 남겼다. '후산'은 그의 호이고, '졸언'은 겸사로 서툰 말이라는 뜻이다. 여기에는 한시 백여 수를 비롯하여 편지글인 서(書), 머리말과 후기인 서발(序跋), 사실을 기록한 기문(記文), 사람의 일대기를 적은 행장(行狀) 등 다양한 문체의 작품들이 실려 있다.

   _____
   _____
   _____
   _____

   (2) 사림파는 이성계의 역성 혁명에 강한 불만을 품고 초야에 묻혔던 포은(圃隱) 정몽주(鄭夢周) 계열의 문인이 그 기본이 된다. 이들은 향촌 사회에 살면서, 덕행에 근거하지 않고 기교나 가다듬어 출세의 도구로 사용하는 속유지문(俗儒之文)을 강하게 비판하였다. 이들이 지향하는 문학은 인욕을 막고 본성을 기르는 존심양성(存心養性)의 문학, 세속과 일정한 거리를 두면서 청신한 정신적 경계를 드러낸 문학, 인위적인 조작과 장식이 없는 문학을 바람직한 문학이라 생각했다.

   _____
   _____
   _____
   _____

   (3) 조선 중기 이후로 경기도를 중심으로 황해도와 충청도 일대의 학자들을 지칭하는 기호학파(畿湖學派)와 구별하여 영남 지역의 학자들을 영남학파(嶺南學派)라 부른다. 영남 지방은 인심이 순후하고 전통적으로 학문을 좋아해 예로부터 고승대덕(高僧大德)은 물론이고 유명한 유학자들을 다수 배출하였는데, 이를 두고 사람들은 영남을 인재의 고장이라 불러 왔다. 여기에는 남명 조식을 중심으로 하는 남명학파, 퇴계 이

황을 중심으로 하는 퇴계학파, 그리고 한강 정구를 중심으로 하는 한강학파 등이 있는데, 영남학파는 이를 총칭한 개념이다.

_____
_____
_____
_____

2. 다음 글을 읽고 남명 조식과 한강 정구의 학문 자세에 대해 알아봅시다.

   (1) 남명 조식(1501~1572)은 조선 시대의 성리학자로 경의(敬義) 사상을 바탕으로 한 실천을 특별히 강조하였다. 그는 항상 경의검(敬義劍)이라는 칼을 갖고 있었는데, 여기에 "안으로 마음을 밝게 하는 것이 경(內明者敬)이요, 밖으로 행동을 결단하는 것이 의(外斷者義)"라는 글을 새겨 두었다. 이를 통해 마음을 바르게 하고 이를 바탕으로 정확하게 행동하고자 하였던 것이다. 저서로는 『남명집』이 전한다.

   (2) 한강 정구(1543~1620)는 조선 시대의 성리학자로 심학(心學)과 예학(禮學)에 특별히 밝았다. 그는 퇴계 이황과 남명 조식의 제자로 두 스승의 학문을 집대성하였으며, 이룩한 학문을 미수(眉叟) 허목(許穆)에게 전하고 허목이 성호(星湖) 이익(李瀷)에게 다시 전하여 조선 후기 실학(實學)의 계보를 형성하게 하였다. 또한 지방관으로 복무하면서 그 지역의 문화를 체계적으로 정리한 읍지(邑誌)를 만들어 지역 문화 발전에 커다란 공을 세운 바 있다. 그가 쓴 『함주지(咸州誌)』는 현존하는 사찬읍지(私撰邑誌) 가운데 가장 오래된 것이다.

3. 조선 선비의 삶의 자세와 현대인의 삶의 자세를 비교해 보고 선비 정신의 현대적 의의에 대해 토론해 봅시다.

 **한국 문화 익히기**

선비의 생애와 활동*

조선 시대에 들어와서 선비들이 사회의 지도적 계층으로서 그 지위가 확립되었을 때에는 선비의 생활 양상도 매우 엄격한 규범에 의해 표준적인 정형화가 이루어지게 되었다. 선비는 관직에 나가면 임금의 바로 아래인 영의정(領議政)에까지 오를 수 있는 가능성을 갖고 있으며, 혹은 산속에 은거하더라도 유교의 도를 강론해 밝히고 실천하는 임무를 지니는 중대한 책임을 지고 있는 신분이다. 따라서 이들 선비가 서민 대중으로부터 받는 존숭은 지극하며 그만큼 영향력도 컸다.

선비의 생애에서 특징적인 것으로는 크게 학업과 벼슬살이의 두 가지를 들 수 있다. 선비는 한평생 학업이 중단되는 일이 없겠지만, 특히 가정에서 받는 교육과 함께 밖으로 스승을 찾아가서 오랜 기간 동안 교육을 받는 사실은 선비가 타고난 신분으로서 성립되는 것이 아니라 학문과 수련으로 형성되는 것임을 말해 준다. 이런 의미에서 선비는 독서인이요 학자로 이해되기도 했다.

선비가 공부하는 경전에는 선비가 지향해야 할 대상인 성인과 현인의 말씀이 기록되어 있다. 선비는 항상 자신의 인격적 도덕성을 배양하지만, 동시에 그 인격성을 사회적으로 실현해야 한다. 따라서, 선비의 공부는 이치를 탐구하는 지적인 일과 행동으로 실천하는 행위적 일의 조화 속에서 이루어졌다.

선비는 자신의 덕을 사회 속에서 실현하기 위해 일찍부터 과거 시험을 치고 벼슬할 기회를 찾는다. 선비로서 관직에 나가는 것은 당연한 일이나 관직을 목적으로 삼는 것이 아니라 관직을 통해서 자신의 뜻을 펴고 신념을 실현하는 기회를 얻는 것이다. 선비는 임금과 신하라는 관계에서 무조건적인 복종과 충성을 바치지는 않았다. 선비는 임금과의 사이에서 의리로 관계를 맺기 때문에 의리가 없으면 신하 노릇을 하지 않는 것이 도리였다. 바로 여기에 선비로서 관직에 나간 경우와 직업인으로서 나간 경우의 차이가 드러난다. 곧, 선비는 관직에 나가서도 그 직책의 성격과 임금의 역할에 대해서 언제나 성찰하며, 임금의 잘못이 있으면 간언해 잘못을 바로 잡으려 하고, 바른 도리가 실현될 가능성이 없거나 맡은 바 직책이 도리에 합당하지 않다고 판단되면 물러났다. 조선 시대에는 선비들이 주로 맡는 관직으로 청환(淸宦)의 직책이 있었다. 이는 홍문관, 예문관, 성균관, 사헌부, 사간원 등의 학문을 전문으로 하는 기관이나 언로(言路)를 맡아 임금에게 간언을 하던 직책이다.

선비로서 평생 과거 시험을 보지 않거나 벼슬길에 나가지 않는 경우를 흔히 처사(處士)라 일컫는다. 처사는 물러나 집에 머무르는 경우도 가리킬 수 있었다. 다만 나아가 벼슬하는 경우에 비해 물러나 집에 머물고 있는 처사가 더욱 높은 존경을 받는 경우가 많았다. 선비가 벼슬에 나가지 않거나 벼슬을 그만두고 산림에서 학문을 연마하는 데 전념하고 있는 경우를 '산림(山林)' 또는 '산림처사'라고 했다.

성균관과 향교가 국가의 기관으로서 관학적 성격이 강하다면, 서원과 서당은 선비들이 자유롭게 참여

---

* 이 부분의 내용은 '네이버 지식백과(http://terms.naver.com)', '한국민족문화대백과사전(http://encykorea.aks.ac.kr)' 등을 참조하여 정리한 것이다.

하는 공동체를 구성했다. 이들은 제향(祭享)을 비롯한 의례 공동체를 구성하고 있지만, 이와 더불어 함께 학문을 강론하는 강학 공동체를 이루었다. 특히 선비들이 노년에는 제자들을 육성하는 것을 주요 임무로 삼아서 학통을 형성하였을 때는 학통이 하나의 결속력이 강한 공동체를 이루었다.

선비들은 자신의 감회를 '시'로 표현하는 일이 일상적이었다. 선비들의 모임이 시회(詩會)로 이루어지는 경우도 흔했다. 시에서도 호탕하거나 애상적인 것보다는 단아하고 성실함을 지키는 선비다운 자세가 느껴졌다. 자신의 학문을 제자들을 통해 전하기도 하지만 직접 저술을 해 후세에 가르침을 내려 주는 것이 선비의 숭고한 임무이다. 이렇게 선비의 일생은 도를 밝히고 자신을 연마해 세상을 바로잡기 위해 도를 실천하는 노력의 과정이라고 할 수 있다.

 더 읽어 보기

국제문화재단 편, 『한국의 선비문화』, 시사영어사, 1982.
이장희, 『조선 시대 선비연구』, 탐구당, 1989.
최봉영, 『조선 시대 유교문화』, 사계절, 1997.
현상윤, 『조선 유학사』, 심산, 2010.

05 산신각

 ## 학습 목표

★ 한국의 민간 신앙에 대해 알아봅시다.
★ 한국과 중국의 민간 신앙에 대해 비교해 봅시다.

 ## 준비하기

1. 다음은 한국의 금줄 문화에 대한 대화입니다. 잘 듣고 말해 봅시다.   05

2. 다음 내용에 대해 생각해 봅시다.

   다음 사진을 보고 한국의 민간 신앙에는 어떤 것이 있는지 말해 봅시다.

   장승   서낭당   솟대

   여러분이 겪어 본 민간 신앙의 사례에 대해 말해 봅시다.

77

산신각

김현준*

1. 여러분은 산신에 대해 들어 본 적이 있습니까? 이에 대해 알아봅시다.

국토의 7할 이상이 산으로 이루어진 우리나라이기에 산에 대한 숭배는 세계 어느 민족보다 강렬하였다. 산에는 신이 있고, 이 신은 산 아래의 인간을 보살펴 준다는 것이 우리 민족의 생각이었던 것이다. 따라서 이와 같은 산악 숭배와 함께 전국의 곳곳에는 산신을 모신 산신당(山神堂)을 건립하고 인간의 소원을 빌었던 것이다.

산신은 원래의 불교와는 관계가 없는 민족 고유의 토속신이다. 그러나 불교가 재래 신앙을 수용할 때 호법신중(護法神衆)의 하나로 삼아, 불교를 보호하는 역할의 일부를 산신에게 부여하였다. 그 증거로는 화엄신중(華嚴神衆) 속에 산신이 들어 있고, 사찰의 신중탱화 속에서도 산신의 모습을 찾아볼 수 있기 때문이다.

2. 불교 사찰 속의 산신각은 언제, 왜 생겼을까요?

그러다가 조선 중기 이후에 산신 원래의 성격을 불교 안에서 되찾게 되어, 사찰 속에 산신각과 산신 탱화가 등장하게 된 것이다. 즉, 산신각은 불교 바깥의 하근기(下根機) 사람들을 불교 속으로 끌어들이기 위한 방편에 의해 건립된 것으로 보고 있다.

현재 산신은 요마(妖魔)를 물리치는 가람 수호신의 기능과 함께 산속 생활의 평온을 비는 외호신(外護神)으로 받아들여지고 있으며, 신도들은 복 많이 받고 돈 많이 벌고 가족 모두 질병 없이 부귀장수하기를 기원하는 소재강복(消災降福)의 장소로 산신각을 찾고 있다.

3. 산신 탱화에 대해 알아봅시다.

산신각 안에는 호랑이와 노인의 모습으로 묘사한 산신상을 봉안하거나, 이를 탱화로써 도상화한 그림만을 모시기도 한다. 따라서 이 장에서는 여러 산신각에 모셔진 산신 탱화에 중점을 두고 신앙의 유형을 함께 살펴보기로 한다.

* 불교신행연구원 원장

산신각, 할, 산신, 산신당, 토속신, 재래, 호법신중, 화엄신중, 사찰, 신중탱화, 되찾다, 산신 탱화, 등장하다, 하근기, 끌어들이다, 요마, 가람, 수호신, 외호신, 받아들이다, 부귀장수, 소재강복, 봉안하다, 도상화하다 산신 탱화는 여러 가지로 분류된다. 우선 탱화의 중심 인물이 남자인 경우와 여자인 경우를 보자.

전통적으로 여자 산신이 관장하고 있는 것으로 알려진 지리산, 계룡산, 속리산 등의 사찰에는 할머니의 모습을 한 여자 산신 탱화나 소상(塑像)을 드물게나마 찾아볼 수 있다. 그 대표적인 것이 속리산 천황사, 지리산 실상사 약수암의 산신 탱화와 계룡산 동학사의 산신상 등이다. 이 경우 할머니는 트레머리에 댕기를 둘렀으며, 치마저고리를 입은 인자한 모습으로 호랑이를 걸터타거나 기대고 있다. 그리고 손에는 반드시 불로초를 들고 있다.

남자 산신 탱화는 도교, 유교, 불교적인 것의 세 종류로 대별된다.

도교적 산신 탱화는 백발의 수염에 머리는 벗겨지고 긴 눈썹이 휘날리는 신선의 모습으로 묘사되며, 손에는 하얀 깃털 부채나 파초선, 불로초 등을 들고 있다. 그리고 산신의 뒷쪽으로는 삼산(三山)이 그려지는데, 이는 신선이 살고 있다는 봉래산, 영주산, 방장산을 상징적으로 묘사한 것이다.

유교적 산신 탱화는 머리에 복건(福巾)이나 유건(儒巾), 정자관(程子冠)을 쓰고 지팡이를 들고 있는 모습의 산신 할아버지가 그려진다. 또 할아버지 옆에는 이름을 알 수 없는 책거리나 대나무 등의 장식물이 놓이고, 차를 달이는 도구들이 빠지지 않고 묘사되어 있다.

불교적 산신 탱화는 삭발한 스님이 손에 『법화경』 등의 불경을 들거나 단주를 쥐고 있는 경우가 많다. 옷 또한 적록색에 금박이나 노란색으로 그린 문양이 새겨져 있는 경우가 많아 가사를 변형시켜 입혀 놓은 듯하다.

그리고 산신 탱화에서 산신만큼 큰 비중을 차지하는 것은 호랑이다. 신성스러운 영물 호랑이를 어떻게 표현하였느냐에 따라 산신 탱화의 영험이나 회화적 가치가 좌우된다고도 한다. 무섭고 위엄이 있으면서도 애교스럽게 친근감이 담겨 있어야 한다는 것이다. 일반적으로 백호, 황색호랑이,

4. 여자 산신은 어떤 모습을 하고 있을까요?

5. 남자 산신 탱화는 어떤 특징이 있을까요? 또 어떤 모습을 하고 있을까요?

6. 산신 탱화에 나오는 호랑이의 모습으로는 어떤 것이 있는지 알아봅시다.

관장하다, 지리산, 계룡산, 속리산, 소상, 드물다, 천황사, 실상사, 약수암, 동학사, 트레머리, 댕기, 두르다, 인자하다, 걸터타다, 기대다, 불로초, 대별되다, 벗겨지다, 휘날리다, 깃털, 파초선, 봉래산, 영주산, 방장산, 복건, 유건, 정자관, 책거리, 달이다, 삭발하다, 법화경, 불경, 단주, 쥐다, 적록색, 금박, 문양, 새겨지다, 가사, 변형(시키다), 신성스럽다, 영물, 영험, 위엄, 애교스럽다, 백호

흑호, 표범, 줄범, 수레를 끄는 호랑이 등 다양한 종류의 호랑이가 그려지지만, 입밖으로 자랑스럽게 들어내고 있는 송곳니 두 개와 소나무 사이로 길게 뻗어 구름 속까지 닿게 한 꼬리는 호랑이의 기상과 기개를 나타내기 위한 특이한 표현법이다.

특히 왕방울 만한 눈을 하면서도 언제나 아래로 내려뜨고 있는 모습으로 묘사하게 되며, 눈동자의 동공은 삼각형, 사각형, 마름모꼴, 이중 동그라미 등의 형으로 그려지는데, 눈동자에 파란색과 금박이 들어가 있어 독특한 느낌을 주는 경우가 많다.

또한 산신 탱화 속의 동자상은 산신령에게 과일이나 차, 꽃을 올리는 모습으로 많이 묘사되는 산신령의 시봉이다.

이와 같은 다양한 모습의 산신 탱화가 전국 사찰에 모셔져 있다는 것은, 곧 우리의 전통적인 산악 숭배 사상이 여러 종교와 습합되고 난 이후 불교에서 이들을 모두 수용하였음을 입증하는 것이기도 하다.

7. 다양한 산신 탱화의 모습은 무엇을 의미할까요?

흑호, 표범, 줄범, 들어내다, 송곳니, 기개, 특이하다, 왕방울, 내려뜨다, 눈동자, 동공, 마름모꼴, 동자상, 산신령, 올리다, 시봉, 습합되다

 **어휘와 문법**

단어

명   사: 산신각, 할, 산신, 산신당, 토속신, 재래, 호법신중, 화엄신중, 사찰, 신중 탱화, 산신 탱화, 하근기, 요마, 가람, 수호신, 외호신, 부귀장수, 소재강복, 지리산, 계룡산, 속리산, 소상, 천황사, 실상사, 약수암, 동학사, 트레머리, 댕기, 불로초, 수염, 깃털, 파초선, 봉래산, 영주산, 방장산, 복건, 유건, 정자관, 책거리, 법화경, 불경, 단주, 적록색, 금박, 문양, 가사, 영물, 영험, 위엄, 백호, 흑호, 표범, 줄범, 송곳니, 기개, 왕방울, 눈동자, 동공, 마름모꼴, 동자상, 산신령, 시봉

동   사: 되찾다, 등장하다, 끌어들이다, 받아들이다, 봉안하다, 도상화하다, 관장하다, 두르다, 걸터타다, 기대다, 대별되다, 벗겨지다, 휘날리다, 달이다, 삭발하다, 쥐다, 새겨지다, 변형(시키다), 들어내다, 내려뜨다, 올리다, 습합되다

형용사: 드물다, 인자하다, 신성스럽다, 애교스럽다, 특이하다

어휘 연습

1. 다음 단어에 대응되는 해석을 연결해 보고 알맞은 것을 골라 적절한 형식으로 문장을 완성해 봅시다.

뻗다 •	• 받아들이다.
닿다 •	• 싸서 가리다.
기대다 •	• 끓여 진하게 만들다.
달이다 •	• 일을 맡아서 주관하다.
두르다 •	• 신주나 화상을 모시다.
물리치다 •	• 적 등을 쳐서 물러가게 하다.
봉안하다 •	• 거세게 펄펄 나부끼게 하다.
관장하다 •	• 어떤 정도나 범위에 미치다.
휘날리다 •	• 몸을 무엇에 의지하면서 비스듬히 대다.
수용하다 •	• 나뭇가지, 덩굴 등이 바깥쪽으로 길게 자라 나가다.

(1) 대사관 옥상에는 이들이 게양한 태극기가 _____ 있었다.
(2) 뿌리는 땅속으로 _____ 나가고 나뭇가지는 해가 비추는 쪽으로 _____.
(3) 상대를 이해하는 마음의 폭이 넓으면 상대의 어떤 것도 다 _____ 수 있다.
(4) 요즘 허리가 뻣뻣해서 손이 땅에 _____ 때까지 몸을 앞으로 굽히지 못한다.
(5) 언어 기능을 _____ 대뇌 왼쪽 반구의 기능이 떨어질 때도 학습 장애가 온다.
(6) 안락 의자에 등을 _____ 앉아 깊은 생각에 잠겨 있던 그의 모습이 눈앞에 생생하다.
(7) 수많은 도전을 _____ 21세기의 급변하는 기업 환경 속에서 살아 남으려면 우리는 서둘러야 한다.
(8) 영지나 인삼 같은 쓴 약물을 _____ 때는 설탕이나 꿀 대신 감초의 은은한 맛과 향기로 중화시켜 약 맛을 좋게 한다.
(9) 마을신의 출생이 이와 같이 비범하여 사람들은 서낭신으로 _____ 매년 음력 5월 단오날에 모셔다가 향토 축제를 연다.
(10) 어깨띠를 _____ 거리에 나서서 캠페인을 벌이는 식의 형식적 활동에 그친다면 차라리 없느니만 못하다는 비판에 직면할 것이다.

2. [보기]에서 알맞은 것을 골라 빈칸에 써 봅시다.

> 보기: 댕기, 깃털, 문양, 신성, 영물, 영험, 위엄, 애교, 기상, 기개

(1) 까치와 마찬가지로 거미도 소식을 전해 주는 (   )로/으로 알려져 있다.
(2) 그녀가 부모님의 말씀을 고분고분 따르거나 (   )를/을 부리는 것을 본 적이 없다.
(3) 독특한 (   )의 넥타이와 스카프는 세일 기간을 활용해 세트로 사 두는 것도 한 방법이다.
(4) (   )와/과 야수성 사이에서 방황하는 인간의 위치를 찾는 노력은 앞으로도 계속될 것이다.
(5) 성공한 사람의 걸음걸이는 어딘지 모르게 (   )가/이 풍기면서 경솔하지도 않고 거만하지도 않은 그런 품위를 유지한다.
(6) 백조의 (   ) 옷을 입고 멀리 날아 온 공주가 형제들에게 (   ) 옷을 빼앗기고 길고 검은 머리카락만을 걸친 채 늪으로 가라앉는다.

(7) (　　　)가/이 있다고 소문난 한 무속인이 대형 사고가 육지에서 일어날 것이라는 예언을 했다.
(8) 매화에서는 청아한 아름다움을, 난초에서는 맑은 정신을, 대나무에서는 굳은 절개를, 그리고 국화에서는 서리를 이고 피는 높은 (　　　)를/을 체득할 수 있다.
(9) 나는 긴 머리꼬리에 금박을 한 다홍 (　　　)를/을 드리고 싶었다.
(10) 거문고가 고구려 사나이의 (　　　)를/을 느낄 수 있는 남성적인 악기라면 가야금은 남쪽 신라 아가씨의 얌전함이 스며 있다고 말할 수 있다.

문법 설명

1. (으)로

어떤 장소 쪽으로의 방향을 제시하거나 경로를 나타내는 조사이다. 문장의 내용에 따라 수단, 방법, 원인, 이유, 자격 등의 뜻으로 쓰이기도 한다.

(1) 목표점이 없이 방향만 나타낸다.
- ▶ 퇴근하고 집으로 가는 길에서 옛 친구를 만났다.
- ▶ 지하철을 타려면 동쪽으로 가시오.
- ▶ 그리로 가면 길이 막힌다.

(2) 수단이나 방법, 또는 도구를 나타낸다.
- ▶ 코로 숨을 들이쉬고 입으로 숨을 내쉬는 호흡 방법이 몸에 좋다.
- ▶ 톱으로 나무를 베어다 기둥을 만들었다.

(3) 재료를 나타낸다
- ▶ 콩으로 메주를 쑤어 간장, 된장을 만들어 먹었다.
- ▶ 나무로 집을 짓거나 돌로 집을 짓고 살았다.

(4) 이유, 원인을 나타낸다.
- ▶ 병으로 결석하지 않도록 조심해야 한다.
- ▶ 이번 겨울에 감기로 고생을 했어요.
- ▶ 기업체들은 요즘 노사 문제로 복잡합니다.

(5) 신분, 지위, 자격을 나타낸다.
- ▶ 이웃집 아저씨가 회장으로 뽑혔다고 한다.
- ▶ 올바르고 건장한 사람으로 태어났다.
- ▶ 선배로 앉아서 가만히 보고 있을 수가 없다.

(6) 어떤 동작의 경유나 과정, 변화의 결과를 나타낸다.
- ▶ 비는 오후부터 눈으로 변했다.
- ▶ 이 수표를 현금으로 바꿔 주세요.
- ▶ 시청 앞에서 2호선으로 갈아타세요.

(7) 때, 시간을 나타낸다.
- ▶ 회의는 내일로 정해졌다.
- ▶ 출발은 내일 밤으로 한다.

(8) 구성, 비율 등을 나타낸다.
- ▶ 중국은 56개 민족으로 구성된 다민족 국가이다.
- ▶ 연리를 10 퍼센트로 정했다.
- ▶ 물은 산소와 수소로 이루어진다.

(9) 근거, 표준, 목표 등을 나타낸다.
- ▶ 절약을 으뜸으로 한다.
- ▶ 친절을 모토(motto)로 한다.

2. (이)나마

'(으)로, 에, 에서, 에게' 등과 어울려 쓰이거나 연결 어미 '-어서', 부사형 어미 '-게' 등과도 결합하여 쓰이는데, 만족하지 못함을 참고 아쉬운 대로 함을 나타내는 보조사이다.

- ▶ 전통적으로 여자 산신이 관장하고 있는 것으로 알려진 지리산, 계룡산, 속리산 등의 사찰에는 할머니의 모습을 한 여자 산신 탱화나 소상을 드물게나마 찾아볼 수 있다.
- ▶ 그만한 비나마 와 주니 다행이다.
- ▶ 헌 우산이나마 있으니 다행이다.
- ▶ 형이 쓰던 자전거나마 한 대 있다.
- ▶ 우선 전화로나마 소식을 알려 드립니다.
- ▶ 휴게실에서나마 담배를 피울 수 있어 다행이다.
- ▶ 멀리에서나마 볼 수 있으면 좋겠다.
- ▶ 가: 이렇게 해 드리면 될까요?
  나: 그렇게나마 해 주시면 고맙겠습니다.

문법 연습

1. '(으)로'의 용법에 대응되는 문장을 연결해 봅시다.

문장	'(으)로'의 용법
(1) 그 밖의 연령층은 10% 안쪽으로 낮게 나타났다.	방향
(2) 식이요법과 적당한 운동으로 살을 빼는 데 좋은 효과를 볼 수 있다.	재료
(3) 생활 비디오는 앞으로 좀 더 활성화할 것이라고 전문가들은 말한다.	때, 시간
(4) 상담자 교육은 의사소통 훈련, 가치관 명료화, 인생 설계 등을 주제로 강의가 짜여져 있다.	이유, 원인
(5) 그는 민주화 운동을 하던 사회 학도에서 한의사로 변신한 특이한 경력을 가지고 있다.	변화의 결과
(6) 0부터 60까지 숫자가 새겨진 이 회전판은 잠수했다가 물 위로 올라가야 하는 시간을 지정하는 데 쓰인다.	구성, 비율
(7) 이런 스포츠 시계가 최근에는 화려한 모양과 색상으로 여성들에게 애용되고 있다.	신분, 지위, 자격
(8) 추석 때는 햇곡식으로 송편을 빚었고, 겨울에는 호박 말린 것으로 단맛을 내는 호박고지떡을 만들어 먹었다.	근거, 표준, 목표
(9) 여성 범죄자는 대개 30~40대 기혼 여성으로, 남성 범죄가 대부분 20대 미혼자에게서 많이 일어나는 것과 대조를 보인다.	수단, 방법, 도구

2. '(이)나마'를 사용하여 문장을 완성해 봅시다.

　(1) 나는 (겉)＿＿＿＿＿＿ 아버지의 약속을 받아들이기로 했다.
　(2) 삶에 절망을 했을 때 사람들은 (순간적)＿＿＿＿＿＿ 자살을 생각한다.

(3) 전체 직불카드 이용 실적은 일단 (완만하다) _____ 성장 곡선을 형성하고 있다.

(4) 이 나라 한 모퉁이의 반쪽 벽돌이 (되다) _____ 새 역사를 창조하고 있을까.

(5) 가상의 (공간) _____ 일상적인 학술 정보 교류 및 학회 활동을 가능하게 했다.

(6) 나도 그것을 짧은 두 달 동안의 체험을 (통하다) _____ 확인하고 실감할 수 있었다.

(7) 그래서 (막연하다) _____ 갖고 있던 TV 드라마의 예술성에 대한 인식도 달라지기 시작했다.

(8) 비록 극장에서 볼 수 없는 것들이지만, (TV) _____ 대작들을 만난다는 건 정말 기쁜 일이다.

(9) (어렴풋하다) _____ 기억을 되찾을 수 있게 된 것은 매일 똑같이 이어지는 무서운 꿈 때문이었다.

(10) 사실 세상이 완전히 타락한 거라면 비극적인 인간 (그 자신) _____ 어떠한 진실이 가능할 것인가?

(11) 남북간에는 (일부) _____ 이산 가족의 재회가 실천에 옮겨지기도 했고, 물자 교류가 이루어지기도 했다.

(12) (미숙하다) _____ 그 역할들을 어느 정도 해 내면서 그는 자신이 뭔가 자유로워지고 편해짐을 발견할 수 있다.

(13) 우리는 조국의 의미를 새삼 깨우쳐 주는, 순국 선열의 길고도 자랑스런 명단을 (가슴속) _____ 간직하고 있다.

(14) 한정된 아파트 (내부) _____ 자기만의 개성 있는 공간을 만들거나 수납 공간을 넓히려는 사람들이 늘어나고 있다.

(15) 아무리 최고급 상품을 만들어도 자기 상표 없이는 세계 시장에서 대접받을 수 없다는 걸 (뒤늦다) _____ 깨닫게 되었다.

(16) 정부의 경기 대책이 비록 제한된 (범위 내) _____ 실효를 나타나게 하려면 어떤 일이 있더라도 안정 기조를 결코 포기하지 말아야 할 것이다.

 **이해와 표현**

내용 학습

1. 산신각에 대해 본문의 내용을 참조하여 정리해 봅시다.

    (1) 산신각이란 무엇입니까?
    _____

    (2) 산신각은 어디에 있습니까?
    _____

    (3) 산신각은 언제 생겼습니까?
    _____

    (4) 산신각은 왜 생겼습니까?
    _____

    (5) 한국인들은 왜 산신각을 찾습니까?
    _____

    (6) 산신각 안에 모셔진 산신의 모습은 어떠합니까?
    _____
    _____

    (7) 산신각에 모셔진 다양한 모습의 산신 탱화는 무엇을 의미합니까?
    _____
    _____

2. 여자 산신 탱화와 남자 산신 탱화에 대해 본문의 내용을 참조하여 비교해 봅시다.

		탱화의 특징	모신 사찰
여자 탱화			속리산 천왕사 지리산 실상사 계룡산 동학사
남자 탱화	도교적 산신 탱화		
	유교적 산신 탱화	복건(福巾) 유건(儒巾) 정자관(程子冠)	
	불교적 산신 탱화		

3. 중국과 한국의 호랑이 그림을 찾아 비교해 봅시다.

	호랑이 형상	문화적 의미
중국		
한국		

심화 학습

1. 한국인들은 새해 초나 일이 있을 때마다 점쟁이를 찾아가 이야기를 듣는데 이것을 '점 친다', '점 본다'고 합니다. 현대에 주로 행해지는 점복(占卜)에는 신점(神占), 역리 (易理)에 의한 점, 상점(相占), 풍수점(風水占)이 있습니다. 현대 한국 문화 속의 민간 신앙에 대해 알아보고 질문에 답해 봅시다.

ㄱ. 신점은 신이 내린 무당이 신의 신령스런 힘을 이용하여 점을 하는 것이다. 신점을 하는 무당은 사람의 출생과 성장, 혼인, 자녀, 부귀, 건강과 질병, 수명 등 인간의 모든 일이 신의 뜻에 따라 정해지고, 그 뜻대로 되는 것이라고 믿으며, 점복을 통해 신의 뜻을 알아보고, 그에 맞는 대책을 강구해 준다. 만일 점 치러 온 손님에게 앞으로 좋지 않은 일이 있을 거라고 하면 부적을 써 주거나 굿을 하게 하여 질병과 재난을 물리치게 하고, 복을 받게 해 준다.

ㄴ. 역리에 의한 점은 역학에 관한 이론을 공부한 사람이 역리를 풀어서 하는 점이다. 역리를 공부한 사람을 흔히 '철학자' 또는 '역술인'이라고 한다. 이들은 사람의 운명은 사주에 의해 정해진다고 믿으며, 사주를 역리로 풀어서 정해진 운명을 미리 알아보고, 질병이나 재난을 예방하거나 물리치도록 대책을 강구해 준다.

ㄷ. 상점에는 얼굴의 형상으로 보는 관상, 선의 모양과 손금으로 보는 수상이 있다.

ㄹ. 풍수점은 풍수설을 연구한 사람이 집터나 조상의 묏자리를 보고 점을 치는 것이다. 이들은 집터나 조상의 묏자리가 맞으면 운이 트여 복이 오지만, 맞지 않을 때에는 재난을 당하게 된다고 믿으며, 이사하거나, 묏자리를 옮기는 것을 통하여 재난을 막고 복을 받아 잘 살도록 조언한다.

(1) 사람에 따라 점을 치는 이유는 다릅니다. 사람들은 왜 점을 보고 싶어하는지 말해 봅시다.

(2) 점복의 사회적 기능은 무엇일까요?

(3) 사람들이 점을 치는 방법에는 어떤 것이 있을까요?

2. 다음 내용을 중국어로 번역해 보고 한국 종교 신앙의 특징에 대해 알아봅시다.

(1) 한국에는 불교, 유교, 기독교와 같은 고등 종교도 있지만 한국인은 무교적 정서를 기본으로 신앙 생활을 하고 있다. 불교의 사찰 내에 있는 삼신각(三神閣)이 그 실례이다. 불교인이 찾는 삼신각은 무교의 삼신 사상, 즉 사람이 출생하여 성인이 될 때까지 삼신이 지켜 준다는 신앙을 반영한 것이다. 기독교의 헌금 행위에서 기복적 형태를 보이는 것도 그 한 예이다. 무교에서는 병 치유 또는 재물의 보상을 기대하는 차원에서 굿을 하는데, 기독교 신앙인에게도 이러한 보상적 기복 행위가 잔재해 있는 것이다.

___

(2) 강릉 단오굿은 음력 3월 20일 신주를 빚는 것으로부터 시작하여 4월 1일과 8일에 헌주와 무악이 있고 14일 저녁부터 15일 밤에 걸쳐 대관령 산신을 맞이하여 읍내 성황당에 모시고 27일 무제를 지낸 다음 5월 1일부터 본제로 들어간다. 성황신을 맞이하여 모셔 올 때는 제관을 비롯해서 무격대와 주민들 수백 명의 행렬이 따르게 되며, 무악을 울리고 관노들의 가면 놀이까지 곁들여 장관을 이룬다. 이 단오굿은 강릉 지방의 가장 큰 민속 행사로서 옛날에는 지방의 수령이, 요즘에는 시장이나 군수가 제관으로 헌수를 한다. 제의는 유교식으로 진행되는데 단오굿의 가장 큰 목적은 대관령의 도로 안전과 농사의 풍작, 그리고 풍어를 비는 데 있다. 제의 3일 전부터 대관령 산신당과 성황당의 신역에는 금줄을 쳐서 외래자와 부정한 자의 출입을 금한다. 그밖에 제관들은 목욕재계(沐浴齋戒)를 해야 하는 등 많은 금기가 뒤따르고 있다.

3. 현대 중국의 민간 신앙에 대해 조사해 봅시다.

4. 민간 신앙의 가치에 대해 토론해 봅시다.

 **한국 문화 익히기**

한국의 민간 신앙*

민간 신앙은 주로 가정이나 마을이라는 지역 생활 공동체를 바탕으로 형성되어 발전한 종교라는 점에서 가신 신앙과 마을 신앙이 그 중심을 이룬다.

1. 가신 신앙

가신 신앙은 집을 중심으로 한 신앙이다. 집이란 가족이 주거하는 장소이고, 그 집은 일정한 장소에 있다. 이 집은 집터와 가옥을 포함하고 있으며, 전통적으로는 조상이 대대로 살아온 혈통의 전통성이 있는 곳이기도 하다. 집은 가족의 전통을 여는 곳이고 인간의 안락처로 상징되는 곳이기 때문에 집을 짓는 데도 의례가 따르게 마련이다. 집터를 다질 때는 토지신에게, 상량(上樑)할 때는 성주신을 모시는 등 한국의 조상들은 집 짓는 것을 단순한 건물의 창조로 보지 않고 신과 더불어 만드는 것이라고 생각했다.

집안의 장소를 중심으로 신들을 분류하면 안방의 조상신과 삼신, 마루의 성주신, 부엌의 조왕신, 뒤꼍의 택지신(宅地神)과 재신(財神), 출입구의 수문신, 뒷간의 측신, 우물의 용신 등을 들 수 있다. 성주신은 집의 주신이고 대감신은 집터를 관할하며 집을 보호하는 일을 하지만 적극적으로 재물을 집안으로 불러들이는 신이다. 안방에는 아기를 낳고 자손을 보호하는 삼신 또는 제석신이 있는데, 어린이의 수명 장수를 위한 신이다. 부엌의 조왕신은 매년 2월 중 하늘에서 내려왔다가 올라간다는 신화가 있다. 조상신은 유교 제사에 거의 흡수되어 있어서 가정 신앙에서의 비중이 약해진 것이 사실이지만, 아직도 유교 이전의 조상 숭배의 신앙으로 전승되고 있다. 제석항아리, 제석단지, 조상단지 등으로 불리는 것들은 조상 숭배의 신체(神體)이다. 그리고 집 밖에는 또 다른 잡신들이 있다. 이들 잡신은 때때로 집안으로 들어가고자 하여 사람들에게 불안과 공포를 주는 존재들이다.

가신 신앙의 의례 방법 중 가장 간단한 형태는 손비빔이다. 이를 비손이라고도 하는데, 손을 모아 비는 간단한 의식이다. 주부가 간단히 음식을 차려서 신에게 비는 것이 중심을 이룬다. 병을 치료하기 위한 목적이 아니고 일방적으로 신을 모시는 의례로는 고사가 있다. 잡귀를 쫓는 주술적 의례는 전문 사제자인 무당이 행한다.

2. 마을 신앙

마을은 집의 수호신이 살 수 있는 곳이기도 하지만, 잡귀나 잡신이 떠도는 위험한 장소이기도 하며, 잡신과 선신(善神)이 함께 공존하는 공간이라는 것이 집과는 본질적으로 다른 점이다. 마을을 지키는 수호신으로는 산신, 동신, 골매기신 등으로 불리는 인격신과 비인격인 신이 있다. 마을의 특성에 따라서 신도

---

* 이 부분의 내용은 '네이버 지식백과(http://terms.naver.com)', '한국민족문화대백과사전(http://encykorea.aks.ac.kr)' 등을 참조하여 정리한 것이다.

달라진다. 산신이 수호신이 되거나 원통하게 죽은 여신이 되는 곳도 있다. 다른 마을에서 흘러 들어왔다는 신, 땅에서 솟아나거나 하늘에서 강림했다는 신화를 가진 신들도 모신다. 대부분의 마을에서는 하나의 주신을 섬기고, 하위 신으로 장승이나 기타 수부신을 모시는 경우가 많다.

마을신에 대한 의례는 부락제 또는 동제(동신제)라고 한다. 동제는 동민이 직접 또는 간접으로 하나의 신을 모시는 의례로서, 두 가지 종류로 나누어진다. 하나는 무당이 사제하는 당굿의 형태이고, 다른 하나는 유교식 제사에 의한 동제이다. 두 가지가 모두 지연 공동체의 의례라는 점에서 동일하고, 사회적, 종교적 기능 등이 일치하지만 형식은 다르다. 마을 신앙은 대체로 하나의 마을에 한정되지만, 때로는 마을 밖으로 확대되어 마을과 마을의 연합으로 농경의례를 하거나 동제를 공동으로 행하는 경우도 있다.

 더 읽어 보기

김태곤, 『한국 민간신앙 연구』, 집문당, 1983.
김태곤, 『한국무가집』, 집문당, 2013.
주강현, 『굿의 사회사』, 웅진출판주식회사, 1992.
최운식, 『한국인의 삶과 문화』, 보고사, 2006
황석영, 『바리데기』, 창비, 2007.

06 서양은 에피스테메를 말하지만 우리는 혼란을 말한다

 **학습 목표**

★ 지식 변방으로서의 한국 현대성에 대해 알아봅시다.
★ 주류와 비주류의 관계에 대해 생각해 봅시다.

 준비하기

1 다음은 K-POP의 특징에 대한 대화입니다. 잘 듣고 말해 봅시다.   06

2 다음 내용에 대해 생각해 봅시다.

  본문은 조한혜정의 저서인 『탈식민지 시대 지식인의 글 읽기와 삶 읽기』(2)에 대한 서평입니다. 조한혜정과 이 책에 대해 알아봅시다.

  한국어에서 외래어가 가장 많이 사용되는 분야가 무엇이라고 생각합니까? 그 이유를 말해 봅시다.

  ① 패션   ② 법률   ③ 문학   ④ 경제   ⑤ 철학   ⑥ 정치

서양은 에피스테메를 말하지만 우리는 혼란을 말한다

정희진*

1. 여기서 말하는 '해체'의 의미는 무엇일까요?

2. '조혜정(조한혜정)'에 대한 글쓴이의 평가는 어떠한가요?

3. 글쓴이가 보기에 '이 책'의 순위는 몇 위인가요?

4. 여러분도 이 철학자들에 대해 배웠을 때 글쓴이와 같은 억울함을 느낀 적이 있습니까?

5. 글쓴이에게 '절박했던' 것이 무엇이며, '이 책'을 읽고 '해명' 받은 내용이 무엇일까요?

'지식인'과 '랭킹'은 평소 내가 사용하지 않는 말이므로, 이 글은 잠시 일탈이다. 지식인은 해체된 지 오래된 단어다. 임시 복원한다면, 자기 노동과 일상을 언어화하려고 노력하는 사람이라고 할 수 있다. 지식이 없는 사람, 지식인이라고 주장하고 간주되는 사람, 서구 지식과 '지금, 여기'의 경합을 쓰는 사람이다. 조혜정 '선생님'은 세 번째에 속하는 극소수 중 한 사람이자, 그중에서도 선구자다.

종종 출판 단체나 신문사에서 '명저 50선'이나 '주목받는 저술가' 같은 명단을 만드는데, 재고되어야 한다. 사회 각 분야는 다양하다. 보이지 않는 분야가 너무 많다. 레즈비언이나 장애인 관련 도서는 선정되기 힘들다. 하지만 만일 나더러 한국 현대사를 대표하는 책 열 권을 선정하라면 아홉 권은 모두 이 책 다음이다.

1997년 처음 이 책을 읽었을 때 내 고민은 이중 언어에 관한 것이었다. 방언과 '표준어'를 동시에 사용해야 하는 사람처럼, 식민지 사람들은 지배자의 언어와 자기 언어를 모두 알아야 한다. 나는 여성으로서 남성의 언어와 여성의 언어(페미니즘)를 공부하기도 바쁜데, 게다가 비(非) 서구인이므로 플라톤, 헤겔, 칸트, 마르크스까지 다 섭렵하고 그 다음에 한국을 공부해야 하는가. 나는 억울했다. '진짜 공부'는 언제 한단 말인가.

페미니스트와 프롤레타리아트에게 조국은 '없다'. 그러나 각자 선 자리, 지역(로컬)은 있다. 이 책은 절박했던 나를 해명해 주었다. 민족 해방과 탈식민의 차이를 알게 되었다. 조혜정 덕분에 나는 '이상한 여성주의자'이자 '삐딱한 민족해방론자'가 될 수 있었다. 동시에 그 어디에도 속하지 않는 탈식민 페미니스트로 살아갈 '자신감이 생겼다'.

* 여성학자

랭킹, 일탈, 해체되다, 경합, 극소수, 선구자, 명저, 재고되다, 레즈비언, 이중, 페미니즘, 섭렵하다, 페미니스트, 프롤레타리아트, 로컬, 절박하다, 해명하다, 탈식민

글쓰기나 강의를 하면서 절실하게 느끼는 것은 <u>탈식민주의</u>가 우리 사회에서 가장 수용되기 어려운 사고방식이라는 점이다. 진보와 보수를 막론하고 서구를 역사의 기원으로 상정하고 '따라잡아야 한다'는 강박이 지배적인 후기 식민 사회에서, 서구의 권위에 주눅 드는 것은 평안한 일이다.

탈식민주의(포스트 콜로니얼리즘)는 모순된 의미가 하나로 결합된 매력적인 사유 구조다. 시간 순서상, 식민주의에서 벗어난 이른바 주권 회복을 의미하지만 다른 한편으로는 여전히 식민주의의 사회문화적 영향력에 침윤되어 있는 <u>상황</u> 인식을 말한다. 경험은 체현이기에 청산되지 않는다. 벗어났지만 벗어날 수 없는 상황. 나를 억압했던, 억압하고 있는 권력에게 인정받고 싶은 <u>욕망</u>의 정체는 무엇일까.

보편자의 시선이 아니라 스스로 자신을 정의하면서도 그러한 나는 누구인가를 질문하는 것. 탈식민주의는 식민주의가 작동할 수 있었던 <u>서구 중심의 근대성</u>에 대한 도전이다. 직선적 시간관, 이분법, 민주주의로 오해된 발전주의, 중산층 콤플렉스, 타자를 만드는 시간……

'주류(서구, 남성, 비장애인, 이성애자……)'의 범위는 유동적이긴 하지만, 그들의 삶과 기존의 언어는 일치한다. 그러나 '주변'의 경험은 불일치한다. <u>이것</u>이 근대의 가장 강력한 <u>통치 방식</u>이다. 쟁점은 중심 되기가 아니라 주변의 가능성이다. 삶과 언어가 일치하지 않는 민중은 모욕과 굴욕 혹은 이데올로기의 '보호' 아래 살아가지만, 동시에 기존의 언어를 의문시할 수 있는 위치성과 가능성이 있다.

에피스테메(episteme)는 <u>미셸 푸코</u>가 부각시킨 말로서 주어진 시대의 앎의 기본 단위를 말한다. 중심은 앎을 말하지만, 우리는 <u>혼란</u>을 호소한다. 이 혼란은 혼란 자체로 멈출 수도 있지만, 이해되지 않은 새로운 현상이다. 민중의 혼란이 앎의 근거다. 이해되지 않는 질서는 언어가 될 수 있다. 바위처럼 보이는 기존의 권력 관계는 의외로 쉽게 조각날 수도 있다. 바위 틈새에 콩을 집어넣고 계속 물을 붓는다. 가진 자의 혼란! 거대한 바위(monolithic) 덩어리, 우리를 억압했던 그들의 거대 담론은 부서진다.

절실하다, 탈식민주의, 상정하다, 따라잡다, 강박, 주눅, 평안하다, 사유, 침윤되다, 청산되다, 억압하다, 정체, 보편자, 작동하다, 근대성, 직선적, 이분법, 중산층, 콤플렉스, 타자, 주류, 이성애자, 유동적, 주변, 불일치하다, 이데올로기, 의문시하다, 위치성, 에피스테메, 부각(시키다), 조각나다, 집어넣다, 거대하다, 담론

---

6. 다음 세 단락을 읽고 '탈식민주의'의 의미에 대해 생각해 봅시다.

7. 오늘날의 한국에도 이런 '상황'과 '욕망'이 존재하는지 예를 들어 말해 봅시다.

8. 본문에서 언급된 '서구 중심의 근대성'의 구성 요소들을 찾아봅시다.

9. '이것'은 무엇을 가리키는지, 그리고 왜 '통치 방식'이 될 수 있는지에 대해 생각해 봅시다.

10. '미셸 푸코'에 대해 알아봅시다.

11. 여기서 말하는 '혼란'의 의미에 대해 생각해 봅시다.

 **어휘와 문법**

단어

명 사: 랭킹, 일탈, 경합, 극소수, 선구자, 명저, 레즈비언, 이중, 페미니즘, 페미니스트, 프롤레타리아트, 로컬, 탈식민, 탈식민주의, 강박, 주눅, 사유, 정체, 보편자, 근대성, 이분법, 중산층, 콤플렉스, 타자, 주류, 이성애자, 주변, 이데올로기, 위치성, 에피스테메, 담론

명사·관형사: 직선적, 유동적

동 사: 해체되다, 재고되다, 섭렵하다, 해명하다, 상정하다, 따라잡다, 침윤되다, 청산되다, 억압하다, 작동하다, 의문시하다, 부각(시키다), 조각나다, 집어넣다

형용사: 절박하다, 절실하다, 평안하다, 불일치하다, 거대하다

어휘 연습

1. 다음 [보기]는 '이중 구조'에 관한 용어들입니다. 각각에 해당되는 단어를 골라 빈칸에 써 봅시다.

   보기: 보편자, 방언, 극소수, 중심, 이성애자, 비장애인, 서구, 타자, 식민지, 레즈비언, 장애인, 지배자, 민중, 표준어, 여성, 주변

   ▶ 주류: 보편자, _____
   ▶ 비주류: 방언, _____

2. 다음 단어의 원어를 써 보고 각 단어에 대응되는 해석을 연결해 봅시다.

에피스테메　　(　　　) •　•집단의 역사적, 사회적 입장을 반영한 사상의 체계
페미니스트　　(　　　) •　•무의식의 감정적 관념, 열등감이나 욕구 불만
로컬　　　　　(　　　) •　•주어진 시대의 앎의 기본 단위
프롤레타리아트 (　　　) •　•여성주의를 따르거나 주장하는 사람
이데올로기　　(　　　) •　•생산 수단을 소유하지 않고 노동력을 판매하는 계급
콤플렉스　　　(　　　) •　•(현재 이야기되거나 자신이 살고 있는) 지역, 현지(의)

3. 다음 표의 단어에 해당되는 한자를 써 보고 단어의 의미에 대해 생각해 봅시다.

한국어	한자	한국어	한자	한국어	한자	한국어	한자
해체되다		재고되다		섭렵하다		해명하다	
상정하다		침윤되다		청산되다		억압하다	
작동하다		절박하다		절실하다		평안하다	
일탈		경합		강박		사유	
체현		정체		쟁점		담론	

4. [보기]에서 알맞은 것을 골라 적절한 형식으로 문장을 완성해 봅시다.

> 보기: 절박하다, 절실하다, 해체되다, 조각나다,
> 상정하다, 상상하다, 재고하다, 의문시하다

(1) 나는 더 이상 견딜 수 없는 _____ 상황에 빠질 때마다 형님을 생각했어요.
(2) 이 사업 계획은 _____ 여지가 없는 완벽한 것입니다.
(3) 그를 범인으로 _____ 이야기가 달라진다.
(4) 축구팀이 _____ 뿔뿔이 흩어졌다.
(5) 거울은 땅에 떨어져서 산산이 _____.
(6) 그의 진정성을 _____ 사람은 아무도 없을 것이다.

문법 설명

1. -(으)므로

까닭이나 근거를 나타내는 연결 어미이다.

▶ '지식인'과 '랭킹'은 평소 내가 사용하지 않는 말이므로, 이 글은 잠시 일탈이다.
▶ 상대가 너무 힘이 센 선수이므로 조심해야 한다.
▶ 그는 부지런하므로 성공할 것이다.
▶ 선생님은 인격이 높으시므로, 모든 이에게 존경을 받는다.
▶ 참석할 사람이 없으므로 회의를 취소하기로 했다.

2. -단 말이다

'-다는 말이다'의 준말로, 다시 강조하거나 확인하는 뜻을 나타낸다.

▶ 나는 억울했다. '진짜 공부'는 언제 한단 말인가.
▶ 제가 어제 과장님께 확실하게 보고를 드렸단 말입니다.
▶ 누구의 죄로 어린애가 그렇게도 불쌍하게 죽었단 말이냐?
▶ 세상에 이런 일도 있단 말이야?

3. -시하다

일부 명사 뒤에 붙어 '그렇게 여김' 또는 '그렇게 봄'의 뜻을 더하고 동사를 만든다.

▶ 삶과 언어가 일치하지 않는 민중은 모욕과 굴욕 혹은 이데올로기의 '보호' 아래 살아가지만, 동시에 기존의 언어를 의문시할 수 있는 위치성과 가능성이 있다.
▶ 전통 사회에서는 제사를 무엇보다도 중요시하였다.
▶ 소중한 것을 당연시하는 것이 아니라 소중하게 여기는 자세가 필요하다.
▶ 생명체는 진화한다는 사실을 의문시하는 견해도 있다.

문법 연습

1. 다음을 연결하고 '-(으)므로'를 사용하여 문장을 만들어 봅시다.

   상황이 절박하다 •　　　　• 빚을 청산하다
   일상에 지치다 •　　　　• 신뢰를 잃다
   성실하게 일하다 •　　　　• 물불을 가리다
   언행이 불일치하다 •　　　　• 일탈을 꿈꾸다
   삐딱하게 굴다 •　　　　• 퇴학당하다

   (1) <u>상황이 너무 절박하므로 물불을 가릴 여유가 없다.</u>
   (2) _____.
   (3) _____.
   (4) _____.
   (5) _____.

2. 밑줄 친 부분의 용법이 다른 것을 골라 봅시다.

   (　　　　)

   (1) 역사를 객관적으로 본다는 것은 그만큼 어렵<u>단 말이</u>다.
   (2) 혼자서 고기를 4인분이나 먹었<u>단 말이</u>야?
   (3) 가겠<u>단 말인지</u> 안 가겠<u>단 말인지</u> 알 수가 없다.
   (4) 주변에서 아무리 반대해도 재고할 의향이 없<u>단 말이지</u>?

3. 다음 단어를 사용하여 문장을 만들어 봅시다.

   (1) 중요시하다, 판단하다, 겉모습, 외모, 사람
   _____

   (2) 절대시하다, 부정하다, 로컬, 근대성, 중심, 서구, 특수성
   _____

   (3) 당연시하다, 바람직하다, 사회, 진보, 통합, 이분법, 보수
   _____

   (4) 우선시하다, 억압하다, 초래하다, 소수자, 악영향, 주류
   _____

 **이해와 표현**

내용 학습

1. '탈식민주의' 시각으로 봤을 때 한국은 해방 후에도 여전히 서구 중심의 근대성에 의해 '억압'을 받고 있습니다. 본문의 내용을 참조하여 여기서 말하는 '억압'의 의미에 대해 정리해 봅시다.

근대의 통치 방식		해방을 통해 벗어난 억압	
		해방 후에도 받는 억압	

2. 탈식민주의는 '서구 중심의 근대성에 대한 도전'이라고 할 수 있습니다. 글쓴이는 이러한 탈식민주의가 '한국 사회에서 가장 수용되기 어려운 사고방식'이라고 보고 있는데 그 이유에 대해 생각해 봅시다.

3. 글쓴이는 현재의 '억압 구조'를 부수기 위해 '혼란을 말하기'를 제안했습니다. 그 제안의 구체적인 내용과 원리에 대해 정리해 봅시다.

행동 주체는 누구인가?	
그 이유는 무엇인가?	
호소 내용은 무엇인가?	
어떻게 극복할 것인가?	

102

심화 학습

1. 글쓴이는 평소에 '지식인'이라는 말을 쓰지 않는다고 하지만, 이 글은 '지식인에 의한, 지식인을 위한' 내용이 반영되어 있습니다. 본문에서 언급된 '지식인'에 대한 정의를 참조하여 근대 이래 한국 지식인들이 서구 사상과의 만남에서 어떤 시선의 변화를 겪어 왔는지 생각해 봅시다.

2. 서구 사상과의 관계에 있어서 중국과 한국은 어떤 공통점과 차이점이 있는지 메모해 봅시다.

공통점	차이점

3. 세계적 차원에서 볼 때 대중문화에도 중심과 변방이 있다고 생각합니까? 그렇게 본다면 오늘날의 '한류'는 어느 부류에 속해 있는지 생각해 봅시다.

4. '주류 대 비주류'와 같은 이중 구조에서 '약자에 대한 억압'이라는 권력관계는 다양한 차원에서 생길 수 있습니다. 본문의 내용을 참조하여 이러한 권력관계가 국가나 민족 차원 이외에 또 어디에서 생길 수 있는지, 그리고 어떤 노력을 통해 극복할 수 있는지 말해 봅시다.

 한국 문화 익히기

탈식민주의, 페미니즘과 오리엔탈리즘*

1. 탈식민주의

'탈식민주의'(Post-colonialism)는 대단히 포괄적인 개념이어서 광범위한 분야를 포함할 수도 있지만, 기본적으로는 제국주의 시대 이후, 독립을 한 후에도 여전히 남아 있는 제국주의의 잔재를 탐색해서 그것들의 정체를 드러내고 극복하자는 문예 사조이다. 그래서 탈식민주의는 현재를 또 다른 형태의 식민지적 상황으로 파악하고, 제국주의적인 억압 구조로부터의 해방의 추구, 제국이 부여한 정체성에서 벗어나는 새로운 정체성의 수립, 그리고 더 나아가 불가시적인 문화적, 경제적 제국주의에 대한 경계를 제안하고 있다. 즉 식민주의가 주로 지리적 식민지 그 자체에 주된 관심이 있다면, 탈식민주의는 문화적 또는 정신적 식민지 상황에 더 많은 관심이 있다고 말할 수 있다. 현재 세계 인구의 4분의 3이 식민지 경험을 해 본 상황에서 탈식민주의는 지구상의 대부분의 나라에 해당되는 강력한 호소력을 가지고 있다.

한국의 경우, 1980년대의 민족 문학과 민중 문학이 탈식민주의 문학으로 그 영역을 확대해 한국 특유의 사례를 보여 주고 있어 국제적인 관심의 대상이 되고 있다. 탈식민주의는 문화 제국주의, 다문화주의, 문화 연구, 페미니즘, 정치적 올바름(Political Correctness) 운동 등과 연계해 정신적, 문화적 식민지 상황에 처해 있는 사람들에게 다시 한 번 자신들의 문화적 정체성과 자주성을 바르게 수립해 주는 긍정적인 역할을 해 주는 문예 사조라고 할 수 있다.

2. 페미니즘

'페미니즘'(Feminism)은 '여성의 특질을 갖추고 있는 것'이라는 뜻을 지닌 라틴어 '페미나(femina)'에서 파생한 말로서, 성 차별적이고 남성 중심적인 시각 때문에 여성이 억압받는 현실에 저항하는 여성 해방 이데올로기를 말한다. 여성을 여성 자체가 아니라 남성이 아닌 성 혹은 결함 있는 남성으로 간주함으로써 야기되는 여성 문제에 주목하면서 올바른 전망을 제시하려는 일련의 움직임을 포함한다. 즉 여성을 억압하는 객관적인 현실을 올바르게 파악하고 그 해결을 모색하는 것, 남성 특유의 사회적 경험과 지각 방식을 보편적인 것으로 표준화하려는 태도를 근절시키는 것, 스스로 억압받는다고 느끼는 여성들의 관심사를 체계적으로 이해하려는 것, 여성적인 것의 특수성이나 정당한 차이를 정립하고자 하는 것 등이 페미니즘의 목적이다. 때문에 페미니즘에서 문제 삼는 것은 생물학적인 성(sex)이 아니라 사회적인 성(gender)이다.

이런 페미니즘적 인식에서 가장 논쟁적인 문제는 '평등'과 '차이'의 대립이다. 여성이 남성과 똑같아지기 위해서 투쟁해야 한다는 입장과, 여성이 남성과 다르다는 것을 인정해야 한다는 입장이 서로 맞서고 있

---

* 이 부분의 내용은 『문학비평용어사전』(한국문학평론가협회, 국학자료원, 2006)을 참조하여 정리한 것이다.

기 때문이다. 그리고 이런 입장의 차이는 여러 가지 하부 문제를 포함하면서 여성 문제를 다각화시키는 데에 일조하고 있다. 만일 여성이 남성과 평등하다면 어떤 남성이나 어떤 문제에서 평등한 것인가. 혹은 여성은 남성에게 기회의 평등을 요구해야 하는가 아니면 결과의 평등을 요구해야 하는가. 반대로 여성이 남성과 서로 다르다는 사실을 인정한다면 그 차이는 자연적, 생물학적 차이인가 아니면 사회적, 경제적인 차이인가. 이에 대한 입장이나 시각에 따라 페미니즘의 정의나 방향은 달라진다.

3. 오리엔탈리즘

'오리엔탈리즘'(Orientalism)은 문학이론가 에드워드 사이드(Edward W. Said, 1935~ 2003)의 명저 『오리엔탈리즘(Orientalism)』(1978)으로 인해 유명해진 용어로, 하나의 이론과 지식 체계로 굳어진 '동양에 대한 서구의 왜곡과 편견'을 의미한다. 원래 '오리엔탈리즘'은 단순히 동양학을 의미했으나, 사이드가 이 용어를 동양에 대한 서구의 전형(stereotype)화의 의미로 사용함에 따라 다분히 정치적이고 이데올로기적인 용어가 되었다. 사이드에 의하면, 서구 제국주의는 자신들의 필요에 의해 동양을 신비화한 다음, 동양을 탐험하고 지배하며 착취해 왔다. 문제는 동양에 대한 서구인들의 그러한 신비화가 단순한 낭만적 환상에 그치지 않고, 수세기에 걸친 정치적, 경제적, 군사적 연관 속에 절대적 진리로 자리 잡게 되었다는 것이다.

 더 읽어 보기

민족문학사연구소, 『탈식민주의를 넘어서』, 소명출판, 2006.
박종성, 『탈식민주의에 대한 성찰』, 살림, 2006.
신기욱·마이클 로빈슨 편저, 도면회 역, 『한국의 식민지 근대성: 내재적 발전론과 식민지 근대화론을 넘어서』, 삼인, 2006.
윤해동, 『탈식민주의 상상의 역사학으로』, 푸른역사, 2014.
장석만 외, 『한국 근대성 연구의 길을 묻다』, 돌베개, 2006.
조한혜정, 『탈식민지 시대 지식인의 글 읽기와 삶 읽기』(1~3), 또하나의문화, 1992, 1994, 1994.

제 3 단원

문화를 사랑하는 민족

07 추운 시절의 그림, 세한도
08 미인도는 왜 남겨 두었을까?
09 가야금 인생

07 추운 시절의 그림, 세한도

 학습 목표

★ 「세한도」의 유래와 예술성, 그리고 화발의 내용에 대해 알아봅시다.
★ 「세한도」에 숨겨진 김정희와 이상적 두 사제 간의 아름다운 인연에 대해 알아봅시다.

 준비하기

1. 다음은 「세한도」에 대한 대화입니다. 잘 듣고 말해 봅시다.   07

2. 다음 내용에 대해 생각해 봅시다.

   ❓ 다음 그림은 누가 그렸는지, 그리고 어떤 배경에서 그려진 것인지 알아봅시다.

   ❓ 여러분은 자신의 초등학교, 중학교, 고등학교 은사님을 아직도 기억하고 있습니까? 은사님들과의 아름다운 인연에 대해 말해 봅시다.

추운 시절의 그림, 세한도 (歲寒圖)

오주석*

1. 화발에 담긴 세월의 쓸쓸함

「세한도」(歲寒圖)는 추운 시절을 그린 그림이다. 시절이 추우면 추울수록 사람들은 더욱 따스함을 그리워한다. 그리하여 조그만 온정에도 마음 깊이 감사하게 되니, 이것은 인지상정이라 할 것이다.

「세한도」는 당대의 통유(通儒) 추사(秋史) 김정희(金正喜, 1786~1856)가 1844년 환갑을 바라보는 나이로 제주도에서 5년째 유배생활을 하던 중에, 그의 제자 이상적(李尙迪, 1804~1865)이 자신을 대하는 한결같은 마음에 감격하여 그려 보낸 작품이다. 추사는 그림 왼편에 화발(畵跋)의 공간을 따로 마련하여 칼칼한 해서체(楷書體)로 작품을 그리게 된 연유를 다음과 같이 적었다.

1. 김정희와 이상적은 어떤 인물인가요? 이들은 어떤 사이인지, 김정희는 왜 유배생활을 하게 되었는지 알아봅시다.

---

* 오주석(吳柱錫, 1956~2005), 미술사학자. 서울대 동양사학과와 동 대학원 고고미술사학과를 졸업했으며, 호암미술관과 국립중앙박물관의 학예연구원을 거쳐 중앙대학교 겸임 교수, 간송미술관 연구위원 및 연세대학교 겸임 교수를 역임했다. 한국 전통 미술의 대중화를 위해 활발한 강연 활동을 했고, 2005년에 지병으로 작고했다. 주요 저서로는 『옛 그림 읽기의 즐거움』(1~2) (2005, 2015), 『단원 김홍도』(1995), 『오주석의 한국의 미 특강』(2003) 등이 있다.

화발, 따스하다, 온정, 인지상정, 당대, 통유, 유배생활, 한결같다, 칼칼하다, 해서체, 연유

그대가 지난해에 계복(桂馥)의 『만학집(晩學集)』과 운경(惲敬)의 『대운산방 문고(大雲山房文藁)』 두 책을 부쳐 주고, 올해 또 하장령(賀長齡)이 편찬한 『황조경세문편(皇朝經世文編)』 120권을 보내 주니, 이는 모두 세상에 흔한 일이 아니다. 천만리 먼 곳에서 사 온 것이고, 여러 해에 걸쳐서 얻은 것이니, 일시에 가능했던 일도 아니었다.

지금 세상은 온통 권세와 이득을 좇는 풍조가 휩쓸고 있다. 그런 풍조 속에서 서책을 구하는 일에 마음을 쓰고 힘들이기를 그같이 하고서도, 그대의 이끗을 보살펴 줄 사람에게 주지 않고, 바다 멀리 초췌하게 시들어 있는 사람에게 보내는 것을 마치 세상에서 잇속을 좇듯이 하였구나!

태사공(太史公) 사마천(司馬遷)이 말하기를, "권세와 이득을 바라고 합친 자들은 그것이 다하면 교제 또한 성글어진다."고 하였다. 그대 또한 세상의 도도한 흐름 속에 사는 한 사람으로 세상 풍조의 바깥으로 초연히 몸을 빼내었구나. 잇속으로 나를 대하지 않았기 때문인가? 아니면 태사공의 말씀이 잘못되었는가?

공자(孔子)께서 말씀하시기를, "한겨울 추운 날씨가 된 다음에야 소나무와 잣나무가 시들지 않음을 알 수 있다."고 하셨다. 소나무와 잣나무는 본래 사계절 없이 잎이 지지 않는 것이다. 추운 계절이 오기 전에도 같은 소나무와 잣나무요, 추위가 닥친 후에도 여전히 같은 소나무와 잣나무다. 그런데도 성인(공자)께서는 굳이 추위가 닥친 다음의 그것을 가리켜 말씀하셨다.

이제 그대가 나를 대하는 처신을 돌이켜보면, 그 전이라고 더 잘한 것도 없지만, 그 후라고 전만큼 못한 일도 없었다. 그러나 예전의 그대에 대해서는 따로 일컬을 것이 없지만, 그 후에 그대가 보여 준 태도는 역시 성인에게서도 일컬음을 받을 만한 것이 아닌가? 성인이 특히 추운 계절의 소나무와 잣나무를 말씀하신 것은 다만 시들지 않는 나무의 굳센 정절만을 위한 것이 아니었다. 역시 추운 계절이라는 그 시절에 대하여 따로 마음에 느끼신 점이 있었던 것이다.

아아! 전한(前漢) 시대와 같이 풍속이 아름다웠던 시절에도 급암(汲黯)과 정당시(鄭當時)처럼 어질던 사람조차 그들의 형편에 따라 빈객(賓客)이 모였다가

2. 여기에서 나온 『만학집』, 『대운산방문고』, 『황조경세문편』은 각각 어떤 책들인지 알아봅시다.

3. 여기에서 나온 '이득, 이끗, 잇속'의 단어 구성과 각각의 의미 차이에 대해 알아봅시다.

4. 이 문장의 중국어 원문이 무엇인지 「세한도」 화발에서 찾아보고 그 의미에 대해 생각해 봅시다.

5. 글쓴이는 왜 급암과 정당시를 예로 들었을까요? 두 사람에 대해 알아봅시다.

일시, 권세, 이득, 좇다, 풍조, 서책, 힘들이다, 이끗, 초췌하다, 성글어지다, 도도하다, 초연히, 빼내다, 한겨울, 지다, 닥치다, 굳세다, 정절, 어질다

흩어지곤 하였다. 하물며 하규현(下邽縣)의 적공(翟公)이 대문에 써 붙였다는 글씨같은 것은 세상인심의 박절함이 극(極)에 다다른 것이리라. 슬프다! 완당 노인이 쓰다.

<중략>

2. 세상과 인간이 담긴 문인화의 정수

「세한도」에는 염량세태(炎凉世態)의 모질고 차가움이 있다. 쓸쓸한 화면에는 여백이 많아 겨울바람이 휩쓸고 지나간 듯한데, 보이는 것이라고는 허름한 집 한 채와 나무 네 그루뿐이다. 옛적 추사 문전에 버글거렸을 뭇사람들의 모습은커녕 인적(人跡)마저 찾을 수 없다.

화제(畫題)를 보면 '세한도 우선시상 완당(歲寒圖藕船是賞阮堂)'이라고 적혀 있다. '추운 시절의 그림일세, 우선이! 이것을 보게, 완당'이라는 뜻이다. 화제의 글씨는 기품이 있으면서도 어딘가 정성이 스며 있는 듯한 예서(隸書)로 화면 위쪽에 바짝 붙어 있다.

> 6. 이 말의 뜻이 무엇입니까? '우선'과 '완당'은 각각 누구를 가리키는 것인가요?

그래서 화면의 여백은 더욱 휑해 보인다. 이러한 텅 빈 느낌은 바로 절해고도(絶海孤島) 원악지(遠惡地)에서 늙은 몸으로 홀로 버려진 김정희가 나날이 맞닥뜨려야만 했던 쓸쓸한 감정 그것이었을 것이다. 까슬까슬한 마른 붓으로 쓸 듯이 그려 낸 마당의 흙 모양새는 채 녹지 않은 흰 눈인 양 서글프기까지 하다.

> 7. '선비의 올곧고 견정한 의지'란 무엇을 의미하는 것인가요?

그러나 「세한도」에는 꿋꿋이 세속의 역경을 견뎌 내는 선비의 올곧고 견정(堅貞)한 의지가 있다. 저 허름한 집을 찬찬히 뜯어 보라! 메마른 붓으로 반듯하게 이끌어 간 묵선(墨線)은 조금도 허둥댐이 없을 뿐만 아니라 오히려 너무나 차분하고 단정하다고 할 정도다. 초라함이 어디에 있는가? 자기 연민이 어디에 있는가? 보이지 않는 집주인 완당 김정희, 그 사람을 상징하는 허름한 집은 외양은 조촐할지언정 속내는 이처럼 도도하다. 남들이 보건 안 보건, 미워하건 배척하건 아랑곳하지 않고, 그는 이 집에서 스

세상인심, 박절하다, 문인화, 정수, 염량세태, 모질다, 여백, 허름하다, 옛적, 문전, 버글거리다, 뭇사람, 화제, 기품, 예서, 바짝, 휑하다, 절해고도, 원악지, 맞닥뜨리다, 쓸쓸하다, 까슬까슬하다, 모양새, 꿋꿋이, 역경, 올곧다, 견정하다, 찬찬히, 뜯다, 메마르다, 반듯하다, 묵선, 허둥대다, 조촐하다, 속내, 배척하다

스로가 지켜 나갈 길을 묵묵히 걷고 있던 것이다. 고금천지(古今天地)에 일찍이 유례가 없는 저 강철 같은 추사체(秋史體)의 산실(産室)이 바로 이곳이 아니었던가. 유배지의 추사는 왼편의 화발 글씨가 그러한 것처럼 엄정(嚴正)하고도 칼칼하게 자기 자신을 지켜 나가고 있었다.

「세한도」에는 또한 영락한 옛 스승을 생각해 주는 제자의 따뜻하고 고마운 마음이 있다. 집 앞에 우뚝 선 아름드리 늙은 소나무를 보라! 그 뿌리는 대지에 굳게 박혀 있고, 한 줄기는 하늘로 솟았는데 또 한 줄기가 가로로 길게 뻗어 차양(遮陽)처럼 집을 감싸 안았다. 그 옆의 곧고 젊은 나무를 보라! 이것이 없었다면 저 허름한 집은 그대로 무너져 버리지 않았겠는가? 윤곽만 겨우 지닌 초라한 집을 지탱해 주는 것은 바로 저 변함없이 푸른 소나무이다. 그 소나무는 멀리서나마 해마다 잊지 않고 정성을 보내 주는 제자 이상적(李尙迪)이 아닐까? 그 고마움이 추사의 마음에 얼마나 깊이 사무쳤던지 유독 이 나무들의 필선(筆線)은 더욱 힘차고, 곳곳에 뭉친 초묵(焦墨)이 짙고 강렬한 빛깔로 망울져 있다. 그 마른 붓질이 지극히 건조하면서도 동시에 생명의 윤택함을 시사하고 있음은 참으로 감격적이다.

집 왼편 약간 떨어진 곳에 선 두 그루의 잣나무는 줄기가 곧고 가지들도 하나같이 위쪽으로 팔을 쳐들고 있다. 이 나무들의 수직적인 상승감은 그 이파리까지 모두 짧은 수직선 형태를 하고 있어서 더욱 강조된다. 김정희는 이 나무들에서 희망을 보았는지도 모른다. 앞서 보았듯이 「세한도」에는 절해고도 황량한 유배지의 고독과 이를 이겨 내면서 자신이 할 수 있고 해야 하는 것에 매진(邁進)하는 추사의 의지와 변치 않는 옛 제자의 고마운 정이 있었다. 그리하여 여기서 추사는 이제 기대할 수 없는 앞날의 희망까지도 생각하고 있는 것은 아닐까?

「세한도」란 결국 석자 종이 위에 몇 번의 마른 붓질이 쓸고 지나간 흔적에 지나지 않는다. 그러나 거기에는 세상의 매운 인정과 그로 인한 씁쓸함, 고독, 선비의 굳센 의지, 옛사람의 고마운 정, 그리고 끝으로 허망한 바

8. 추사체는 추사 김정희가 완성한 서체입니다. 추사체의 특징과 대표적 작품에 대해 알아봅시다.

9. '생명의 윤택함'이란 무엇을 의미하는 것인가요?

고금천지, 유례, 강철, 추사체, 산실, 엄정하다, 영락하다, 우뚝, 아름드리, 차양, 윤곽, 지탱하다, 필선, 뭉치다, 초묵, 망울지다, 붓질, 윤택하다, 시사하다, 쳐들다, 수직적, 이파리, 수직선, 황량하다, 매진하다, 석자, 맵다, 허망하다

람에 이르기까지 필설(筆舌)로 다하기 어려운 많은 것들이 담겨져 있다. 「세한도」를 문인화(文人畵)의 정수(精髓)라고 하는 이유가 여기에 있다.

〈중략〉

3. 절묘하게 균형을 이룬 배치

「세한도」의 짜임을 보면 과연 불세출의 서예가 김정희다운 놀라운 구성력에 탄성을 발하지 않을 수 없다. 여백을 중심으로 바라보면 소나무와 잣나무가 두 그루씩 선 곳에서 화면은 세 개의 여백 공간으로 나뉜다. 세 여백은 처음이 제일 넓고 두 번째에서 조금 줄었다가 마지막에서 가장 좁아진다. 가장 여백이 좁아진 곳 뒤에서 그의 내심을 토로하는 발문이 바로 이어진다. 그런데 첫째 여백은 애초 너무 휑한 느낌을 줄 위험이 있었다. 이것은 상변에 바짝 붙여 쓴 「세한도」라는 짙은 제목 글씨와 수직으로 두 줄 내려 쓴 '우선시상 완당'이라는 작은 관지(款識) 글씨에 힘입어 절묘한 공간 분할을 이루면서 구제되었다.

여백이 아닌 형태의 연결을 보자. 얼핏 보기에는 놓치기 쉽지만, 작품 오른편 아래 구석에서 늙은 소나무의 오른쪽 가지를 잇고, 잣나무의 왼쪽 가지로부터 다시 그림 왼편 아래 구석으로 연결해 가면, 작품의 전체 윤곽은 안정감 있는 삼각형 모양을 이루고 있다. 보고 또 보아도 「세한도」가 좋은 이유가 여기에 있다.

장문의 화발을 보자. 정성들여 방안(方眼)을 긋고 쓴 글은 위쪽에 넓은 여백을 두고 아래쪽을 받게 자리 잡았다. 이렇게 아래쪽에 치우쳐 자리한 발문은, 그림을 중간에 두고 화면 상변의 '세한도' 글씨와 서로 대척점에 서

---

10. '김정희다운'은 어떤 의미일까요? 명사 뒤에 '답다'가 붙어 구성된 표현을 배운 적이 있습니까? 예를 더 들어 봅시다.

11. 방안은 '모눈'이라고도 하는데 모눈 종이[坐標紙]에 그려진 세로줄과 가로줄의 교차로 생겨난 사각형을 말합니다. 「세한도」는 제자에게 주는 그림인데 김정희는 왜 정성들여 방안까지 긋고 장문의 화발을 썼을까요?

필설, 배치, 짜임, 불세출, 구성력, 탄성, 발하다, 내심, 발문, 애초, 상변, 관지, 힘입다, 분할, 구제되다, 치우치다, 대척점

서 마주보고 있다. 제목 '세한도'와 그 뜻을 풀어 낸 장문의 글씨들은 마치 크고 작은 추로써 저울에 평형을 준 것처럼 서로 절묘한 균형을 이루고 있는 것이다.

4. 천하를 유랑한 그림

이상적은 추사보다 18세 연하의 중인(中人)이었다. 김정희는 다가오는 새 시대를 예감하고 일찍부터 계급의 장벽을 넘어 재능 위주로 제자를 길러 냈으니, 그 문하에는 진보적 양반 자체는 물론 중인과 서얼 출신의 영민한 자제들이 끊이지 않았다. 이상적은 중국어 역관(譯官)으로 열두 번이나 중국을 드나들었는데, 스승이 닦아 놓은 연분을 따라 중국의 저명한 문사들과 깊이 교유(交遊)하였다. 그는 특히 시로 크게 명성을 얻어 1847년에는 중국에서 시문집을 간행하기도 하였다. 그의 문집 『은송당집(恩誦堂集)』이란 제목은 '헌종 임금께서 직접 그의 시를 읊어 주신 은혜가 있었다'라는 뜻을 담고 있다. 스승에게 보인 기특한 행실이 음덕이 되었던지 이상적은 벼슬길 역시 순탄하고 높았다. 그리하여 1862년에는 임금의 특명으로 종신토록 지중추부사(知中樞府事)를 제수받았다.

12. '역관'은 어떤 일을 하는 사람인가요?

이상적은 스승의 「세한도」를 받아 보고 곧 다음과 같은 답장을 올렸다.

「세한도」 한 폭을 엎드려 읽으매 눈물이 저절로 흘러내리는 것을 깨닫지 못하였습니다. 어찌 그다지도 제 분수에 넘치는 칭찬을 하셨으며, 그 감개 또한 그토록 진실하고 절실하셨습니까? 아! 제가 어떤 사람이기에 권세와 이득을 따르지 않고 도도히 흐르는 세파 속에서 초연히 빠져나올 수 있겠습니까? 다만 구구한 작은 마음에 스스로 하지 않으려야 아니할 수 없었을 따름입니다. 하물며 이러한 서책은, 비유컨대 몸을 깨끗이 지니는 선비와 같습니다. 결국, 어지러운 권세와는 걸맞지 않는 까닭에 저절로 맑고 시원한 곳을 찾아 돌아간 것뿐입니다. 어찌 다른 뜻이 있겠습니까?

이번 사행(使行)길에 이 그림을 가지고 연경(燕京)에 들어가 표구를 해서 옛

13. 이 단락의 내용을 중국어로 번역해 봅시다.

풀어내다, 추, 유랑하다, 문하, 중인, 서얼, 교유하다, 기특하다, 행실, 음덕, 벼슬길, 순탄하다, 특명, 종신토록, 제수(받다), 엎드리다, 감개, 도도히, 세파, 초연히, 구구하다, 사행, 표구

지기(知己) 분들께 두루 보이고 시문을 청하고자 합니다. 다만 두려운 것은 이 그림을 보는 사람들이 제가 참으로 속세를 벗어나고 세상의 권세와 이득을 초월한 것처럼 여기는 것이니 어찌 부끄럽지 않겠습니까? 참으로 과당하신 말씀입니다.

이상적은 편지의 글대로 이듬해 10월 동지사(冬至使)의 역관이 되어 북경에 갔다. 그리고 그다음 해 정초에 청나라의 문인 16인과 같이한 자리에서 스승이 자신에게 보내 준 작품을 내보였다. 그들은 「세한도」의 고고한 품격에 취하고, 김정희와 이상적 두 사제 간의 아름다운 인연에 마음 깊이 감격하였다. 그리하여 두 사람을 기리는 송시(頌詩)와 찬문(贊文)을 다투어 썼다. 이상적은 이것을 모아 10미터에 달하는 두루마리로 엮어, 귀국하는 길로 곧바로 유배지의 스승에게 보내 뵈었다. 1년이 지나 다시 「세한도」를 대한 추사의 휑한 가슴에 저 많은 중국 명사들의 글귀가 얼마나 큰 위안으로 다가섰을지는 보지 않아도 짐작할 수 있을 듯하다.

이상적은 나중에 스승의 부음(訃音)을 듣고 지은 시 가운데에서 이렇게 읊었다.

> 평생에 나를 알아준 건 수묵화였네.
> 知己平生存水墨
> 흰 꽃심의 난꽃과 추운 시절의 소나무
> 素心蘭又歲寒松

14. 김정희의 「묵란도」에 대해 알아봅시다.

스승 김정희가 그려 준 「세한도」와 「묵란도」는 제자 이상적의 평생에 걸친 가치가 있었음을 대변해 줄 정도로 소중했던 것이다. 「세한도」는 그려진 연유에도 곡절이 있었거니와 그려진 이후에 천하를 유랑한 행로 또한 만만치 않았다. 애초 제주도에서 그려져 이상적에게 보내졌다가 연경까지 다녀왔던 이 작품은 다시 스승에게 보인 후에 이상적이 소장하였다. 그 후 이상적의 제자인 김병선(金秉善)이 소장하였다가 그 아들 김준학(金準學)이 물려받아 소중하게 보관하였지만 일제 강점기에 김정희의 연구자였던 경성대학의 후지즈카 치카시(藤塚鄰) 교

두루, 과당하다, 정초, 내보이다, 고고하다, 기리다, 송시, 찬문, 두루마리, 글귀, 부음, 수묵화, 꽃심, 난꽃, 곡절, 행로

수의 손에 들어갔다가 급기야 1943년 10월 현해탄을 건너고 말았다.

그런데 종전(終戰) 직전에 서화가 손재형(孫在馨)이 일본 도쿄로 후지즈카를 찾아가 비 오듯 퍼붓는 폭격기의 공습 위험을 무릅쓰고 석 달 동안이나 끈질기게 설득한 끝에 가까스로 양도 받아 다시 조국 땅을 밟게 되었다. 그러나 당시 후지즈카가 소장했던 김정희에 관한 수많은 자료들은 결국 미군의 폭격에 대다수가 타 버렸다고 하니, 「세한도」는 그야말로 간신히 화를 피한 셈이었다. 그래서 작품 말미에 이러한 전말을 기록했던 오세창(吳世昌)은 「세한도」를 다시 보게 된 감회를 비유하여 말하기를, "마치 황천에 갔던 친구를 다시 일으켜 악수하는 심정이다."라고 하였다.

<후략>

15. 글쓴이는 왜 「세한도」를 '천하를 유랑한 그림'이라고 표현했을까요? 「세한도」가 그려진 시기부터 지금까지의 행방에 대해 말해 봅시다.

현해탄, 종전, 서화가, 퍼붓다, 폭격기, 공습, 가까스로, 양도, 폭격, 그야말로, 간신히, 말미, 전말, 감회, 황천, 일으키다

 어휘와 문법

단어

명 사: 화발, 온정, 인지상정, 당대, 통유, 유배생활, 해서체, 연유, 일시, 권세, 이득, 풍조, 이끗, 한겨울, 정절, 세상인심, 문인화, 정수, 염량세태, 여백, 옛적, 문전, 뭇사람, 화제, 기품, 예서, 절해고도, 원악지, 모양새, 역경, 묵선, 속내, 고금천지, 유례, 강철, 추사체, 산실, 아름드리, 차양, 윤곽, 필선, 초묵, 붓질, 수직선, 이파리, 석자, 필설, 배치, 짜임, 불세출, 구성력, 탄성, 내심, 발문, 애초, 관지, 분할, 대척점, 추, 문하, 중인, 서얼, 행실, 음덕, 벼슬길, 특명, 감개, 세파, 사행, 표구, 두루, 정초, 송시, 찬문, 두루마리, 글귀, 부음, 수묵화, 꽃심, 난꽃, 곡절, 행로, 급기야, 현해탄, 종전, 서화가, 폭격기, 공습, 양도, 폭격, 말미, 전말, 감회, 황천

명사·관형사: 수직적

동 사: 좇다, 힘들이다, 성글어지다, 빼내다, 지다, 닥치다, 버글거리다, 맞닥뜨리다, 뜨다, 허둥대다, 배척하다, 지탱하다, 뭉치다, 망울지다, 시사하다, 쳐들다, 매진하다, 발하다, 힘입다, 구제되다, 치우치다, 긋다, 풀어내다, 유방하다, 제수(받다), 교유하다, 엎드리다, 내보이다, 기리다, 퍼붓다, 일으키다

형용사: 따스하다, 한결같다, 칼칼하다, 초췌하다, 도도하다, 굳세다, 어질다, 박절하다, 모질다, 허름하다, 휑하다, 씁쓸하다, 까슬까슬하다, 올곧다, 견정하다, 메마르다, 반듯하다, 조촐하다, 엄정하다, 영락하다, 윤택하다, 황량하다, 쓸쓸하다, 맵다, 허망하다, 밭다, 영민하다, 기특하다, 순탄하다, 구구하다, 과당하다, 고고하다

부 사: 초연히, 바짝, 꿋꿋이, 찬찬히, 우뚝, 얼핏, 종신토록, 도도히, 초연히, 두루, 가까스로, 그야말로, 간신히

118

어휘 연습

1. 다음 해석에 해당되는 단어를 [보기]에서 골라 봅시다.

> 보기: 닥치다, 다다르다, 버글거리다, 맞닥뜨리다, 허둥대다,
> 아랑곳하다, 지탱하다, 사무치다, 뭉치다, 망울지다,
> 시사하다, 드나들다, 엎드리다, 기리다, 퍼붓다

(1) 작은 벌레나 짐승 또는 사람 등이 한곳에 많이 모여 움직이다. (　　)
(2) 목적한 곳에 이르다. (　　)
(3) 우유나 풀 등 속에 작고 동글게 엉겨 굳은 덩이가 생기다. (　　)
(4) 어떤 일이나 대상 등이 가까이 다가오다. (　　)
(5) 어찌할 줄을 몰라 갈팡질팡하며 다급하게 서두르다. (　　)
(6) 비, 눈 따위가 억세게 마구 쏟아지다. (　　)
(7) 한데 합쳐서 한 덩어리가 되다. (　　)
(8) 갑자기 마주 대하거나 만나다. (　　)
(9) 깊이 스며들거나 멀리까지 미치다. (　　)
(10) 어떤 것을 미리 간접적으로 표현해 주다. (　　)
(11) 오래 버티거나 배겨 내다. (　　)
(12) 상반신을 아래로 매우 굽히거나 바닥에 대다. (　　)
(13) 뛰어난 업적이나 바람직한 정신 등을 칭찬하고 기억하다. (　　)
(14) 일정한 곳에 자주 왔다 갔다 하다. (　　)
(15) 일에 나서서 참견하거나 관심을 두다. (　　)

2. [보기]에서 알맞은 것을 골라 적절한 형식으로 문장을 완성해 봅시다.

> 보기: 고고하다, 구구하다, 도도하다

(1) 인기는 신뢰라는 토양 위에서만 피는 _____ 꽃이다.
(2) 순진한 척, _____ 척하는 그 얼굴에 잠시 홀렸던 것이다.
(3) _____ 설명이나 부연을 줄이고 저자의 말에 직접 귀를 기울이자.

보기: 견정하다, 엄정하다

(4) 만일 역사가 _____ 심판을 내린다면 그 심판의 기준은 무엇인가?
(5) 그들은 그때부터 일제를 몰아낼 _____ 신념을 가지게 되었다.

보기: 영락하다, 영민하다

(6) 그는 벼슬에 나가지 못하고 가문이 _____ 되었다.
(7) 그 아이는 머리가 _____ 무엇이든 한 번만 보면 잊지 않아요.

보기: 씁쓸하다, 쓸쓸하다

(8) 대학가의 졸업 시즌 풍경은 입학 시즌과는 달리 활기가 없고 _____.
(9) 영화를 재미있게 보기는 했지만 끝이 _____.

보기: 칼칼하다, 메마르다

(10) 밤새 맡은 담배 냄새 때문에 목이 _____.
(11) 서울에서 만났을 때보다 그는 더욱 _____ 초췌해 보였다.

보기: 허름하다, 갸름하다

(12) 얼굴형은 턱 부분이 아주 _____ 전형적인 서구형이다.
(13) 그의 집은 대문도 없는 _____ 기와집이었다.

보기: 어질다, 모질다

(14) 표현은 비록 _____ 과격했는지 모르겠지만 아마 본심은 그게 아니었을 거야.
(15) 원래 _____ 착한 사람들은 도둑의 명칭까지도 '양상군자'라고 점잖게 불렀다.

3. [보기]와 같이 결합 관계가 성립되는 모든 단어를 맞게 연결해 보고 빈칸에 써 봅시다.

도도하다, 굳세다, 초라하다, 어질다, 허름하다, 올곧다, 고고하다, 씁쓸하다, 견정하다, 맵다

정절, 의지, 사람, 의지, 품격, 세월, 감정, 마음, 정, 흐름, 집

보기: 씁쓸한 세월, 씁쓸한 감정,
_____
_____

4. [보기]에서 알맞은 것을 골라 빈칸에 써 봅시다.

> 보기: 초연히, 하물며, 바짝, 꿋꿋이, 찬찬히, 묵묵히, 우뚝,
> 얼핏, 종신토록, 도도히, 두루, 급기야, 가까스로,
> 그야말로, 간신히

(1) 큰 강물이 (   ) 흘러내릴 때 반드시 그 강에는 역류(逆流)가 있지 않던가!
(2) 선생의 마음도 안쓰러운데 (   ) 그 엄마는 가슴이 얼마나 미어질까.
(3) 형은 지금껏 불평 한 번 하지 않고 (   ) 자신의 길을 걸어가고 있었다.
(4) 수평선 끝으로부터 몰려온 검은 구름 덩어리가 (   ) 소나기를 뿌려대기 시작했다.
(5) 지난번 그 사고 이후 그는 (   ) 말을 타지 않았다.
(6) 불과 한 달 전까지만 해도 나는 (   ) 이런 일들과는 무관할 수 있었다.
(7) 지난 5월 오픈한 이 노래방은 (   ) 보기에는 다른 노래방들과 차이가 나지 않는다.
(8) 그는 원고 첫 장의 삽화를 (   ) 들여다보았다.
(9) 그분들은 우리의 삶을 조금이라도 낫게 하려고 (   ) 일해 오셨다.
(10) 아버지는 지금도 허리띠를 (   ) 졸라매고 열심히 일하신다.
(11) 광활한 대지 위에 20층 높이 쌍둥이 빌딩이 골조를 완전히 갖추고 (   ) 솟았다.
(12) 기업체의 서명을 보면 한글, 한자, 영문자가 (   ) 쓰이고 있다.
(13) 나는 치밀어 오르는 화를 (   ) 눌러 참았다.
(14) 나는 터져 나오는 웃음을 (   ) 참은 채 심각하게 물었다.
(15) 상차림이 전부 된장으로만 꾸려지는 (   ) 된장 전문점이다.

5. 다음 표의 단어에 해당되는 한자를 써 보고 단어의 의미에 대해 생각해 봅시다.

한국어	한자	한국어	한자	한국어	한자	한국어	한자
인지상정		온정		분할		부음	
유배생활		당대		장벽		행로	
염량세태		연유		서얼		종전	

한국어	한자	한국어	한자	한국어	한자	한국어	한자
절해고도		이득		행실		공습	
고금천지		풍조		음덕		양도	
원악지		정절		특명		폭격	
불세출		풍속		제수		말미	
대척점		정수		감개		전말	
역경		차양		세파		감회	
강철		윤곽		표구		황천	
산실		탄성		정초		추	

문법 설명

1. -건

'-거나'의 준말. '-건 …… -건'의 구성으로 쓰여 대립되는 여러 가지 중에서 어느 것이 일어나도 아무런 상관이 없음을 나타낸다.
▶ 남들이 보건 안 보건, 미워하건 배척하건 아랑곳하지 않고, 그는 이 집에서 스스로가 지켜 나갈 길을 묵묵히 걷고 있던 것이다.
▶ 싫건 좋건 어쩔 수 없는 일이다.
▶ 성적이 좋건 나쁘건 그것은 그리 중요하지 않단다.
▶ 남들이 칭찬을 하건 비난을 하건 나는 전혀 신경 안 쓴다.

2. -컨대

'-하건대'의 준말인데 보통 모음이나 'ㄴ, ㄹ, ㅁ, ㅇ'으로 끝나는 일부 명사 뒤에 붙는다. 앞말의 내용이 뒷말의 내용에 대한 전제임을 미리 밝히는 뜻을 나타낸다.
▶ 하물며 이러한 서책은, 비유컨대 몸을 깨끗이 지니는 선비와 같습니다.
▶ 단언컨대 이번 사건은 명백한 계획적 도발 행위이다.
▶ 최근의 각종 통계를 두고 추론컨대 지금까지의 실험은 거의 성공적인 것으로 세계에 알려져 있다.

'ㄱ, ㄷ, ㅂ'로 끝나는 명사 뒤에 '-건대'로 써야 한다.
▶ 제가 생각건대 그 방법이 적절하지 않은 것 같습니다.
▶ 부탁건대 제발 저희를 지지해 주세요.
▶ 예측건대 내년의 시험 문제가 금년보다 더 어려울 겁니다.

3. -거니와

앞말의 사실을 인정하면서 그와 관련된 다른 사실을 이어 주는 뜻을 나타낸다. 예스러운 표현이다.
▶ 「세한도」는 그려진 연유에도 곡절이 있었거니와 그려진 이후에 천하를 유랑한 행로 또한 만만치 않았다.
▶ 그렇게 할 마음의 여유도 없거니와 시간도 없다.
▶ 생김새도 밉지 않거니와 마음에 그늘이 없다.
▶ 진리 추구는 어렵기도 하거니와 흔히 불이익이 따르기 때문이다.
▶ 이와 같은 사실은 부득이한 면도 있거니와 긍정적인 면 또한 없지 않다.

문법 연습

1. '-건 …… -건'을 사용하여 문장을 만들어 봅시다.

   (1) 기다리다, 떠나다, 그, 나, 상관이 없다
   _____

   (2) 좋다, 싫다, 너, 일
   _____

   (3) 공부하다, 잠을 자다, 나, 마음
   _____

   (4) 칭찬을 받다, 비난을 받다, 나, 열심히, 하다
   _____

   (5) 사람, 옆, 있다, 없다, 상관없다, 일을 하다
   _____

2. 다음을 연결하고 '-컨대/건대'를 사용하여 문장을 만들어 봅시다.

```
        -컨대                    -건대
   비유   생각   부탁      추측   단언   추론
```

(1) 이런 현상은 비유컨대 경기에 나선 팀들이 심판의 지시를 따르지 않는 것과 같다.
(2) _____.
(3) _____.
(4) _____.
(5) _____.
(6) _____.

3. 다음 빈칸에 알맞은 내용을 써 봅시다.

날씨가 춥거니와	바람까지 세차다.
마음도 착하거니와	
경제도 그렇거니와	
인건비도 비싸거니와	사람도 구하기 쉽지 않기 때문이다.
사람에게는 사랑할 자유도 있거니와	사랑을 하지 않을 자유도 있다.

4. 본문에서 다음 문형이 사용된 문장을 찾아보고 이들 문형의 의미와 용법을 복습해 봅시다.

> 보기: -(으)ㄹ지언정, -(으)ㄹ 따름이다, -(으)ㄴ/는 양, -(으)ㄴ/는커녕,
> 에 지나지 않다, 에 이르기까지, 를/을 무릅쓰고

 **이해와 표연**

내용 학습

1. 조선 시대 문인화의 대표작인 김정희의 「세한도」는 한국 국보 180호로 지정되어 있습니다. 본문은 「세한도」와 「세한도」에 숨겨진 아름다운 이야기 등을 밝혀 준 내용입니다. 본문에서는 그림에 관한 몇 개의 단어를 언급했는데, 이들 단어의 의미를 빈칸에 써 보고 이들 단어에 해당하는 것을 그림에서 찾아봅시다.

   화발: _____
   화제: _____
   여백: _____
   관지: _____

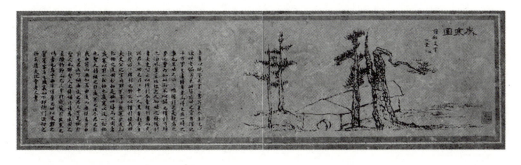

2. 본문에서는 '해서체', '예서체', '추사체' 등의 서체에 대해 여러 번 언급하고 있습니다. 본문을 다시 읽고 본문에서 언급된 '해서체', '예서체', 그리고 '추사체'가 「세한도」에 각각 어떻게 반영되어 있는지 생각해 봅시다.

3. 최근에 컴퓨터의 발달로 인해 정보 처리 분야에서도 글자체, 자체, 폰트(font) 등의 용어가 생겼고 우리들이 한글로 타이핑할 때도 여러 가지 글자체를 고를 수 있습니다. 다음 글자체의 명칭이 무엇인지 빈칸에 써 봅시다.

한국어	한국어	한국어	**한국어**
( )	( )	( )	( )

4. 다음은 김정희가 한문으로 쓴 「세한도」의 화발입니다. 글쓴이가 한국어로 번역한 본문의 내용과 대조하면서 읽어 보고 화발에서 표현된 김정희의 제자 이상적에 대한 고마운 정을 다시 한 번 느껴 봅시다.

> 去年以晚學大雲二書寄來, 今年以藕耕文編寄來, 此皆非世之常有, 購之千萬裡之遠, 積有年而得之, 非一時之事也。其世之滔滔, 惟權利之是趨, 為之費心費力如此, 而不以歸之權利, 乃歸之海外憔悴枯槁之人, 如世之趨權利者。太史公雲, 以權利合者, 權利盡以交疏, 君亦世之滔滔中一人, 其有超然自拔於滔滔權利之外, 不以權利視我耶? 太史公之言非耶? 孔子曰, 歲寒然後知松柏之後凋, 松柏是毋四時而不凋者。今君之於我, 由前而無加焉, 由後而無損焉, 然由前之君, 無可稱, 由後之君, 亦可見于聖人也耶? 聖人之特稱, 非徒為後凋之貞操勁節而已, 亦有所感發於歲寒之時者也。烏乎! 西京淳厚之世, 以汲鄭之賢, 賓客與之盛衰, 如下邳榜門, 迫切之極矣。悲夫! 阮堂老人書。

심화 학습

1. 본문에서는 「세한도」를 '문인화의 정수'라고 부르는 이유에 대해 다음과 같이 언급하고 있습니다. 다음 내용을 다시 한 번 읽어 보고 그 이유에 대해 구체적으로 말해 봅시다.

> 「세한도」란 결국 석자 종이 위에 몇 번의 마른 붓질이 쓸고 지나간 흔적에 지나지 않는다. 그러나 거기에는 세상의 매운 인정과 그로 인한 씁쓸함, 고독, 선비의 굳센 의지, 옛사람의 고마운 정, 그리고 끝으로 허망한 바람에 이르기까지 필설(筆舌)로 다하기 어려운 많은 것들이 담겨져 있다. 「세한도」를 문인화(文人畵)의 정수(精髓)라고 하는 이유가 여기에 있다.

2. 다음은 사자성어 '程門立雪'의 유래를 말해 주는 내용입니다. 다음 내용을 읽어 보고 제자가 스승을 존경하는 태도에 대해 말해 봅시다.

> 杨时字中立, 南剑将乐人。幼颖异, 能属文, 稍长, 潜心经史。熙宁九年, 中进士第。时河南程颢与弟颐讲孔、孟绝学于熙、丰之际, 河、洛之士翕然师之。时调官不赴, 以师礼见颢于颍昌, 相谈甚欢。其归也, 颢目送之曰: "吾道南矣。" 四年而颢死, 时闻之, 设位哭寝门, 而以书赴告同学者。至是, 又见程颐于洛, 时盖年四十矣。一日见颐, 颐偶瞑坐, 时与游酢侍立不去, 颐既觉, 则门外雪深一尺矣。德望日重, 四方之士不远千里从之游, 号曰龟山先生。

3. 『사자소학(四字小學)』은 1921년에 주자의 『소학』과 기타 경전 중에서 어린이가 알기 쉬운 내용을 뽑아 사자일구로 엮어 쓴 책인데, 이 책에는 인간이 반드시 지켜야 할 생활규범과 어른을 공경하는 법 등을 가르쳐 주는 내용이 담겨 있습니다. 다음에 제시된 『사자소학(四字小學)·사제편(師弟篇)』의 내용을 읽어 보고 학생으로서 스승을 어떻게 대해야 하는지 말해 봅시다.

事師如親	必恭必敬	先生施教	弟子是則
夙興夜寐	勿懶讀書	勤勉工夫	父母悅之
始習文字	自畵楷正	書冊狼藉	每必整頓
能孝能悌	莫非師恩	能知能行	總是師功
非爾自行	唯師導之	其恩其功	亦如天地

 한국 문화 익히기

시, 서, 화에 능했던 '해동제일통유' — 김정희*

김정희(金正喜, 1786~1856)는 조선 말기의 문신, 실학자, 서화가이다. 자는 원춘(元春)이고 호는 추사(秋史), 완당(阮堂), 예당(禮堂), 시암(詩庵), 노과(老果), 농장인(農丈人), 천축고선생(天竺古先生)이다. 그는 북학 사상을 본궤도에 진입시킴으로써 조선 사회의 변화 논리에 힘을 실어 준 뛰어난 학자이자 추사체라는 독창적인 서체를 개발하고, 「세한도」로 대표되는 그림과 시와 산문을 창작한 최고의 경지에 오른 예술가였다. 문집으로는 『완당집(阮堂集)』이 있고, 저서로는 『금석과안록(金石過眼錄)』, 『완당척독(阮堂尺牘)』 등이 있으며, 작품으로는 「묵죽도(墨竹圖)」, 「묵란도(墨蘭圖)」 등이 있다.

김정희는 1819년에 문과에 급제해 암행어사, 예조참의 등 관직을 지냈다가 1830년에 윤상도(尹商度)의 옥사에 연루되어 고금도(古今島)에 유배되었다. 그러나 순조의 특별한 배려로 귀양에서 풀려나 판의금부사(判義禁府事)로 복직되었고, 1836년에는 병조참판, 성균관대사성 등을 역임했다. 그 뒤 다시 윤상도의 옥사에 연루되어 1840년부터 1848년까지 9년 간 제주도로 유배되었고 헌종 말년에 귀양에서 풀려났다. 그러나 2년 후에 친구인 영의정 권돈인(權敦仁)의 일에 연루되어 또 다시 함경도 북청으로 유배되었다가 2년 만에 풀려났다. 하지만 다시 정계에 복귀하지 못하였고 아버지의 묘소가 있는 과천에 은거하면서 학예(學藝)와 선리(禪理)에 몰두하다가 생을 마쳤다.

김정희는 어려서부터 천재성이 널리 알려져 일찍이 북학파(北學派)의 일인자인 박제가(朴齊家)에게 배우면서 북학에 눈을 떴고 북학의 사상적 틀을 확고히 하는 역할을 했다. 1809년 10월, 24세이던 그는 청나라에 간 아버지를 수행해 연경(燕京)에 체류하면서 청나라 대학자들인 옹방강(翁方綱), 완원(阮元)에게 신학문을 배웠다. 이 시기의 연경학계(燕京學界)는 고증학(考證學)의 수준이 최고조에 이르렀으며 종래 경학(經學)의 보조 학문으로 존재했던 금석학(金石學), 사학, 문자학, 음운학, 천산학(天算學), 지리학 등의 학문이 모두 독립적인 진전을 보이고 있었다. 따라서 그는 경학을 비롯한 모든 분야에서 많은 영향을 받아 귀국 후에는 금석학 연구에 몰두했다. 그리고 금석 자료를 찾고 보호하는 데 많은 노력을 기울이게 되었다. 그는 또한 음운학, 천산학, 지리학 등에도 상당한 식견을 가지고 있었다. 청나라의 이름난 유학자들이 그를 '해동제일통유(海東第一通儒)'라고 평가했다.

김정희의 천재성은 사대부의 교양 필수인 시, 서, 화의 세계에서 한층 두드러지게 발휘되었다. 그는 시도(詩道)에 대해서도 당시의 고증학에서 그러했듯이 철저한 정도(正道)의 수련을 강조했다. 그리고 스승인 옹방강으로부터 소식(蘇軾), 두보(杜甫)에까지 도달하는 것을 시도의 정통과 이상으로 삼았다. 이러한 그의 시론은 저술 『시선제가총론(詩選諸家總論)』에 잘 반영되어 있다. 한편 그림에서는 이념미를 추구하는 문인화(文人畵)의 새로운 경지를 개척하고, 글씨에서는 졸박청고(拙樸淸高)한 추사체(秋史體)를 창

---

* 이 부분의 내용은 '네이버 지식백과(http://terms.naver.com)', '한국민족문화대백과사전(http://encykorea.aks.ac.kr)', '두산백과(http://www.doopedia.co.kr)' 등을 참조하여 정리한 것이다.

안해 냈다.

　유명한 「세한도(歲寒圖)」는 김정희가 1844년(헌종 10년)에 제자 이상적(李尙迪)의 의리에 보답하기 위해 그려 준 그림이다. 한 폭의 그림에는 지조와 의리를 중요시하는 전통 시대 지성인들의 선비 정신이 깃들어 있고, 글씨와 어우러져 서권기(書卷氣)와 문자향(文字香)이 느껴진다.

 ## 더 읽어 보기

강창훈 글, 이부록 그림, 『추사 김정희, 글씨로 세상에 이름을 떨치다』, 사계절, 2015.
박철상, 『세한도, 천년의 믿음 그림으로 태어나다』, 문학동네, 2010.
오성찬, 『세한도』, 한국문학도서관, 2001.
오주석, 『옛 그림 읽기의 즐거움』(1~2), 솔, 2005, 2015.
오주석, 『그림 속에 노닐다 - 오주석의 독화수필』, 솔, 2015.
오주석, 『오주석이 사랑한 우리 그림』, 월간미술, 2009.
이일수, 『옛 그림에도 사람이 살고 있네 - 조선 화가들의 붓끝에서 되살아난 삶』, 시공아트, 2014.
이일수, 『이 놀라운 조선 천재 화가들 - 우리 옛 그림으로의 초대』, 구름서재, 2015.
정혜린, 『추사 김정희의 예술론』, 신구문화사, 2008.

 미인도는 왜 남겨 두었을까?

 학습 목표

★ 윤리를 표방한 조선 사회에서 미인도가 남을 수 있는 원인에 대해 알아봅시다.
★ 조선 시대 성리학과 사대부의 세계에 대해 알아봅시다.

 준비하기

1. 다음은 신윤복의 「미인도」에 대한 대화입니다. 잘 듣고 말해 봅시다.   08

2. 다음 내용에 대해 생각해 봅시다.

   ❓ 다음 그림은 신윤복의 「미인도」입니다. 그림을 보고 느낀 점을 말해 봅시다.

   ❓ 위 그림이 그려진 배경에 대해 알아봅시다.

미인도는 왜 남겨 두었을까?
─도덕적 매뉴얼과 미인도의 미학

강명관*

1. 성리학에서는 인간의 도덕적 기준을 어떻게 보고 있는지 말해 봅시다.

성리학은 모든 인간이 도덕적 존재가 되는 것을 목표로 삼았다. 그런데 도덕적 존재가 되는 길은 무엇인가. 성리학은 그 길이 욕망 통제에 있다고 보았다. 하지만 성리학자들이 식욕이나 성욕 같은 육체적 욕망을 아예 부정한 것은 아니며, 다만 그 욕망이 지나치면 부도덕하다고 인식했다. 물론 어떤 상태를 지나친 것으로 봐야 하는가, 그리하여 어떤 상태를 결국 부도덕하게 봐야 하는가는 사실 모호하기 짝이 없었다. 또한 그것이 남성과 여성, 지배 계급과 피지배 계급 모두에게 동일한 기준으로 적용되어야 하는가도 매우 모호했다.

2. 조광조와 '기묘사화'에 대해 알아봅시다.

건국 후 점차 체제가 안정되자 조선에서는 『소학』이 지시하는 도덕적 매뉴얼로 육체적 욕망을 통제하는 인간형이 출현했다. 앞서 언급했던 조광조를 위시한 기묘사림(己卯士林)이 바로 그들이다. 조광조는 기묘사화(己卯士禍)로 실각하지만, 사림은 선조조(宣祖朝)에 이르러 다시 정치권력을 장악한다. 이른바 『소학』의 도덕적 매뉴얼에 따라 의식화된 사대부들이 국가와 사회의 전면에 나선 것이다.

3. 조선 시대의 '기녀제'에 대해 알아봅시다.

조선이라는 국가의 건설은 필연적으로 사림의 출현을 가져왔다. 사림, 곧 도덕적 사대부의 출현과 이 장에서 이야기할 미인도를 관련시키자면, 당연히 이들 사대부는 남성 성적 욕망의 미적 형상물인 미인도를 배제해 마땅했다. 하지만 사대부들의 나라 조선에서도 미인도는 사라지지 않았고, 도리어 즐겨 구경하는 완상(玩賞)의 대상으로서 환영받았던 것으로 보인다. 여기에는 그들이 기녀제(妓女制)를 혁파하려 했다가 결국 그대로 존치(存置)한 것과 동일한 이유가 작용했을 것이다.

* 부산대학교 한문학과 교수

매뉴얼, 통제, 지나치다, 부도덕하다, 적용되다, 체제, 위시하다, 실각하다, 사림, 의식화되다, 필연적, 형상물, 배제하다, 완상, 혁파하다, 존치하다

1. 완상의 대상이었던 여인도

그럼 조선 전기의 미인도에 대한 구체적인 문헌 자료를 검토해 보자. 실물은 남아 있지 않아도, 문헌 자료를 통해 조선 전기에 상당한 양의 미인도가 존재했음을 짐작할 수 있다. 조선 전기에 간행된 문집들을 보면, '미인'을 제재로 삼은 '미인도' 혹은 '여인도'라고 불리는 그림이 감상의 대상으로 유행했음을 확인할 수 있는 것이다. 먼저 미인도가 제작되었음을 알려 주는 자료를 보자. 조선 전기 문화에 대한 보고서 『용재총화(慵齋叢話)』에서 성현(成俔, 1439~1504)은 당시의 화가와 그림에 대해 이렇게 비평한다.

> 물상(物像)을 그려내는 것은 천기(天機)를 얻은 사람이 아니면 정밀하게 할 수가 없다. 한 가지 사물을 정밀하게 그릴 수 있다 해도 여러 사물을 모두 정밀하게 그리기는 더더욱 어려운 것이다.
>
> 우리나라에는 이름난 화가가 매우 적다. 가까운 시대부터 살펴보자면, 공민왕의 화격(畵格)이 아주 높았다고 평가된다. 지금 도화서(圖畵署)에 간직된 노국대장공주의 진영과 흥덕사(興德寺)에 있는 「석가출산상(釋迦出山像)」은 모두 공민왕의 솜씨다. 간혹 큰 저택에 왕이 그린 산수화가 있는데 매우 기이하고 절묘하다. 윤평(尹泙)이라는 사람도 산수화를 잘 그렸다. 지금 많은 사대부가 그의 그림을 소장하지만, 필적이 평담(平澹)하고 기취(奇趣)가 없다.
>
> 본조(本朝)에 이르러 고인(顧仁)이라는 사람이 중국에서 왔는데 인물화를 잘 그렸다. 그 뒤 안견(安堅), 최경(崔涇)이 같이 이름을 날렸는데, 안견의 산수화와 최경의 인물화는 모두 신묘한 경지에 들어갔다. 지금 사람들은 안견의 그림을 금옥(金玉)처럼 아끼며 간직한다.
>
> …… 강인재(姜仁齋)는 천기가 높고 오묘하여 고인이 헤아리지 못한 경지를 깨쳤다. 산수화와 인물화가 모두 뛰어났다. 언젠가 그가 그린 「여인도」를 보니 털끝만큼도 어긋나거나 잘못된 곳이 없었다. 「청학동(靑鶴洞)」, 「청천강(菁川江)」의 두 족자와 「경운도(耕雲圖)」도 모두 기이한 보배였다.

4. 성현의 『용재총화』에서는 당시의 화가와 그림을 어떻게 평가하고 있습니까?

실물, 물상, 천기, 정밀하다, 화격, 진영, 저택, 기이하다, 필적, 평담하다, 기취, 날리다, 신묘하다, 경지, 오묘하다, 깨치다, 털끝, 어긋나다, 족자

5. 성현은 강희안이 그린 「여인도」에 대해 어떻게 평가하고 있습니까?

조선 전기 화가들의 회화에 대한 비평이다. 주목할 것은 강인재, 곧 강희안(姜希顔, 1417~1464)이 그린 「여인도」의 존재다. 「여인도」의 '여인(麗人)'은 미인을 뜻한다. 그의 미인도가 "털끝만큼도 어긋나거나 잘못된 곳이 없었다(毫髮無差訛)"고 했으니, 이는 그가 정확하게 그렸음을 지적한 말이다. 따라서 강희안의 미인도가 실제 미인과 조금도 다르지 않았다는 뜻으로 이해된다.

강희안과 같은 사대부가 미인도를 그린 화가였다는 것은, 이 시기 사대부들이 미인도 감상을 꺼리지 않았고, 본인이 직접 여성을 대면해 그리는 데도 별 저항감을 느끼지 않았다는 증거다. 물론 그렇다고 해서 도덕적 금기가 전혀 없었던 것은 아니다.

성현은 미인도에 대한 또 다른 흥미로운 기록인 「여인도 뒤에 쓰다(題麗人圖後)」라는 글도 남기고 있다.

신축년(1494, 성종 23) 원일(元日) 상(上, 成宗)께서 세화(歲畵) 여섯 폭을 내어 승정원에 하사하셨다. 승지 여섯 명이 추첨을 해서 나누어 가졌는데, 기지(耆之, 蔡壽)는 사안석(謝安石)의 「휴기동산도(携妓東山圖)」를, 나는 「채녀도(綵女圖)」를 얻었다. 원본은 송설재(松雪齋)가 그린 것으로, 후대인이 본떠 그린 모본이었다.

좌중에서는 돌려가며 보고 웃으며 두 노인이 풍류와 가취가 있다고 했다.

그 뒤 해마다 봄이 되면 그림을 벽에 걸어 놓고 보곤 했는데, 사람들은 그 그림이 문방의 완호물로는 적합지 않다고 조롱하곤 했다. 하지만 나의 심지가 이미 굳게 정해져 외물을 마주친다 해도 물결 흘러가듯 달아나 버릴 것이니, 어느 겨를에 나의 진심을 어지럽히겠는가? …… 진짜 여색도 마음을 동요시키지 못할 터인데, 하물며 그림으로 그린 가짜 여색이 할 수 있겠는가? 그리고 임금께서 내리신 것이니, 어찌 아름답게 보고 함께 하지 않을 수 있으랴?

6. 성종은 성현에게 어떤 그림을 하사했습니까?

성종이 하사한 그림은 새해를 기념하기 위해 궁중에서 그려 정초에 고급 관료들에게 하사하는 세화였다. 1494년 1월 1일 성종이 궁중에서 소장하던 그림 여섯 폭을 승정원 승지에게 하사했고 그것을 추첨해 나누어 가

대면하다, 저항감, 금기, 하사하다, 승지, 추첨, 본뜨다, 좌중, 모본, 풍류, 가취, 문방, 완호물, 심지, 외물, 여색, 세화

졌는데, 이때 채수(蔡壽, 1449~1515)는 진(晉)나라 사안석이 동산에서 기생을 끼고 있는 것을 제재로 삼은 그림을, 성현은 「채녀도」, 곧 궁녀를 그린 그림을 받았다. 두 그림 모두 송설재, 곧 조맹부(趙孟頫, 1254~1322)의 원작을 의방(依倣)한 작품이었다.

　세화로 미인도를 그려 주었다는 건 미인도를 선호하고 감상하는 풍습이 있었음을 입증한다. 성현은 봄이 되면 성종이 하사한 「채녀도」를 걸어 놓고 감상했고, 그러자 동료들이 여색을 좋아하는 것 아니냐며 그를 조롱했다. 성현은 자신은 외물의 유혹에 흔들리지 않는다는 것, 임금이 하사한 그림이라는 것, 그리고 마지막으로 '성색' 곧 여색과 음악으로 인해 자신을 그르친 사람을 오히려 경계하는 방법이 된다는 것을 감상의 구실로 내세웠다.

　하지만 당연히, 봄이 되면 미인도를 꺼내 감상하는 행위 이면에는 성적 욕망이 있다. 이 기록에서 봄과 성욕은 밀접한 관계를 갖는다. 봄에 피어오르는 욕망을 다들 의식했기 때문에 "문방의 완호물로는 적합지 않다"라는 조롱이 나온 것이다. 사실상 그건 성적 욕망을 노출하는 사람에게 가하는 윤리적 경고다. 이에 대해 성현은 자신은 여색에 동요하지 않을 뿐만 아니라, 종이에 그린 여색에는 더더욱 동요하지 않는다고 군색한 변명을 늘어놓는다. 게다가 왕의 하사품이라는 핑계까지 동원해 가며 반론의 가능성을 봉쇄한다.

　성현의 사례를 통해 미인도 감상이 사실상 성적 욕망을 충족하는 한 방편이었음을 감지할 수 있다. 그리고 사대부는 그러한 감상 행위에 대한 윤리적 비판까지 예민하게 의식하고 있었다. 조선이 성리학을 국가 이데올로기로 삼으면서 미인도 역시 본격적으로 윤리적 비판의 대상이 된 것이다. 또 하나의 사례로 신용개(申用漑, 1463~1519)가 전하는 유순(柳洵)의 일화를 보자. 신용개는 유순의 묘지명에서 성종이 유순을 불러 미인도를 보여 주고는 그에 관한 시를 지어 올리라 명했을 때의 이야기를 전해 준다. 유순이 성종의 명에 따라 시를 지었는데 그 맨 끝에 "임금이 이제 여색을 멀리해 그림을 펴 보자마자 눈살을 찌푸린다."라고 써서 성종을 감동시켰다는 것이다.

7. 「채녀도」는 어떤 그림인가요?

8. 성현은 미인도를 어떻게 감상했습니까? 그리고 어떤 변명을 하고 있는지 말해 봅시다.

9. 신용개에 대해 알아봅시다.

의방하다, 선호하다, 그르치다, 피어오르다, 노출하다, 가하다, 동요하다, 군색하다, 늘어놓다, 하사품, 동원하다, 봉쇄하다, 충족하다, 감지하다, 명하다 미인도 시 끝에 "임금이 스스로 여색을 멀리하여 그림을 펴 보고도 오히려 한번 눈살을 찌푸린다."하자, 성종이 칭찬하고 공인을 시켜 병풍을 꾸미게 했다.

윤리적 언어로 성적 욕망을 비판함으로써 미인도 감상에 정당성을 부여하는 방법으로 도리어 미인도는 <u>감상의 대상</u>이 된 것이다. 이것이 윤리를 표방한 조선 사회에서 성적 욕망의 미적 표현물인 미인도가 존재할 수 있는 근거였다. 다시 말해 사대부들은 미인도를 감상하되 여색, 즉 성적 욕망에 몰입하지 않았다는 것을 적극 표명하여 스스로 성적 욕망을 통제하는 도덕적·윤리적 원칙을 잊지 않고 있음을 주지시키는 방식으로, 미인도를 감상하는 근거를 찾았던 것이다.

10. 미인도는 왜 사대부들의 감상의 대상이 되었을까요?

2. 중국에서 수입한 미인도

이런 이유로 조선 전기에는 미인도가 다수 존재했고 사대부들이 미인도를 애호했음을 알리는 증거도 광범위하게 발견된다. 서거정(徐居正, 1420~1488), 최연(崔演, 1503~1546), 김흥국(金興國, 1557~1623), 정문부(鄭文孚, 1565~1624) 등 미인도에 제시(題詩)한 사례가 적지 않게 발견되기 때문이다.

이미 지적했듯이, 조선 전기의 미인도가 현존하는 미인을 그린 게 주류를 이루었을 것 같지는 않다. 상상에 의해 이상적 미인의 형상을 표현하는 경우가 대부분이었을 테고, 그중 다수는 서사적 성격을 띠었던 것으로 보인다. 예컨대 <u>이후백(李後白, 1520~1578)의 문집 『청련집(靑蓮集)』</u>에 남아 있는 「유내한(兪內翰)이 취하여 미인과 이별하는 그림에 쓰다」라는 시는 이후백의 친구가 미인(아마도 기생)과 이별하는 모습을 그린 그림에 붙인 것으로 짐작된다. 시는 이러하다. "언덕 나무 흐릿하고 안개 아니 걷혔는데, 뱃속에 남은 술기운에 부질없이 고개를 들어 보네. 강물 깊이가 천 길이 아니라면, 이별의 슬픔을 만 섬이나 싣고 오리." 시의 내용을 보건대, 아마도 여자 곧 미인을 강가 언덕에 두고 남자가 배를 타고 떠나는 장면을 그린 것으로 보인다.

11. 이후백의 『청련집』에 대해 알아봅시다.

공인, 병풍, 정당성, 표방하다, 표명하다, 주지(시키다), 다수, 광범위하다, 제시하다, 현존하다, 서사적, 흐릿하다, 걷히다, 뱃속, 술기운, 부질없이, 섬

요컨대 조선 전기의 미인도 대다수가 중국 고사에 등장하는 미인을 제재로 삼았다. 빼어난 미모의 소유자였으나 화공인 모연수(毛延壽)에게 뇌물을 바치지 않은 탓에 늘 용모가 추하게 그려진, 그래서 한나라 황제인 원제(元帝)에게 사랑을 받지 못한 나머지 기원전 33년 흉노의 호한야 선우(呼韓邪單于)에게 시집을 가야만 했던 왕소군(王昭君)의 비극이, 이 시기 미인도의 제재로 자주 선택되었다. 이런 사실을 말해 주는 최초의 문헌적 증거로는 주세붕(周世鵬, 1495~1554)의 「명비출새도(明妃出塞圖)」에 붙인 제시를 들 수 있다. 여기서 명비란 왕소군을 가리킨다. 시의 내용으로 그림의 장면을 짐작해 볼 수 있다. 아마도 푸른 눈썹달이 뜬 밤이었을 것이다. 융단을 친 수레들이 북쪽을 향해 가고 왕소군은 비파를 연주한다.

12. 왕소군의 이야기에 대해 알아봅시다.

왕소군의 이야기는 또 다른 여러 그림에서 변주되었다. 이홍남(李洪男, 1515~?)의 「명비출새도」 2수, 김홍국의 「소군출새도(昭君出塞圖)」, 이경여(李敬輿, 1585~1657)의 「영명비출새도(詠明妃出塞圖)」와 그 운자를 따서 최명길(崔鳴吉, 1586~1647)이 지은 「차백강명비출새도운(次白江明妃出塞圖韻)」 같은 작품이 그 증거다. 왕소군의 고사 외에도 초나라 양왕(襄王)이 꿈속에서 만나 정교(情交)를 나누었다는 신녀(神女)도 당시 미인도에 자주 등장한 제재였다.

13. 미인도의 제재로는 주로 무엇이 있습니까?

고사를 제재로 삼은 미인도는 중국에서 수입한 것이거나, 수입한 그림을 모작한 것일 가능성이 높다. 성현과 채수가 성종에게서 받았던 「휴기동산도」와 「채녀도」 역시 조맹부의 원작을 본떠 그린 것이 아니었던가. 고려 이래로 방대한 서화가 수입되었다는 사실은, 안평대군이 소장한 서화의 목록을 적은 신숙주(申叔舟)의 「화기(畵記)」만 봐도 충분히 알 만하다. 김안로(金安老)는 자신의 에세이 『용천담적기(龍泉談寂記)』에서 당·송대 화가들의 작품과, 고려·조선의 화가에 대해 비평한 뒤 이렇게 말한다.

고려 충선왕이 연경에 있으면서 만권당(萬卷堂)을 짓고는 이제현(李齊賢)을 불러 부중(府中)에 두고, 원나라 학사 요수(姚燧), 염복(閻復), 원명선(元明善), 조맹부와 교류하도록 하여, 전해 오는 은밀한 전적들을 밝힌 것이 많았다. 그

14. '만권당'에 대해 알아봅시다.

고사, 제재, 빼어나다, 눈썹달, 융단, 비파, 변주되다, 정교, 모작하다, 방대하다, 전적

뒤 노국대장공주가 고려로 올 때 각종 기물과 책, 서화 등을 배에 싣고 왔다. 지금 전해 오는 오묘한 그림과 족자 중에는 그때 가져온 것이 많다고 한다.

고려 때 중국 땅에서 대량으로 그림이 수입되었다는 이야기다. 조선조에서도 명나라에 사신단을 파견했으니, 아마 이들도 적지 않은 그림을 수입해 들였을 것이다. 선조 때의 공신 이호민(李好閔, 1553~1634)도 사하포(沙河鋪)의 인가 담벼락에 있던, 왕소군이 비파를 연주하는 그림을 보고는 시를 남긴 적이 있다. 이호민은 1599년 11월 사은사로 중국에 파견되었고 1601년에 그 업무에 관한 보고를 올렸으니 그 어림에 보았을 것이다. 이렇듯 조선의 관료 역시 외국에 나가 이런 그림들을 보게 되었을 테고 관심이 끌렸을 것이며, 수입까지 해 왔을 가능성이 충분하다.

전쟁의 와중에서 미인도를 얻게 되기도 했다. 윤근수(尹根壽)의 장인 조안국(趙安國)은 을묘왜변(1555) 때 전라도 흥양현(興陽縣)의 녹도(鹿島) 전투에서 배 한 척에 탔던 왜구를 깡그리 생포했고, 그 배에서 얻은 노획물을 사위인 윤근수에게 주었다. 그때 압수한 물건 중에는 생초(生綃)를 입은 미인의 반신상을 그린 그림도 있었다. 손에 흰색 꽃을 들고 향기를 맡는 모습이었다. 미인도에는 작자 당인(唐寅)이 쓴 시와 그의 도장이 찍혀 있었다. 경로는 알 수 없지만, 당인의 그림이 일본에 흘러들었다가 을묘왜변 때 다시 조선으로 건너오게 된 것이다. 윤근수는 중국 쪽 문헌을 보고 당인이 중국 소주 출신의 저명한 문인이자 화가이며, 또 부정한 사건에 연루되어 영원히 과거를 치지 못한 채 오직 문장과 서화로 이름을 날린 사람이라고 소개하고 있다. 그리고 그 미인도는 임진왜란 때 잃어버렸노라고 밝힌다.

3. 나뭇잎에 시를 쓰고 거문고를 타는 미인

그렇다면 실제 조선 전기를 살았던 조선 화가가 그린 미인도는 아예 없었던 것일까? 이에 대해 간단히 살펴보자. 우선 백사 이항복(李恒福, 1556~1618)이 쓴 한시 「이흥효의 미인도에 쓰다」를 읽어 본다.

기물, 서화, 들이다, 인가, 사은사, 어림, 와중, 왜구, 깡그리, 생포하다, 노획물, 압수하다, 생초, 반신상, 흘러들다, 부정하다, 연루되다, 거문고, 전기

서리에 취한 저 늙은 나무 비단처럼 빛나는데
굽은 연못에 찬 가을 기운 돌자 부용이 시들었다
차가운 비녀 자리를 비추자 잠에서 깨어나
우수수 지는 낙엽에 임 생각 어지럽네
뒤척이며 붓을 들어 이런 생각 저런 생각
부질없는 시름을 써 보자니 부끄럽기 짝이 없네
세월은 마냥 흐르는데 임 소식 없고
돌난간 금앵(金櫻)은 하마 열매를 맺었구나

                        – 나뭇잎에 시를 쓰는 미인이다

숲 담장 밖 푸른 놀 피어오르는데
대나무 수척하고 솔은 늙고 파초 잎은 너푼너푼
서늘한 기운 얇은 여름 적삼에 스미고
밤바람은 가는 치마띠를 흔드네
향기로운 기름 부드러운 섬섬옥수에 바른 터라
거문고 줄 미끄러워 타지를 못하겠네
여인이 어이 마음속 일 알리오?
머리 돌려 마주 보며 한가한 소식 말하네

                        – 거문고를 타는 미인이다

15. 이 시에서 거문고를 타는 시적 여주인공의 모습에 대해 말해 봅시다.

솔가지에 덮인 시내, 솔솔 바람이 불어오네
연기처럼 푸른 비단 시냇물에 빠노라니
고동 같은 쪽머리, 구름 같은 소매가 들쑥날쑥
매미 날개, 거미줄 같은 옷감은 물에서 흔들린다
빨 때마다 더 깨끗해지니
임 앞에서 춤추는 옷을 지어 보고 싶구나
가없는 이 고운 맘 사람들 알리 없어
집으로 와서 시름을 안고 베틀에 오르노라

                        – 비단을 빠는 미인이다

16. 이 시에서 "임 앞에서 춤추는 옷을 지어 보고 싶구나."라고 한 것은 시적 여주인공의 어떠한 심정을 말해 주고 있습니까?

서리, 부용, 비녀, 뒤척이다, 금앵, 수척하다, 솔, 파초, 너푼너푼, 적삼, 밤바람, 섬섬옥수, 솔가지, 솔솔, 고동, 쪽머리, 들쑥날쑥, 거미줄, 가없다, 시름, 베틀

17. 이흥효와 이정에 대해 알아봅시다.

　　나뭇잎에 시를 쓰는 미인, 거문고를 타는 미인, 비단을 빠는 미인을 그린 세 폭의 그림을 보고 쓴 시다. 그림을 그린 이흥효(李興孝, 1537~1593)는 이상좌(李上佐)의 아들이고 또 화원(畵員)이다. 그런데 이흥효의 아들 이정(李楨, 1578~1607) 역시 채녀도(綵女圖, 宮女圖)에서 뛰어난 기량을 보였다고 한다. 박미(朴瀰, 1592~1645)는 병자호란을 겪은 뒤 자기 집에 소장하던 그림을 보수해 병풍으로 꾸몄는데, 이정이 그린 채녀도 여섯 폭도 그 속에 포함되었다. 박미는 이정의 채녀도는 아버지인 이흥효조차 따라가지 못할 수준이며 나중에는 뭇 장르에 뛰어났지만 역시 채녀도가 최고라고 평가했다. 추측건대 이흥효 같은 화원 화가들이 사대부들 요구로 다수의 미인도를 제작했던 것이다.

18. 미인도는 사대부들에게 있어서 어떠한 존재였을까요?

　　미인도는 성리학 윤리에 의한 의식화를 통해 신체를 도덕적 규율로 통제하려던 조선 사회의 지배층, 곧 사대부와 원리적으로 보면 맞지 않는 것이었다. 하지만 사대부들은 성리학 윤리로 기녀제를 혁파하는데 실패했듯이 미인도를 추방하는 데도 실패했다. 성리학 윤리는 가부장적이며, 한편으로 남성의 욕망을 일방적으로 관철하는 것이 목적이었기 때문이다.

　　덕분에 미인도는 이른바 '윤리'를 중시하던 조선에서도 남성의 성적 욕망에 대한 미적 표현물, 미인에 대한 남성의 로망을 풀어 주는 것으로 존재하게 된다. 사대부의 은밀한 욕망이 감춰진 미인도와 대척되는 지점에는 여성에 대한 남성의 또 다른 욕망이 관철된 현장이라 할 만한 '열녀도'가 있었다. 이런 점에서 조선 전기의 미인도는 고려와는 다르게 새로운 배치 속에서 색다른 의미를 갖게 된다.

기량, 보수하다, 통제하다, 지배층, 추방하다, 가부장적, 관철하다, 로망, 대척되다, 지점, 색다르다

어휘와 문법

단어

명 사: 매뉴얼, 통제, 체제, 사림, 형상물, 완상, 실물, 물상, 천기, 화격, 진영, 저택, 필적, 기취, 경지, 털끝, 족자, 저항감, 금기, 승지, 추첨, 좌중, 모본, 풍류, 가취, 문방, 완호물, 심지, 외물, 여색, 세화, 하사품, 공인, 병풍, 정당성, 다수, 뱃속, 술기운, 섬, 고사, 제재, 눈썹달, 융단, 비파, 정교, 전적, 기물, 서화, 인가, 사은사, 어림, 와중, 왜구, 노획물, 생초, 반신상, 거문고, 전기, 서리, 부용, 비녀, 금앵, 솔, 파초, 적삼, 밤바람, 섬섬옥수, 솔가지, 고동, 쪽머리, 거미줄, 시름, 베틀, 기량, 지배층, 지점, 로망

명사·관형사: 필연적, 서사적, 가부장적

동 사: 적용되다, 위시하다, 실각하다, 의식화되다, 배제하다, 혁파하다, 존치하다, 날리다, 깨치다, 어긋나다, 대면하다, 하사하다, 본뜨다, 의방하다, 선호하다, 그르치다, 피어오르다, 노출하다, 가하다, 동요하다, 늘어놓다, 동원하다, 봉쇄하다, 충족하다, 감지하다, 명하다, 표방하다, 표명하다, 주지(시키다), 제시하다, 현존하다, 걷히다, 변주되다, 모작하다, 들이다, 생포하다, 압수하다, 흘러들다, 부정하다, 연루되다, 뒤척이다, 보수하다, 통제하다, 추방하다, 관철하다, 대척되다

형용사: 지나치다, 부도덕하다, 정밀하다, 기이하다, 평담하다, 신묘하다, 오묘하다, 군색하다, 광범위하다, 흐릿하다, 빼어나다, 방대하다, 수척하다, 가없다, 색다르다

부 사: 부질없이, 깡그리, 너푼너푼, 솔솔, 들쑥날쑥

어휘 연습

1. 다음 단어에 대응되는 해석을 연결해 봅시다.

조롱하다 • • 임금이 신하에게, 또는 윗사람이 아랫사람에게 물건을 주다.
추방하다 • • 어떤 명목을 붙여 주의나 주장 또는 처지를 내세우다.
하사하다 • • 비웃거나 깔보면서 놀리는 것을 말하다.
압수하다 • • 깊이 파고들거나 빠지다.
연루되다 • • 세력을 잃고 지위에서 물러나다.
표방하다 • • 일정한 지역이나 조직에서 쫓아내다.
몰입하다 • • 묵은 기구, 제도, 법령 따위를 없애다.
감지하다 • • 소유자로부터 물건 따위를 강제로 빼앗다.
혁파하다 • • 남이 저지른 범죄에 연관이 되다.
실각하다 • • 어떤 것을 느껴서 알게 하다.

2. 다음 해석에 해당되는 단어를 [보기]에서 골라 봅시다.

> 보기: 정밀하다, 오묘하다, 군색하다, 은밀하다, 예민하다,
> 기이하다, 신묘하다, 모호하다, 빼어나다, 수척하다

(1) 숨어 있어서 겉으로 드러나지 않다. (   )
(2) 무엇이 흐리터분하여 분명하지 않다. (   )
(3) 신통하고 묘하다. (   )
(4) 두드러지게 빼어나다. (   )
(5) 어떤 느낌이나 분석, 판단하는 능력이 빠르다. (   )
(6) 기이하고 이상하다. (   )
(7) 심오하고 묘하다. (   )
(8) 몸이 몹시 야위고 마른 모양을 말한다. (   )
(9) 자연스럽거나 떳떳하지 못하고 거북하다. (   )
(10) 아주 정교하고 치밀하여 빈틈이 없고 자세하다. (   )

3. [보기]에서 알맞은 것을 골라 빈칸에 써 봅시다.

> 보기: 더더욱, 부질없이, 솔솔, 들쭉날쭉, 마냥,
> 도리어, 오히려, 하물며, 깡그리, 깨끗이

(1) 엄마는 아이를 유치원에 보내고 나서 (   ) 걱정만 했다.
(2) 찬 바람이 창문 틈으로 (   ) 스며듭니다.
(3) 아무리 열심히 해도 모든 일을 완벽하게 완성하기는 (   ) 어려운 것이다.
(4) 과거는 (   ) 과거 속으로 묻어 버리는 게 낫다.
(5) 바닷가에는 크고 작은 돌들이 (   ) 널려져 있었다.
(6) 친구들을 만나니 그녀는 (   ) 즐겁기만 한 표정이다.
(7) 진짜 여색도 그의 마음을 동요시키지 못하는데 (   ) 그림으로 그린 가짜 여색은 더 말할 것도 없다.
(8) 거짓말을 둘러대느니 (   ) 잘못을 승인하는 게 낫겠다.
(9) 아내는 어제 한 약속을 (   ) 잊고 있었다.
(10) 잘못을 저지른 사람이 (   ) 큰 소리를 치고 있다.

4. [보기]에서 알맞은 것을 골라 적절한 형식으로 문장을 완성해 봅시다.

> 보기: 깨치다, 꺼리다, 끼다, 가하다, 스미다, 날리다, 꾸미다,
> 어긋나다, 그르치다, 늘어놓다, 찌푸리다, 뒤척이다

(1) 고인이라는 사람이 중국에서 왔는데 인물화를 잘 그려 이름을 _____.
(2) 그 아이는 다섯 살에 한글을 _____.
(3) 자식이라고 해도 너무 곁에 _____ 있으면 안 되는 거예요.
(4) 그녀는 결혼 얘기를 꺼내기 _____.
(5) 급하게 서두르면 일을 _____ 된다.
(6) 무슨 일이 있는지 남동생은 밤새 _____ 잠을 설쳤다.
(7) 동네 사람을 만나니 그녀는 또 자식 자랑을 _____ 시작했다.
(8) 제자가 그린 그림을 보고 선생님은 마음에 안 드시는지 눈살을 _____.
(9) 어머니의 마지막 말씀이 가슴 깊숙한 곳으로 _____.
(10) 이것은 규칙을 위반하는 사람들에게 _____ 벌이다.

문법 설명

1. (으)로 삼다

무엇을 어떠한 대상이나 목표, 이념 등으로 되게 하거나 여기는 뜻을 나타낸다.

▶ 성리학은 모든 인간이 도덕적 존재가 되는 것을 목표로 삼았다.
▶ 조선이 성리학을 국가 이데올로기로 삼으면서 미인도 역시 윤리적 비판 대상이 되었다.
▶ 중국 고사를 제재로 삼은 미인도는 중국에서 수입한 것이거나 수입한 그림을 모작한 것일 가능성이 높다.
▶ 나는 그를 가장 친한 벗으로 삼고 지냈다.
▶ 일류 대학에 입학하는 것을 목표로 삼았다.

2. 에 이르다

어떠한 시기나 상황, 경우에 도달함을 나타낸다.

▶ 사림은 선조조에 이르러 다시 정치권을 장악했다.
▶ 지금 이 시기에 이르러 어떤 방책을 제시하겠다는 말씀인가요?
▶ 이미 돌이킬 수 없는 상황에 이르렀어요.
▶ 일이 이 지경에 이르렀으니 할 말이 없네요.

3. -(으)ㄹ 테고

어떠한 상황이나 상태를 추측하거나 확신하면서 이어 말할 때 사용된다.

▶ 조선 전기의 미인도는 상상에 의해 이상적 미인의 형상을 표현하는 경우가 대부분이었을 테고, 그중 다수는 서사적 성격을 띠었던 것으로 보인다.
▶ 조선의 관료 역시 외국에 나가 이런 그림을 보게 되었을 테고 관심이 끌렸을 것이다.
▶ 지금 부탁해 봤자 소용이 없을 테고 어떻게 하면 좋을지 모르겠다.
▶ 이 시간에 약국은 이미 문을 닫았을 테고 병원은 너무 멀고.

4. -(으)ㄴ/는 탓에

주로 부정적인 원인이나 까닭을 나타낸다.

▶ 왕소군은 미모가 빼어났지만 화공인 모연수에게 뇌물을 바치지 않은 탓에 늘 용모가 추하게 그려졌다.

▶ 제가 열심히 노력하지 않은 탓에 시험에서 떨어졌지요.
▶ 방안이 오랫동안 밀폐된 탓에 숨이 막혔다.
▶ 네가 거짓말을 한 탓에 나까지 봉변을 당했잖아.

문법 연습

1. [보기]에서 알맞은 것을 골라 적절한 형식으로 문장을 완성해 봅시다.

   보기: -(으)ㄹ 테고, -(으)ㄹ 만하다, 에 이르다, -(으)ㄴ/는 탓에,
   -았/었/였다가, -곤 하다, (으)로 삼다

   (1) 조선 시대에는 기녀제를 (혁파하려 하다) _____ 결국 그대로 존치했다.
   (2) 우리 할아버지께서는 정직과 성실을 (일생의 신조) _____ 살아 오셨다.
   (3) 엄마는 요즘 작은 일로 (화를 내다) _____.
   (4) 이 일이 이 (지경)_____까지 방치한 사람이 누군데요?
   (5) 내가 아무리 말려도 (고집을 부리다) _____ 뭐 방법이 있어야 어떻게 하지요.
   (6) 그의 그림은 국내외 화가들의 (주목을 받다) _____ 수준이다.
   (7) 제가 그만 말 한 마디를 (실수하다) _____이렇게 되었어요.

2. 밑줄 친 부분과 바꾸어 쓸 수 있는 것을 [보기]에서 골라 문장을 고쳐 써 봅시다.

   보기: 에 이르다, -(으)ㄹ 테고, -(으)ㄴ/는 탓에,
   -(으)ㄴ 채, -(으)ㄹ 만하다, (으)로 삼다

   (1) 지금 와서 이것을 굳이 <u>문제로 여길 것까지는</u> 없다.
   지금 와서 이것을 굳이 문제로 삼을 필요는 없다.
   (2) 그들이 실패한 것은 자기들의 생각만이 옳다고 <u>생각했기 때문이다</u>.
   _____
   (3) 멀리 가 봤자 식당도 <u>없을 것이니</u> 학교 식당이나 갑시다.
   _____
   (4) 이젠 저도 당신 마음을 충분히 <u>알겠어요</u>.
   _____

(5) 그는 하고 싶은 말을 하지도 못하고 그냥 떠났다.

_____

(6) 시간은 흘러 어느덧 자정이 되었다.

_____

3. [보기]에서 제시된 문법 사항 4개 이상을 사용하여 '조선 시대 미인도에 대한 나의 생각'이라는 주제로 400자 내외의 글을 써 봅시다.

> 보기: -기 마련이다, -기 짝이 없다, (으)로 삼다, 에 이르다, -(으)ㄴ/는 탓에, -(으)ㄹ 테고, -(으)ㄹ 지경이다, -(으)ㄹ 만하다

 이해와 표현

내용 학습

1. 조선 시대 사대부들이 미인도 감상의 정당성을 부여한 이유가 무엇인지 본문의 내용을 참조하여 말해 봅시다.

2. 중국의 미인도가 조선에 수입된 경로와 사례에 대해 본문의 내용을 참조하여 적어 봅시다.

수입된 경로	사례
모방작	
사신단 파견	
일본에서 수입	
기타	

3. 다음 내용을 중국어로 번역해 봅시다.

(1) 그 뒤 해마다 봄이 되면 그림을 벽에 걸어 놓고 보곤 했는데, 사람들은 그 그림이 문방의 완호물로는 적합지 않다고 조롱하곤 했다. 하지만 나의 심지가 이미 굳게 정해져 외물을 마주친다 해도 물결 흘러가듯 달아나 버릴 것이니, 어느 겨를에 나의 진심을 어지럽히겠는가?

_____
_____
_____

(2) 언덕 나무 흐릿하고 안개 아니 걷혔는데, 뱃속에 남은 술기운에 부질없이 고개를 들어보네. 강물 깊이가 천 길이 아니라면, 이별의 슬픔을 만 섬이나 싣고 오리.

4. 이항복의 한시 「이홍효의 미인도에 쓰다」를 읽고 다음 표를 완성해 봅시다.

제목	시적 요소	구성	표현 방법	주제
나뭇잎에 시를 쓰는 미인이다				
거문고를 타는 미인이다				
비단을 빠는 미인이다				

5. 글쓴이가 이 글을 통해 주장하고자 하는 것이 무엇인지 말해 봅시다.

심화 학습

1. 조선 시대의 미인도는 중국에서 수입한 것이 많으며 또한 조선에서 그려진 미인도도 중국의 고사에 등장하는 미인을 제재로 삼은 것이 대부분입니다. 따라서 조선의 미인도와 중국의 미인도는 서로 관련성이 있습니다. 이들에 대해 찾아보고 그 공통점과 차이점을 정리해 봅시다.

	조선 시대 미인도와 중국의 미인도
공통점	1.
	2.
	3.
차이점	1.
	2.
	3.

2. 조선 시대의 성리학에 대해 조사하여 말해 봅시다.

출현 시기	
주요 사상	
대표 인물	

3. 신윤복의 「미인도」에 대한 글을 읽고 본인의 소감을 써 봅시다.

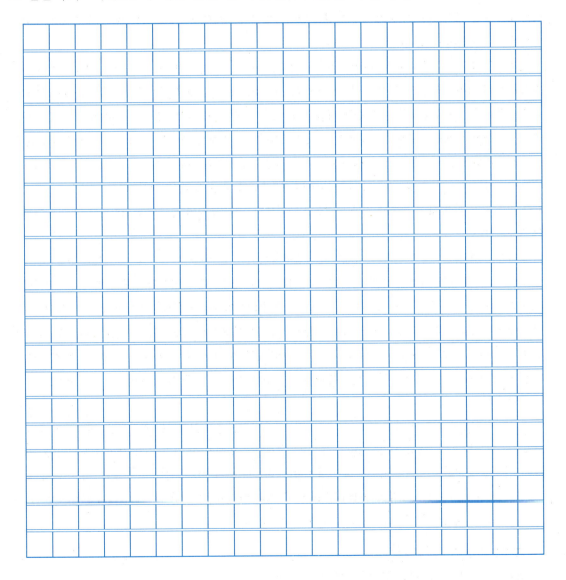

 한국 문화 익히기

한국 성리학의 발전*

성리학은 중국 송대에 일어난 새로운 경향의 유학으로, 공자와 맹자의 유교 사상을 '성리(性理), 의리(義理), 이기(理氣)' 등의 형이상학(形而上學) 체계로 해석하는 학문이다. 보통 주자학(朱子學), 정주학(程朱學), 이학(理學), 도학(道學), 신유학(新儒學) 등으로 부르고 있다. 성리학은 북송에서 발생했고 남송의 주희(朱熹)가 집대성했으며 원나라의 세조 쿠빌라이가 1279년 남송을 통합한 후 사회 전체에 성행했다. 허형(許衡, 1209~1281)은 남송 유학의 종장(宗匠)으로 국자감(國子監)에서 성리학을 전수해 원대 성리학의 주류를 형성했다. 이후 성리학은 원나라의 공인된 관학(官學)이 됐고 원대의 과거 시험은 주자의 『사서집주(四書集注)』를 표준으로 삼았다.

성리학은 대체로 북송에서 성리학이 발흥할 무렵인 고려 인종 시기 전후(11~12세기)에 고려에 수입된 것으로 많이 알려지고 있다. 당시 고려에서는 송의 서적을 적극 수집했고 김양감(金良鑑), 윤언이(尹彦頤) 같은 대학자가 사신의 임무를 띠고 송에 가는 한편, 중국 사신들이 고려에 빈번히 오고 갔다. 이러한 과정에서 원나라의 관학으로 융성하던 성리학을 깊이 체득하고 고려에 전파시킬 수 있었다. 고려에 수입된 성리학은 사대부 계층의 학문이 됐고, 새로운 사회를 지향하는 개혁의 이념이 됐다. 고려에 성리학을 최초로 들여와 보급한 인물은 안향(安珦, 1243~1306)이다. 주희의 호 회암(晦庵)에서 '회(晦)' 자를 따 자신의 호를 회헌(晦軒)이라 하여 주희에 대한 존경심을 나타냈다. 그는 고려에 성리학을 도입하고 학풍을 진작시킨 선구자이다.

성리학은 조선 시대에 들어와 본격적으로 발달했다. 조선 초 성리학계에서 가장 주목할 만한 것은 역성혁명의 주체인 정도전(鄭道傳)과 권근(權近)의 활동이다. 정도전은 『불씨잡변(佛氏雜辨)』, 『심기리편(心氣理篇)』 등의 저술을 통해 성리학을 중심으로 조선조의 기틀을 확립해 나가면서 철저히 불교를 배척했다. 권근의 성리학적 식견은 그의 창의적 저술인 『입학도설(入學圖說)』에서 더욱 잘 드러난다. 권근의 이기심성(理氣心性)론은 군주 및 지배층의 덕치(德治), 예치(禮治), 인정(仁政), 왕도(王道)를 실천할 수 있는 이론적 근거를 밝혀 주었을 뿐만 아니라 16세기 후반 이황과 이이 등 일군의 학자들에 의해 연구의 중심 주제가 됐다.

조선조가 기틀을 완전히 잡은 15세기 중엽부터 16세기 말까지는 사림파(士林派) 성리학자들의 활동이 크게 돋보인 시기이다. 특히 사화(士禍)가 많았던 15세기 중엽에서 16세기 중엽 사이에는 의리(義理)와 대의(大義)를 중시하는 성리학자들이 대거 등장했다. 이들의 의리관과 도학 정신은 도덕, 정치, 역사 등의 모든 영역에서 발휘됐다. 정몽주(鄭夢周)-길재(吉再)-김숙자(金叔慈)-김종직(金宗直)-김굉필(金宏弼)-조광조(趙光祖)로 이어지는 계통이 사림파의 계보로 공인됐다.

---

* 이 부분의 내용은 '한국민족문화대백과사전(http://encykorea.aks.ac.kr)', 『유교적 사유와 삶의 변천』(국사편찬위원회편, 두산동아, 2009) 등을 참조하여 정리한 것이다.

16세기 조선 성리학 연구의 최대 성과는 퇴계 이황(李滉, 1501~1570)과 율곡 이이(李珥, 1537~1584)의 이기론과 심성론이 집약됐으며 이는 각기 고봉(高峰) 기대승(奇大升, 1527~1572) 및 우계(牛溪) 성혼(成渾, 1535~1598)과 장기간에 걸쳐 진행했던 왕복 토론의 결실이라고 한다. 이러한 연구의 결과로 조선 성리학은 중국 정주학(程朱學)의 아류를 탈피해 독자적인 색채를 띠게 됐다. 16세기 성리학은 지치주의(至治主義)로 표현되는 이상 정치의 실현, 이를 위한 개인의 도덕적 수양과 사회 교학, 성리학적 예속의 정비와 보급으로 나타나는데 이를 통틀어 도학실천운동이라고 한다.

 더 읽어 보기

강명관, 『그림으로 읽는 조선 여성의 역사』, 휴머니스트, 2012.
국사편찬위원회편, 『유교적 사유와 삶의 변천』, 두산동아, 2009.
지두환, 『한국사상사』, 역사문화, 1999.
최순자·큰 나무뿌리, 『한국의 멋』, 삐아제어린이, 2007.
한형조, 『왜 조선유학인가』, 문학동네, 2008.

09 가야금 인생

학습 목표

★ 가야금의 세계에 대해 알아봅시다.
★ 예술인의 인생에 대해 알아봅시다.

준비하기

1. 다음은 한국의 전통 악기에 대한 대화입니다. 잘 듣고 말해 봅시다. 09

2. 다음 내용에 대해 생각해 봅시다.

   ❓ 한국의 전통 악기에는 어떤 것들이 있는지 알아봅시다.

   ❓ 여러분은 악기를 다루어 본 경험이 있습니까? 그 경험에 대해 말해 봅시다.

가야금 인생

황병기*

1. 낙제생과 외당숙

1. 어린 시절의 '나'는 왜 낙제생 신세를 면하기 어려웠을까요?

어린 시절에 나는 쓴 약을 먹는 것보다 공부하기가 더 싫었다. 맨땅이었던 당시 서울의 동네 골목길에서 흙먼지 풀풀 날리며 공을 차고 아이들과 떠들며 노는 것이 천성(天性)에 맞았다. 이렇다 보니 재동 국민학교에서 시험만 봤다 하면 낙제생 신세를 면하기 어려웠다. 국민학교에 입학하기 전까지, 나에 대한 집안 어른들의 기대는 대단했다. 아들이 귀한 황씨 가문의 삼대독자(三代獨子)로 태어났으니 그럴 수밖에 없었다. 국민학생이 되기 전에는 총기가 있다는 말을 종종 들었지만, 놀기 좋아하는 성격 때문에 국민학교 때의 시험 성적은 매번 꼴찌를 면치 못했다. 국민학교 3학년 때 광복을 맞았는데, 광복 후에는 이제껏 공부한 것이 모두 무효가 되고 원점으로 돌아간다는 동네 형의 말을 듣고, 어린 마음에 희망을 갖기도 했었다.

실제로 해방 후, 학교에서는 '기역, 니은……'부터 가르치기 시작했다. 하지만 나는 일제 강점기 때보다 공부를 더 못했다. 그동안 학교에서 국어를 전혀 가르쳐 주지 않았기 때문이다. 상당히 어려웠다. 대충 듣고 집에 가서 어른들께 여쭈어 봐야겠다고 생각하고 집에 왔다. 그런데 집안 어른 중에는 기역부터 히읗까지 정확히 아는 사람이 한 분도 안 계셨다. 결국 난 광복 전과 마찬가지로 낙제생 신세에서 벗어나지 못했다.

2. '나'는 어떻게 우등생이 되었을까요? 외당숙의 교육 방식은 어떠했는지 알아봅시다.

그러던 내가 4학년 마지막 학기부터 우등생이 됐다. 낙제생 황병기가 우등생이 되고, 한 분야를 꾸준히 연구하게 된 데에는 우리 집에서 묵었던

---

* 황병기(黃秉冀, 1936~), 대한민국예술원 회원, 이화여자대학교 명예교수. 서울대학교 법과대학을 졸업하고 국립국악원에서 국악 연구를 하면서 가야금과 작곡 공부를 했다. 창작 가야금 음악의 창시자로 독보적인 위치를 점하고 있으며, 세계적인 가야금 명인으로 유명하다. 그의 작품들은 한국적이면서 세계적이고, 전통적이면서 현대적인 음악 세계를 보여 주고 있다. 주요 작품으로는 '침향무'(1974), '미궁'(1975), '비단길'(1977), '춘설'(1991), '달하노피곰'(2007) 등이 있다.

낙제생, 외당숙, 맨땅, 흙먼지, 풀풀, 천성, 총기, 이제껏, 무효, 원점, 대충, 우등생, 묵다

154

한 친척 아저씨의 역할이 결정적이었다. 아저씨의 성함은 김소열, 외당숙이었다. 외할머니의 오빠가 전라북도 고창 무장리에 사셨는데, 그분의 아들이 김소열 아저씨였다. 아저씨는 광복 후 서울에 있는 사범대에 입학하셨다. 그전에는 시골에서 국민학교 선생님을 하셨다고 한다. 서울로 올라오신 아저씨는 하숙을 할 형편이 안 돼 우리 집에서 사셨다. 부모님은 아저씨께 하숙비를 받는 대신 나의 가정교사 역할을 주문하셨던 모양이다. 아저씨와 우리 어머니 사이에 오갔던 대화 내용을 지금도 생생히 기억하고 있다. 아저씨께서 처음 우리 집에 오신 날이었다. 그는,

"지금까지 제가 가르쳐서 한 학기만에 우등생이 안 된 아이가 없었습니다."

하고 운을 떼셨다. 나는 선 채로 귀를 기울이며,

"그 단 한 명의 예외가 바로 나다."

라고 마음속으로 되뇌었다.

아저씨는 단서를 다셨다.

"그 대신 제 교육 방식에 절대 간섭해서는 안 됩니다."

그 뒤로 나는 아저씨를 볼 때마다 도망을 다녔다. 밥을 먹다 도망친 적도 있었다. 아저씨는 나를 붙잡을 생각도 안 하고 빙긋이 웃기만 하셨다. 그래서 나는 마음 놓고 동네 아이들과 놀기만 했다.

그러던 어느 날, 아저씨는 내가 붓을 잡고 글을 쓰는 것을 보고 칭찬을 하셨다. 어른 흉내를 내지 않고 어린아이답게 잘 쓴다는 것이었다. 내가 듣기에는 그럴듯한 칭찬이어서, 그 후로는 아저씨를 봐도 도망가지 않았다. 아저씨와 나는 함께 그림을 그리거나 책을 읽었다.

종이 위에 연필로 한 획을 긋는 일조차 입안의 쓰디쓴 약으로 여기던 내가 공부에 흥미를 갖게 된 것도 그분의 남다른 '하루 공부법' 덕분이었다. 그날의 공부에 쏠쏠한 재미를 느낀 내가 더 하자고 조르면 오히려 아저씨는 그만하자고 잘랐다. 아저씨의 작전이었다. 그러자 지식에 대한 나의 욕구는 점점 커져만 갔고, 어느새 반에서 1~2등을 다투는 우등생이 되었다.

3. 여기서 말하는 '하루 공부법'이란 무엇인가요?

오가다, 생생히, 운, 떼다, 되뇌다, 단서, 달다, 간섭하다, 빙긋이, 그럴듯하다, 획, 긋다, 쏠쏠하다, 조르다, 자르다, 작전, 다투다

국악을 시작하게 된 데에도 아저씨의 영향이 크다. 어느 날 아저씨와 나는 국도극장에서 '춘향전'을 함께 봤다. 나는 처음 보는 창극이 지루했다. 하지만 아저씨는

"정말 좋은 구경을 했다. 네가 이 맛을 알려면 한참 있어야 할 것이다."

라고 말씀하셨다. 내가 국악에 관심을 가지게 된 것도 아저씨가 말한 그 '맛'을 반드시 빨리 찾아 보겠다는 생각 때문이 아닌가 한다.

4. 여기서 그 '맛'은 무엇을 의미할까요?

2. 가야금과의 첫 만남

중학교에서 걸핏하면 선생님들과 논쟁을 벌여 문제를 일으켜 온 나에게 모범생인 반장 홍성화가 다가온 것은 의외였다. 쉬는 시간에 그가 나에게

"너 가야금 배워 보지 않을래?"

라고 물었던 것이다. 당시만 해도 나는

"아니, 웬 가야금을 배워? 가야금이라는 건 삼국 시대 악기이고, 지금은 쓰지 않는 것이 아닌가?"

라고 생각했다. 그때까지 나는 가야금이라는 말을 들어 본 적이 없었기 때문이다. 실제 연주하는 것은 물론이고 가야금 그림조차 보지 못했다. '가야금'이라는 단어만 국사 시간에 얼핏 들어 본 것 같았다. 반장 성화가 그 말을 할 때 나는 은근히 자존심이 상했다. 내가 그래도 우리 학교에서 기발한 생각은 좀 하는 편에 속하는데, 저 모범생이 나보다 더 기발한 건 아닐까 하는 불안감마저 들었다. 나는 태연한 표정으로

"그러자."

라고 짧게 대답했다. 더 이상 물으면 무식이 드러날 것 같아서였다. 그렇게 대꾸하고는 집에 와서 잊어버렸는데, 성화가 우리 집까지 찾아왔다.

"가자. 너 아까 가야금 배우자고 했잖아."

그는 단호했다.

"아니, 어디서 가야금을 배워?"

라고 했더니,

5. '나'는 처음에 가야금에 대해 어떻게 생각했습니까? 또 어떻게 가야금을 배우게 되었습니까?

국악, 창극, 모범생, 의외, 상하다, 기발하다, 불안감, 태연하다, 무식, 대꾸하다, 단호하다

"우리 학교 가는 길에 장구 소리 나는 집 있잖아."

라고 말했다. 그곳은 '고전무용연구소'라는 간판이 붙은 집이었다. 1951년 피란지 부산에서였다. 당시 나는 중학교 3학년이었다. 한국 전쟁이 터지는 바람에 부산에서 학교에 다녔다. 처음에는 전봇대에 작은 칠판을 걸어 놓고 땅바닥에 앉아서 공부했다. 그러다 나중에 지은 것이 부산 대신동의 천막 학교이다. 학교에 이르는 골목에서는 항상 장구 소리가 흘러나왔다. 일본식 2층집에서였다. 성화와 나는 호기롭게 그곳을 찾아갔다. 대문을 잠그지 않아 누구라도 들어갈 수 있도록 만든 집이었다. 계단을 오르니 2층에서 '떵떵' 하는 장구 소리가 났다.

"분명히 여학생들만 있을 거야."

우리는 쑥스러워 잠시 멈칫하다 용기를 내어 걸음을 옮겼다. 입구에 있던 한 노인이 우리를 장난치러 온 학생들로 알고 소리를 질렀다.

"가야금 좀 배우러 왔는데요, 선생님 안 계시나요?"

노인의 표정이 일순 밝아졌다.

"내가 가야금 선생이다. 들어와라."

노인의 이름은 김철옥. 대구 출신의 가야금 선생님이셨다. 그의 방 벽에는 대여섯 대의 가야금이 걸려 있었다. 선생님은 하나를 꺼내 무릎에 올려 놓고 줄을 뜯기 시작했다. 소리가 '둥둥' 뜨는 게 그렇게 매력적일 수가 없었다.

'이건 꼭 배워야겠구나.'

하고 나는 결심했다.

6. 노인의 표정이 밝아진 이유에 대해 생각해 봅시다.

3 반대와 천시 속에서 법금을 만나다

부모님은 가야금을 배우겠다며 고집부리는 나를 타이르셨다.

"가야금을 배우는 것 자체가 나쁘다는 게 아니다. 하지만 너는 지금 학생이니, 대학이라도 나온 다음에 가야금을 해야 하지 않겠니? 학교 공부할 시간도 없는데 말이다."

7. 부모님께서 가야금 배우는 것을 반대했을 때 '나'는 어떻게 부모님을 설득했을까요?

장구, 피란지, 전봇대, 흘러나오다, 호기롭다, 떵떵, 멈칫하다, 일순, 뜯다, 둥둥, 천시, 법금, 타이르다

그러나 세상이 무너져도 가야금을 해야겠다고 마음먹은 나는 이렇게 대답했다.

"아인슈타인같은 위대한 과학자도 바이올린 연주 실력이 뛰어났는데 그분이 물리학을 하는 데 지장이 있었습니까? 저도 가야금을 하게 되면 오히려 학교 공부를 더 잘하게 될 겁니다."

우리 가족 모두가 알 만한 사람을 예로 들자 분위기가 바뀌었다.

"그렇다면 나중에 후회만 하지 말아라."

드디어 허락이 떨어졌다. 문제는 수강료였다. 김철옥 선생님께 매일 가야금을 배우는 데 드는 비용은 지금 돈으로 한 달에 20만 원쯤 됐다. 부모님은 결국 수강료를 매달 주시고, 나중에는 악기까지 구해 주셨다.

이렇게 해서 매일 하굣길에 가야금을 배우고 귀가하는 일과가 시작되었다. 하지만 가야금을 천시하는 풍조는 이루 다 말할 수가 없었다. 지금은 음악을 업(業)으로 삼아 살아가는 사람들이 인정을 받고 있지만 당시만 해도 그렇지 않았다. 고등학교 교복을 입고 가야금을 들고 다닐 때 등 뒤에서 놀리는 듯한 여학생들의 웃음소리를 들은 적도 있었다. 나를 어릿광대로 생각하는 것이었다. 왜 사내가 궁벽스럽게 가야금을 하려고 하느냐는 말도 많이 들었다. 굳이 음악을 하려면 피아노나 바이올린을 하는 것이 어떻겠느냐는 것이었다.

이런 말에 귀 기울였다면 나는 가야금을 계속하지 못했을 것이다. 하지만 나는 의기소침하기는커녕 더 좋은 선생님을 찾아 나섰다. 내게 처음으로 가야금을 소개했던 친구 홍성화는,

"내가 들었는데 국립국악원이라는 곳이 있다더라. 이왕 배우려면 권위 있는 곳을 찾아가야 하지 않겠니?"

라고 말했다. 가야금을 배우러 가자고 했던 말처럼 이 또한 귀에 솔깃했다.

그는 나를 데리고 국립국악원을 찾아갔다. 부산 용두산 꼭대기로 피란을 와서 자리 잡은 국악원이었다. 그곳은 일본식 목조 건물이었는데, 1층은 국사편찬위원회에서, 2층은 국악원에서 사용하였다.

8. '내'가 가야금을 배우던 당시에, 사람들이 가야금을 배우는 것에 대한 태도는 어떠했습니까?

수강료, 하굣길, 귀가하다, 천시하다, 풍조, 이루, 놀리다, 어릿광대, 궁벽스럽다, 의기소침하다, 이왕, 솔깃하다, 목조

일제 강점기에는 일본 왕족과 그 시조를 모시는 신궁의 사무실로 썼던 건물이다. 국악원에 들어가려면 1층을 통해 올라가는 게 아니라, 산비탈 위에 있는 바위와 연결된 외나무다리를 건너야 했다.

이 아슬아슬한 관문을 거쳐 찾아간 곳에서 나는 김영윤 선생님에게 처음으로 정악을 배웠다. 본격적인 가야금 공부가 시작된 것이다.

9. '나'와 김영윤 선생님의 만남은 '나'의 가야금 인생에 어떤 의미가 있을까요?

신궁, 산비탈, 외나무다리, 아슬아슬하다, 관문, 정악

 **어휘와 문법**

단어

명 사: 낙제생, 외당숙, 흙먼지, 천성, 총기, 무효, 원점, 우등생, 운, 단서, 획, 작전, 국악, 창극, 모범생, 의외, 불안감, 무식, 장구, 피란지, 전봇대, 일순, 천시, 벌금, 수강료, 하굣길, 풍조, 어릿광대, 목조, 신궁, 산비탈, 외나무다리, 관문, 정악

동 사: 묵다, 오가다, 떼다, 되뇌다, 달다, 간섭하다, 긋다, 조르다, 자르다, 다투다, 상하다, 대꾸하다, 흘러나오다, 멈칫하다, 뜯다, 타이르다, 귀가하다, 천시하다, 놀리다

형용사: 그럴듯하다, 쏠쏠하다, 기발하다, 태연하다, 단호하다, 호기롭다, 궁벽스럽다, 의기소침하다, 솔깃하다, 아슬아슬하다

부 사: 풀풀, 이제껏, 대충, 생생히, 빙긋이, 떵떵, 둥둥, 이루, 이왕

어휘 연습

1. 다음 단어에 대응되는 해석을 연결해 보고 알맞은 것을 골라 적절한 형식으로 문장을 완성해 봅시다.

되뇌다 •	• 승부를 겨루다. 경쟁하다.
조르다 •	• 남의 말을 받아 자기 의사를 나타내다.
자르다 •	• 하던 일이나 동작을 갑자기 멈추다.
다투다 •	• 같은 말을 되풀이하여 말하다.
대꾸하다 •	• 사리를 밝혀 알아듣도록 말하다.
멈칫하다 •	• 끈덕지게 무엇을 요구하다.
타이르다 •	• 일 따위의 단락을 짓다.

(1) 좋게 _____ 나중엔 화도 내 보았지만 그는 막무가내였다.
(2) 수능 시험을 앞둔 지금은 1분 1초를 _____ 때라 시간이 금이다.
(3) 부모님한테 돈을 달라고 _____ 나이가 지났으니 자립이 급선무다.
(4) 이치에 맞지 않는 말은 _____ 필요조차 없다.

(5) 어머니는 입원 치료를 받자는 나의 제의를 딱 _____ 거절하시며 집에서 쉬겠다고 고집을 부렸다.

(6) 나는 휴대 전화 사용에 대해 여러 번 자세히 설명해 드렸고 어머니는 내가 한 말을 _____ 연습을 하셨다.

(7) 날마다 새로운 것들이 쏟아져 나오는 세상이라 조금만 _____ 원시인 취급을 받는다.

2. 다음 해석에 해당되는 단어를 [보기]에서 골라 봅시다.

> 보기: 쏠쏠하다, 지루하다, 기발하다, 태연하다, 단호하다,
> 호기롭다, 쑥스럽다, 궁벽스럽다, 의기소침하다, 솔깃하다

(1) 기운을 잃고 풀이 죽다. (   )
(2) 보기에 궁벽한 데가 있다. (   )
(3) 씩씩하고 호방한 기운이 있다. (   )
(4) 기색이 아무렇지도 않은 듯이 예사롭다. (   )
(5) 결심한 것을 처리함에 과단성이 있다. (   )
(6) 품질, 정도, 수준 등이 웬만하고 쓸 만하다. (   )
(7) 그럴듯하게 여겨져 마음이 쏠리는 데가 있다. (   )
(8) 시간을 너무 오래 끌어 따분하고 싫증이 나다. (   )
(9) 유달리 뛰어나다. 엉뚱하고 기묘할 정도로 우수하다. (   )
(10) 하는 짓이나 그 모양이 격에 어울리지 않아 어색하고 싱겁다. (   )

3. [보기]에서 알맞은 것을 골라 빈칸에 써 봅시다.

> 보기: 풀풀, 종종, 대충, 빙긋이, 걸핏하면,
> 얼핏, 굳이, 이왕, 일순

(1) 반응성 애착 장애는 (   ) 보면 자폐증과 비슷하다.
(2) 그녀는 이 핑계 저 핑계로 (   ) 친정에 간다.
(3) 우리는 그 유래를 (   ) 따질 필요가 없다고 본다.
(4) 할아버지는 여전히 하늘을 바라보며 (   ) 웃고만 있었다.

(5) 나는 아침마다 몇몇 신문을 (   ) 훑어 보는 습관이 있다.

(6) (   ) 그 일을 시작했으니 다 마치도록 하는 게 좋을 것 같다.

(7) 이곳에는 늦은 여름에 태풍이 (   ) 온다고 한다.

(8) 그는 어린 시절의 낭만적 추억과 호텔의 아늑한 분위기에 (   ) 마음의 파문을 느꼈다.

(9) 자동차가 지나갈 때마다 먼지가 (   ) 나는 골목길에서 엿을 사 맛있게 먹던 어린 시절이 그립다.

4. 밑줄 친 부분의 의미가 [보기]와 같은 것을 골라 봅시다.

   (1) (   )

   [보기]: 맨땅이었던 당시 서울의 동네 골목길에서 흙먼지 풀풀 날리며 공을 차고 아이들과 떠들며 노는 것이 천성(天性)에 맞았다.

   ① 밥 먹을 때는 언제나 내가 맨 먼저다.
   ② 여기는 구경거리는 없고 맨 사람뿐이다.
   ③ 퇴근하면 자전거를 복도 맨 끝에 세워 놓습니다.
   ④ 맨발로 걸어 다니다 유리를 밟아 피가 흐른다.

   (2) (   )

   [보기]: 그 단 한 명의 예외가 바로 나다.

   ① 서울에 도착하는 대로 바로 전화 주시오.
   ② 마음을 바로 가져야 일도 잘 풀린다.
   ③ 옆길로 빠지지 말고 집에 바로 가거라.
   ④ 생일 선물을 받고서야 바로 오늘이 내 생일인 것을 알았다.

5. 다음 표현을 사용하여 문장을 만들어 봅시다.

   (1) 원점으로 돌아가다

   _____

   (2) 신세를 면하다

   _____

   (3) 운을 떼다

   _____

(4) 단서를 달다

(5) 흉내를 내다

(6) 세상이 무너지다

(7) 허락이 떨어지다

(8) 업으로 삼다

(9) 귀를 기울이다

(10) 귀에 솔깃하다

문법 설명

1. 이다

일부 조사, 어미와 결합하여 주어와 술어가 동일함을 나타낸다.

▶ 더 이상 물으면 무식이 드러날 것 같아서였다.
▶ 학교에 이르는 길목에서는 항상 장구 소리가 흘러나왔다. 일본식 2층집에서였다.
▶ 우리가 처음 만난 것은 길에서이다.
▶ 그가 명랑해진 것은 나를 만나고부터이다.
▶ 친구가 병이 난 것은 과로를 해서이다.
▶ 내가 한국에 대해 관심을 가지게 된 것은 인터넷으로 친구를 사귀면서이다.
▶ 가: 영희가 왜 선물을 보냈어요?
　나: 응, 내 생일을 축하하기 위해서이다.

2. -(ㄴ/는)다더라/-(이)라더라

화자가 들은 것을 청자에게 일러 주는 종결어미이다. 형용사 어간이나 '-았-', '-겠-' 뒤에는 '-다더라'로 쓰이고, 동사 어간 뒤에는 '-ㄴ/는다더라'로 쓰이며, '이다/아니다' 뒤에는 '-(이)라더라'로 쓰인다.

▶ 내가 들었는데 국립국악원이라는 곳이 있다더라.
▶ 이번 한국어 시험이 어렵다더라.
▶ 내일 비가 온다더라.
▶ 동생은 아직 밥을 못 먹는다더라.
▶ 독신주의자인 명숙이도 결혼했다더라.
▶ 이쁘게 생긴 이웃집 영희는 대학생이라더라.

들은 것을 상기시키면서 스스로에게 물어 보듯이 말할 때도 쓰인다.

▶ 그러니까 그게 언제였다더라?
▶ 그 아이 이름을 뭐라고 불렀다더라?
▶ 아 참, 아까 전화가 왔었는데 어디라더라?
▶ 이 말의 뜻이 뭐라더라?
▶ 오늘 온 학생 이름이 뭐라더라?

문법 연습

1. '이다'를 사용하여 문장을 완성해 봅시다.

   (1) 언제나 학생들의 의견을 존중해 주는 선생님은 우리들의 (영웅) _____.
   (2) 어린 시절 (말썽꾸러기) _____ 그가 모범 학생이 되어 유명 대학에 입학하게 되었다.
   (3) 유명한 (관광지) _____ 설악산은 관광객들이 한꺼번에 몰려들어 객실을 구하기가 힘들 정도였다.
   (4) 그들이 꿈꾸는 세계는 초기의 (유토피아) _____ 세계로부터 점차 '환상'으로 변화해 왔다고 보여진다.
   (5) 책만 읽고 자란 활자 시대의 인간이 (백문불여일견) _____ 시각형 인간이라면, 라디오 시대의 인간들은 그 반대의 청각형 인간이다.

(6) 글은 많이 생각하고 쓴 다음 여러 번 읽고 수정할 수도 있기 때문에 (일회) _____ 말보다 더욱 정리된 사고를 표출할 수 있다.

(7) 철없는 민수는 병원에 입원하러 가는 어머니가 자기를 안 데려 간다고 (불평) _____.

(8) 자손들이 별 탈 없이 잘 지내는데 할머니는 늘 괜한 (걱정) _____.

(9) 며느리가 요리 학원에 다니더니 요즘 요리솜씨가 (제법) _____.

(10) 연인들이 노래를 녹음해서 함께 듣는 것은 (승용차 안) _____.

(11) 온갖 모양의 과자와 빵이 인기인 것은 빵과 과자를 만드는 가정이 (늘다) _____.

(12) 서양식 조리 기구에도 주부들의 관심이 높아지는 것은 식생활이 (서구화되다) _____.

(13) 유럽에 동양적인 이미지를 강조한 패션이 각광받게 된 것은 중국 바람이 (불다) _____.

(14) 이 은행이 전세금 대출 신 규정을 시행하기 시작한 것은 지난 (17일) _____.

(15) 비교적 싼 가격의 소형 세탁기를 추천한 것은 경제 수준을 (감안하다) _____.

(16) 우리가 놀란 이유는 이 호텔이 흔히 생각하는 호텔들과는 너무나 (판이하다) _____.

(17) 아들이 부모님의 심정을 이해 못하고 오해하게 된 것은 나이가 (어리다) _____.

(18) 이제까지 장애인들이 차를 이용한 경우는 장애인 모임 참석, 병원 진료, 친구 방문, 쇼핑, 여가 활동, 관공서 출입 등을 (위하다) _____.

2. '-(ㄴ/는)다더라/-(이)라더라'를 사용하여 문장을 고쳐 써 봅시다.

(1) 메뚜기도 한철이다.
_____

(2) 여기는 택시가 참 위험하다.
_____

(3) 하늘은 스스로 돕는 자를 돕는다.
_____

(4) 당장 지금부터 일을 시작해야 한다.
_____

(5) 말을 늦게 배운 아이들이 더 크게 된다.

_____

(6) 마누라가 회사에 다니더니 집안이 엉망이 되었다.

_____

(7) 문전걸식을 하는 한이 있더라도 농사 짓고는 못 살겠다.

_____

(8) 한 번 나가려면 너무나 신경을 써서 식은땀까지 쏟는다.

_____

(9) 1학기가 끝나 갈 동안 어떤 애는 1백 20권의 책도 읽었다.

_____

(10) 늦었다 싶어도, 새로운 선택이 정답에 가까울 가능성도 얼마든지 있다.

_____

 이해와 표현

내용 학습

1. 글쓴이가 가야금을 배우게 된 계기와 끊임없는 노력의 과정을 시간 순서에 따라 정리하고 말해 봅시다.

시간	사건	계기와 노력
국민학교 4학년	국도 극장에서 '춘향전'을 보았다.	국악에 관심을 가지게 되었다.
중학교 3학년	반장 홍성화가 가야금을 배우자고 했다.	
		가야금을 꼭 배워야겠다고 결심했다.
고등학교	부모님이 반대했다.	
	사람들의 천시를 받았다.	
		본격적인 가야금 공부가 시작되었다.

2. 글쓴이는 가야금을 배우는 과정에서 많은 사람들의 영향을 받았습니다. 본문의 내용을 참조하여 정리해 봅시다.

인물	영향
외당숙	
반장	
부모님	
선생님	

167

3. 글쓴이는 한국을 대표하는 가야금의 명인입니다. 글쓴이가 가야금을 배우는 과정에서 몸담았던 곳들은 한국 국악의 산실이라고 할 수 있습니다. 이들 장소에 대해 조사해 봅시다.

   (1) 김동민고전무용연구소
   (2) 국립국악원

심화 학습

1. 다음은 글쓴이의 담화 내용을 정리한 것입니다. 잘 읽고 느낀 점을 말해 봅시다.

   (1) 자발적인 참여로 이루어지는 공부나 일의 능률은 그 성취 효과가 놀랍습니다. 인생사의 어떤 일이든 억지로는 안 되는 법이지요. 아무튼 그 당시는 잠을 자면서도 가야금 꿈을 꾸었으니까요. 지금 생각해도 왜 가야금을 보고 그렇게 전율했고 어째서 숙명 같은 것을 느꼈는지 모르겠습니다.

   (2) 스승의 학풍을 존중하면서도 자신의 학문 세계는 늘 새롭게 창조해 나가야 합니다. 국악의 학문적 접근이 '국악의 세계화'를 앞당기고 균형 감각을 상실하지 않는 세계 음악으로 깊숙이 뿌리내리게 할 것입니다.

   (3) 서울법대를 나와 판, 검사 안하고 가야금이나 메고 다니느냐는 소리를 수없이 들었지요. 그럴 때마다 저는 우리 전통 민속 음악을 제대로 분별해 내는 음악 판, 검사가 되겠노라고 다짐을 거듭했습니다. 국내에서 잘 몰라 그렇지 우리의 전통 음악이 유럽과 미국에서 각광받고 그들의 심성 속에 깊이 파고든 지 오래예요.

   (4) 자신이 하는 일을 놓고 사명감 운운하는 사람을 가장 경멸합니다. 본인의 능력껏 분수대로 열심히 사는 것이지요. 어떤 환경에서 무슨 일을 하더라도 늘 긍지와 소신을 스스로 찾아감이 윤택하게 사는 인생이라고 생각합니다.

2. 글쓴이의 삶의 자세는 어떠한지 시대적 상황을 고려하여 말해 봅시다.

3. 우리가 글쓴이의 삶에서 본받을 점은 무엇인지 토론해 봅시다.

4. 여러분은 어떤 인생을 살고 싶습니까? 자신의 생각을 400자 내외로 써 봅시다.

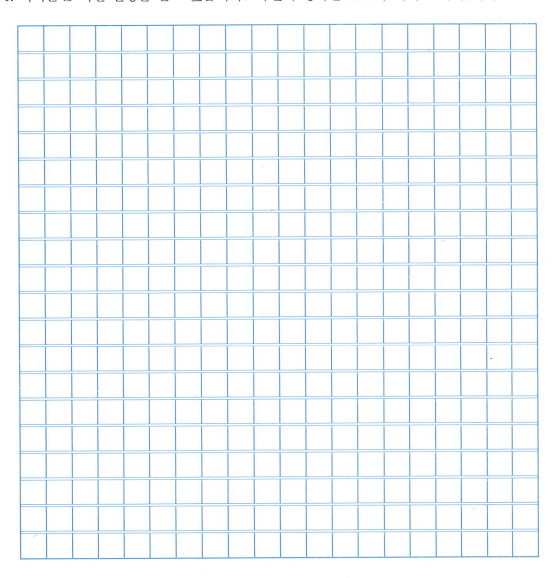

5. 다음 내용을 중국어로 번역해 보고 한국의 예술인과 그들의 작품에 대해 알아봅시다.

(1) 한국에서 귀와 정신을 다 즐겁게 하는 음악이라면 단연 황병기의 가야금 음악이다. 향기, 색깔, 분위기, 영상, 느낌 등등 추상적 악상들이 명징하게, 단순명쾌하게, 우아하게 그림같이 나타나는 모습은, 젊은 시절 민속악과 정악을 다 배워 아속(雅俗)의 경계를 공식적으로 뛰어넘은 해방 후 첫 세대라는 그의 위치를 다시금 떠올리게 한다.

(2) 나의 가야금 독주곡 '침향무', '비단길', '미궁'은 각기 전혀 다른 곡들이지만 한 가지 공통점을 갖고 있다. 이 세 곡은 다 같이 음악이 끝나기 직전에 많은 음들이 한 데 휘몰아치면서 음향적인 혼돈 상태를 이룬 다음, 다시 음악적인 정상 상태를 회복하는 형식을 갖고 있다. 이러한 혼돈 다음에 '침향무'에서는 천사의 옷깃이 나부끼는 듯한 투명한 분산 화음으로, '비단길'에서는 최초의 조용한 선율을 재현하면서, '미궁'에서는 반야심경의 주문에 의한 명상적인 성가로 끝난다.

(3) '다다익선(多多益善)'은 백남준의 대표작이다. 다다익선은 1,003개의 TV 모니터로 구성된 비디오아트이다. 1003은 10월 3일 개천절을 의미한다. '다다익선'은 많을수록 좋다는 고사에서 연유된 명칭이지만 여기에서는 수신(受信)의 절대수를 뜻한다. 이것은 오늘날 매스커뮤니케이션의 구성 원리를 은유적으로 표현한 말이다. '다다익선'의 TV 모니터는 그들이 가진 요소를 시간으로 분해하여 색채들로 재구성된 현대 회화인 셈이다. 그것은 시간축으로서의 공시적(共時的) 대립과 통시적(通時的) 균형의 컴포지션으로 비유된다. '다다익선'은 한국의 국립현대미술관 램프코아를 장식하고 있다.

 **한국 문화 익히기**

한국의 전통 악기*

  악기는 소리를 내어 음악을 만드는 도구이다. 그 중에 전통 악기는 오래 전에 만들어진 것인데, 단순히 소리를 만드는 도구가 아닌, 현재까지도 악기로서의 가치를 인정받는 것을 의미한다. 악기는 소리를 내는 방식에 따라 분류되고 악기의 형태가 제한적일 수밖에 없는데 전통 악기의 경우 각 민족별로 성향에 맞게 개발되거나 개량되어 전승되어 오고 있다.
  한국의 전통 악기는 '국악기'라고도 하며, 여러 개의 줄을 켜서 소리를 내는 현악기로는 가야금, 거문고, 해금 등이 있다. 또 쇠나 대나무 등으로 만든 관에 구멍을 뚫어 바람을 이용해 소리를 내는 관악기로는 대금, 소금, 나발이 있으며, 손이나 채를 쳐서 소리를 내는 타악기로는 장구, 박, 편종, 꽹과리 등이 있다.
  가야금은 대표적인 국악기로 12개의 현으로 이루어진 현악기이다. 중국의 악기를 본떠 가야에서 만들어져서 가야금이라는 이름으로 전해져 왔으며, 손으로 현을 뜯고 떨면서 전통 음악의 음색을 대표하는 악기이다. 가야금에는 정악을 연주하기 위한 정악가야금(正樂伽倻琴)과 산조와 병창을 위해 폭이 좁고 작게 만들어진 산조가야금(散調伽倻琴)이 있다. 법금(法琴)이나 풍류가야금(風流伽倻琴)이라고도 불리는 정악가야금은 예로부터 전해지는 형태를 거의 그대로 보존하고 있으며, 비교적 몸체가 크고, 줄과 줄 사이의 간격도 넓다. 산조가야금은 산조와 민속악의 연주를 위해 조선 후기에 개량된 가야금으로 빠른 곡조를 연주하기 위해 정악가야금보다 크기도 작고 줄과 줄 사이의 간격도 좁다.
  거문고는 고구려의 악기라는 뜻의 이름으로 중국의 칠현금을 개조해 여섯 개의 현으로 이루어져 있다. 가야금과 달리 술대라는 막대를 이용해 줄을 튕겨 연주한다. 한국 악기 중에서 가장 넓은 음역을 가지고 있어서 정악(正樂)에서나 산조(散調)에서나 다 같이 3옥타브(octave)에 이른다.
  해금은 두 줄 사이에 넣은 활을 켜 소리를 내는 현악기로 고려 시대에 송나라에서 들여왔다. 다른 전통 현악기와 다르게 서양의 대표적인 현악기인 바이올린이나 첼로처럼 활을 이용해 현을 켜는 형태로 연주한다.
  대금은 서양 악기의 플루트와 같이 가로로 부는 피리류의 악기로, 통일 신라 시대부터 전해져 왔다. 대나무로 만들어졌으며, 크기에 따라 대금, 소금, 중금으로 분류된다. 대금은 본래 신라 삼죽(三竹)의 하나로, 젓대라고도 하는 한국의 대표적인 횡적이다. 대금에는 정악 대금과 산조 대금이 있는데, 정악 대금은 글자 그대로 궁중 음악과 정악에 사용되고 산조 대금은 대금 산조나 민속 무용 반주 등에 사용된다. 편종이나 편경처럼 고정음을 가진 악기가 편성되지 않은 합주곡을 연주하기에 앞서 악기들이 대금에 음을 맞춘다.
  장구는 고려 시대에 송나라의 악기를 들여와 오늘날까지 전해져 내려오고 있다. 양쪽을 모두 연주할

---

* 이 부분의 내용은 '네이버 지식백과(http://terms.naver.com)', 『시사상식사전: 전통악기』 (지삭엔진연구소, 박문각, 2009) 등을 참조하여 정리한 것이다.

수 있는 두 개의 북을 붙여놓은 형상이고, 왼쪽은 손으로, 오른쪽은 대나무로 만든 채를 치면서 연주한다. 사물놀이에 쓰일 만큼 널리 연주됐고 한국의 대표적인 전통 타악기이다.

 더 읽어 보기

김매자·김영희, 『한국 무용사』, 삼신각, 1995.
김영희·김채원, 『전설의 무희 최승희』, 북페리타, 2014.
이찬주, 「한국 고전 춤의 개념에 관한 연구」, 『우리춤과 과학기술』 21, 2013.
정병호, 『한국의 전통춤』, 집문당, 1999.
정병호, 『한국 무용의 미학』, 집문당, 2004.

제 4 단원

품성이 아름다운 사람들

10   백범일지
11   한국 역사를 빛낸 아름다운 여성들
12   엄마를 부탁해

백범일지

 학습 목표

★ 한국의 독립운동에 대해 알아봅시다.
★ 한국 독립운동가들의 정신에 대해 생각해 봅시다.

 준비하기

1. 다음은 한국의 독립운동가들에 대한 대화입니다. 잘 듣고 말해 봅시다. 10

2. 다음 내용에 대해 생각해 봅시다.

   ❓ 한국의 독립운동에 관한 영화나 문학 작품을 본 적이 있습니까? 그 내용과 본인의 소감에 대해 말해 봅시다.

   ❓ 만약 여러분이 일제 강점기에 한국인으로 태어났다면 독립운동에 참여했을 것 같습니까? 그 이유에 대해 말해 봅시다.

   ❓ 다음 사진을 보고 한국의 독립운동가들에 대해 알아봅시다.

김구 　　　　　　안중근 　　　　　　윤봉길

백범일지(白凡逸志)
—백범 김구와 윤봉길

김구* 지음, 도진순** 엮어 옮김

1. 의사 윤봉길과의 짧은 만남

1932년 1월 28일 상해사변을 계기로 상해의 동포 청년들도 비밀리에 나를 찾아와서 나라에 몸을 던질 일감을 달라고 간청하곤 했다. 이봉창의 동경의거를 보고 내 머릿속에서는 끊임없이 무언가 연구되고 있을 것이라고 생각한 모양이다. 그러던 어느 날 윤봉길(尹奉吉, 1908~1932) 군이 조용히 나를 찾아왔다. 그는 우리 동포의 공장에서 노동자로 일한 적 있고, 홍구(虹口) 시장에서 채소 장사를 하고 있었다.

"제가 날마다 채소 바구니를 등에 메고 홍구 쪽으로 다니는 것은 큰 뜻을 품고 상해에 온 목적을 달성하기 위해서입니다. 선생님께서는 이봉창의 동경사건과 같은 계획이 또 있을 줄 믿습니다. 저를 지도하여 주시면 죽어도 은혜를 잊지 않을 것입니다."

그 전에 공장에서 일하는 윤 군을 보고서, 학식은 있어 보이나 생활을 위해 노동 일을 하거니 생각하였다. 그런데 마음을 터놓고 이야기해 보니 몸을 바쳐 큰 뜻을 이룰 의로운 대장부였다. 나는 감복하여 말하였다.

"뜻을 품으면 반드시 이룬다고 했으니 안심하시오. 내가 요 사이 연구하는 것이 있으나 마땅한 사람을 구하지 못해 고민하던 참이었소. 신문을 보니, 일본이 중일전쟁에 이긴 위세를 업고 4월 29일 홍구공원에서 천황의 생일인 천장절(天長節) 경축식을 거행할 모양이오. 이 날 평생의 큰 목적을 달성해 봄이 어떻겠소?"

윤 군은 쾌히 응낙하며,

1. '상해사변'과 '이봉창의 동경의거'에 대해 알아봅시다.

2. 여기서 말하는 '큰 뜻'은 무엇을 의미하며 그것을 위해 왜 '홍구' 쪽으로 다녔을까요?

3. 이 '경축식'은 어떤 자리인가요? 왜 이 날을 거사 날로 택했을까요?

---

* 김구(金九, 1876~1949), 호는 백범(白凡), 한국의 독립운동가, 정치가. 1919년 3.1운동 후 중국으로 망명, 임시정부의 경무국장, 내무총장, 국무령을 역임하고, 1928년 한국독립당을 조직, 당수가 되었으며, 한인애국단을 만들어 이봉창, 윤봉길 등의 의거를 지휘했다. 저서로는 『백범일지(白凡逸志)』(1947)가 있다.
** 창원대학교 사학과 교수

의사, 비밀리, 일감, 간청하다, 의거, 의롭다, 대장부, 감복하다, 안심하다, 위세, 업다, 경축식, 거행하다, 쾌히, 응낙하다

"그 말씀을 들으니, 가슴에 한 점 번민도 없어지고 마음이 편안해집니다. 준비해 주십시오."

하고 자기 숙소로 돌아갔다.

마침 상해의 일본 영사관이 "4월 29일 홍구공원에서 천장절 축하식을 거행하니, 식장에 참석하는 자는 물병과 도시락, 그리고 일본 국기 하나씩을 가지고 입장하라."고 신문에 공고하였다.

나는 즉시 왕웅[王雄, 본명 김홍일(金弘壹)] 군을 찾아가서, 일본인들이 사용하는 물통과 도시락을 보낼 터이니, 상해 병공창장과 교섭하여 그 속에 폭탄을 장치하여 3일 안에 보내 달라고 부탁하였다. 왕 군이 창장을 만나고 돌아와서 보고하였다.

"창장이 내일 오전 선생님을 모시고 병공창으로 와서 직접 시험하는 것을 확인해 보시라 합니다. 같이 가십시다."

다음날 아침 일찍 병공창으로 가서, 물통과 도시락, 두 종류의 폭탄 시험을 구경하였다. 마당 한 곳에 토굴을 파고 네 벽을 철판으로 두른 뒤, 그 속에 폭탄을 장치하고 뇌관 끝에 긴 끈을 잇더니, 그 끈을 수십 걸음 밖으로 끌고 나와 잡아당겼다. 그러자 토굴 속에서 우레 같은 소리가 터지며 파편이 흩어지는데 일대장관이었다. 20개를 시험하여 20개가 전부 폭발하면 실물로 장치하는데, 결과가 좋다는 말을 듣고 속으로 무척 기뻐하였다.

상해 병공창에서 이처럼 친절하게 폭탄 20개나 소모하면서 무료로 폭탄을 만들어 주는 까닭이 무엇인가? 그 역시 이봉창 의사 덕분이다. 창장은 자기네가 만들어 준 폭탄이 약하여 이봉창이 일왕을 죽이지 못한 것을 유감으로 생각하고 있었다. 그러던 차에 내가 다시 폭탄을 요구하니 성심껏 제조해 준 것이다. 다음날 그들은 병공창 자동차로 폭탄을 실어 왕웅 군의 집까지 가져다 주었다.

나는 중국인 거지 옷을 벗고 싸구려 양복을 한 벌 사서 갈아입었다. 그러고 보니 나도 엄연한 신사라. 물통과 도시락을 한두 개씩 불러서 조계지 안에 있는 동포들의 집으로 옮겼다. 무슨 물건인지 알아채지 못하게 "귀한 약품이니 불만 조심하라"고 당부하였다.

4. 한국 독립운동가들과 상해 병공창의 관계에 대해 알아봅시다.

5. 김구가 덧붙인 이 설명에 대해 어떻게 생각합니까?

6. 왜 이런 식으로 폭탄을 보관했을까요?

번민, 식장, 병공창, 교섭하다, 장치하다, 토굴, 철판, 뇌관, 잡아당기다, 파편, 일대장관, 일왕, 성심껏, 싸구려, 엄연하다, 불러서, 조계지, 당부하다

운명의 순간 4월 29일이 점점 가까워 왔다. 윤봉길 군은 말쑥하게 일본식 양복으로 갈아입고, 날마다 홍구공원으로 나가 거사할 위치를 점검하였다. 또한 시라카와(白川) 대장의 사진을 구하고 일장기도 마련하였다. 그리고는 보고 들은 것을 나에게 보고하였다.

"오늘 홍구공원의 식장 설치하는 곳에 시라카와 놈도 왔습디다. 그놈 곁에 서 있자니, 어떻게 내일까지 기다리나. 오늘 폭탄을 가졌더라면 이 자리에서 당장 죽일 텐데 하는 생각이 문득 들었습니다."

"그것이 무슨 말이오? 포수가 꿩을 쏠 때에도 날린 다음 쏘아 떨어뜨리고, 사슴을 잡을 때도 달리게 한 다음 쏘는 것이 사냥의 진정한 맛이오. 군이 지금 그러는 것은 내일 성공할 자신감이 모자라기 때문이 아니오?"

"아닙니다. 그놈이 곁에 선 것을 보니 문득 그런 생각이 들더란 말입니다."

"나는 이번 거사가 성공할 것을 벌써 알고 있소. 군이 일전에 번민이 그치고 마음이 편안해진다고 했는데, 그 말이 확실한 증거라고 믿소. 내가 치하포에서 쓰치다(土田讓亮)를 죽이려 할 때도, 처음에는 가슴이 몹시 울렁거렸지만 고능선 선생이 가르쳐 주신 구절, "벼랑에서 잡은 손마저 놓는 것이야말로 대장부"라는 구절을 떠올리니 마음은 차분히 가라앉았소. 군과 내가 거사하는 심정이 서로 같은 것 아니겠소?"

윤 군은 내 말을 가슴에 새겨듣는 표정이었다. 그를 여관으로 보낸 후, 폭탄 두 개를 가지고 김해산(金海山)의 집으로 갔다. 그들 부부에게 중대한 일이 있어 내일 아침 일찍 윤봉길 군을 동북 3성으로 보낼 터이니, 저녁에 쇠고기를 사다가 새벽밥을 해 달라고 당부하였다.

2. 1932년 4월 29일, 홍구공원의 쾌거

4월 29일 새벽, 윤 군과 같이 김해산의 집에 가서 마지막으로 아침밥을 같이 먹었다. 윤 군은 마치 농부가 일을 나가는 것처럼 태연한 모습이었다. 김해산 군이 조용히 나에게 말하였다.

"선생님, 지금은 상해에서 의거를 일으켜야 민족 체면을 지킬 수 있는 상황인데, 하필 이런 중요한 때에 윤 군을 다른 곳으로 파견하십니까?"

7. 왜 이 말을 성공의 '확실한 증거'라고 봤을까요?

말쑥하다, 거사하다, 점검하다, 일장기, 포수, 일전, 울렁거리다, 가라앉다, 새겨듣다, 새벽밥, 쾌거

솔직히 답변할 수 없어 두리뭉실하게 대답하였다.

"모험은 실제로 하는 사람에게 전권이 있는 것이오. 윤 군이 무슨 일이든 하겠지요. 어디서 무슨 소리가 나는지 들어나 봅시다."

마침 오전 7시 종소리가 들렸다. 윤 군은 자기 시계를 꺼내,

"제 시계는 어제 선서식 후 6원을 주고 산 것인데, 선생님의 시계는 2원짜리입니다. 저는 이제 1시간밖에 더 소용이 없습니다."

라며 내 시계와 바꾸자고 하였다.

나는 기념으로 그의 시계를 받고, 내 시계를 그에게 주었다. 윤 군은 마지막 길을 떠나기 전 자동차를 타면서, 가지고 있던 돈도 꺼내 내 손에 쥐어 주었다.

"약간의 돈을 가지는 것이 무슨 방해가 되겠소?"

"아닙니다. 자동차 요금을 내고도 5~6원은 남겠습니다."

그러는 사이 자동차가 서서히 움직이기 시작하였다. 나는 목메인 소리로 마지막 작별의 말을 건네었다.

"후일 지하에서 만납시다."

윤 군이 차창으로 나를 향하여 머리를 숙였다. 자동차는 엔진 소리를 높이 울리며 천하 영웅 윤봉길을 싣고 홍구공원으로 질주하였다.

나는 그 길로 조상섭(趙尙燮)의 상점에 들어가 편지 한 통을 써서 점원 김영린(金永麟)에게 주고, 급히 안창호 형에게 전달하라고 했다.

"오늘 오전 10시경부터 댁에 계시지 마십시오. 큰 일이 생길 듯합니다."

편지를 보내고, 그 길로 이동녕 선생 처소로 갔다. 그 동안의 경과를 보고하고 점심을 먹고 난 뒤 소식 있기를 기다렸다. 마침내 오후 1시쯤 되자, 곳곳에서 술렁거리는 소리가 들려왔다.

"홍구공원에서 중국인이 폭탄을 던져 일본인이 많이 죽었다."

"고려 사람의 짓이다."

그러나 하도 소문이 분분하여 정확한 상황을 확인할 수 없었다.

8. '시계'와 '돈'의 일화가 보여주는 김구와 윤봉길의 정신과 당시 심정에 대해 말해 봅시다.

9. 안창호와 이동녕 두 사람에 대해 알아 봅시다.

두리뭉실하다, 전권, 선서식, 목메이다/목메다, 후일, 질주하다, 처소, 술렁거리다

엊그제까지 날마다 채소 바구니를 메고 장사하던 윤봉길이 이처럼 세상을 깜짝 놀라게 할 줄이야. 그날 거사는 나 혼자만 알고 있었고, 이동녕, 이시영, 조완구 등 몇 명은 짐작만 하였을 뿐이다. 그런 까닭에 즉시 이동녕 선생께 가서 자초지종을 보고하고 자세한 소식을 기다렸던 것이다. 그러자 오후 두세 시경 신문 호외가 터져 나왔다.

　　홍구공원 일본인의 경축대에 대량의 폭탄이 폭발하여 민단장 가와바다(河端)는 즉사하고, 시라카와(白川) 대장, 시게미츠(重光) 대사, 우에다(植田) 중장, 노무라(野村) 중장 등 문무대관이 모두 중상 운운.

　　일본인 신문에서는 '중국인의 소행'이라고 하였으나, 그 다음날 각 신문은 한결같이 윤봉길의 이름을 큰 활자로 실어 놓았다. 곧이어 불란서 조계지에 대한 대대적인 수색이 벌어졌다.

　　나는 안공근, 엄항섭 두 사람을 가만히 불러, 앞으로 그들의 집안 생활은 내가 책임질 테니, 오로지 우리 사업에만 전념하라고 당부하였다. 그리고는 미국인 피치(S. A. Fitch)에게 당분간 지낼 피신처를 마련해 달라고 부탁하였다. 그는 기쁜 마음으로 우리를 받아들였다. 나와 김철, 안 군, 엄 군 네 명이 그의 집으로 옮겨 갔다. 그곳에서 우리는 2층 전부를 사용하였고, 피치 부인은 극진한 정성으로 식사까지 대접하였다. 벌써부터 우리는 윤 의사가 희생한 공을 톡톡히 받기 시작하였다.

　　피치 댁 전화를 사용하여 불란서 조계지 안에 있는 동포들의 집에 연락해 보았다. 때때로 동포들이 체포되었다는 보고가 있어, 그들을 위해 서양 변호사를 고용하였으나 별 효과가 없었다. 나는 체포된 동지들의 집에 돈을 주어 생계를 돕게 하고, 피신하려는 자가 있으면 여비를 마련해 주게 하였다.

　　이때 안창호 등과 젊은 학생 몇 명이 체포되었다. 왜놈들이 날마다 미친 개처럼 사람을 잡으려고 돌아다니니, 임시정부와 민단 직원들은 말할 것도 없고, 심지어 애국부인회(愛國婦人會)까지도 전혀 활동을 할 수 없게 되었다. 이렇게 되자 동포들 사이에서 나를 비난하는 소리가 터져 나오기 시작하였다.

10. 사상자 명단을 보고 이 사건의 중대성에 대해 생각해 봅시다.

11. 이런 비난에 대해 어떻게 생각합니까?

자초지종, 호외, 즉사하다, 문무대관, 중상, 운운, 소행, 활자, 대대적, 수색, 전념하다, 피신처, 극진하다, 톡톡히, 여비, 왜놈

"홍구사건의 주모자는 따로 있는데, 자기는 몸을 감추고 관계없는 자들만 잡히게 하는 것이 옳지 못하다."

나는 동지들에게 사건의 진상을 세상에 공개할 필요가 있다고 주장하였다. 안공근은 펄쩍 뛰면서 반대하였다.

"불란서 조계지에 계시면서 그 사실을 발표하는 것은 너무 위험합니다."

그러나 나는 엄항섭에게 선언문을 쓰게 하고 피치 부인에게 영문으로 번역하게 하여 로이터 통신사로 보냈다. 이 발표를 통하여 비로소 동경사건과 상해 홍구사건의 주모자가 김구라는 사실을 세계 각국에서 알게 되었다.

<후략>

12. 왜 굳이 이런 식으로 선언문을 발표했을까요?

주모자, 진상, 펄쩍, 선언문, 통신사

 **어휘와 문법**

단어

명　　사: 의사, 비밀리, 일감, 의거, 대장부, 위세, 경축식, 번민, 식장, 병공창, 토굴, 철판, 뇌관, 파편, 일대장관, 일왕, 싸구려, 불란서, 조계지, 일장기, 포수, 일전, 새벽밥, 쾌거, 전권, 선서식, 후일, 처소, 자초지종, 호외, 문무대관, 중상, 운운, 소행, 활자, 수색, 피신처, 여비, 왜놈, 주모자, 진상, 선언문, 통신사

명사·관형사: 대대적

동　　사: 간청하다, 감복하다, 안심하다, 업다, 거행하다, 응낙하다, 교섭하다, 장치하다, 잡아당기다, 당부하다, 거사하다, 점검하다, 울렁거리다, 가라앉다, 새겨듣다, 목메이다/목메다, 질주하다, 술렁거리다, 즉사하다, 전넘하다

형용사: 의롭다, 엄연하다, 말쑥하다, 두리뭉실하다, 극진하다

부　　사: 쾌히, 성심껏, 톡톡히, 펄쩍

어휘 연습

1. 두 단어의 관계가 다른 것을 골라 봅시다.

　　(1)　① 의사-의롭다　　　　② 신사-엄연하다
　　　　　③ 포수-사격하다　　　④ 대장부-남자답다
　　(2)　① 프랑스-불란서　　　② 일본-일장기
　　　　　③ 유럽-구라파　　　　④ 이탈리아-이태리

2. 알맞은 단어를 골라 적절한 형식으로 문장을 완성해 봅시다.

　　(1) 모든 인간이 죽는다는 사실은 너무도 (엄연하다, 태연하다)＿＿＿＿＿＿＿.
　　(2) 높은 분이 온다는 소리에 온 동네가 (울렁거리다, 술렁거리다)＿＿＿＿＿＿＿.
　　(3) 잠시 후 오늘 회의의 폐막식을 (거행하다, 개최하다)＿＿＿＿＿＿＿.
　　(4) 이번 안건은 (두르다, 두리뭉실하다)＿＿＿＿＿＿＿ 넘어가지 말고 결론을 내자.
　　(5) 가족들은 그가 사업에 (전넘하다, 극진하다)＿＿＿＿＿＿＿ 수 있도록 도와 주었다.

3. [보기]에서 알맞은 것을 골라 빈칸에 써 봅시다.

> 보기: 펄쩍, 팔짝, 톡톡히, 쾌히, 쾌거, 위세, 소행, 운운, 파편

(1) 교수님은 그 자리에서 내 부탁을 (   ) 응낙해 주셨다.
(2) 이 은혜를 나중에 (   ) 갚을 테니 잘만 해 주시오.
(3) 시민들의 진상 규명 요구에 더 이상 밝힐 사실이 없다며 (   ) 뛰었다.
(4) 상대팀의 방해 작전에도 불구하고 3연승의 (   )를/을 이뤘다.
(5) 그는 자신이 저지른 (   )에 깊이 반성하고 있다.
(6) 남편의 입에서 불쑥 튀어나온 독립운동 (   )에 깜짝 놀랐다.

4. [보기]에서 알맞은 것을 골라 적절한 형식으로 문장을 완성해 봅시다.

> 보기: 간청하다, 응낙하다, 전념하다, 새겨듣다,
> 점검하다, 장치하다, 가라앉다, 감복하다

(1) 기차는 엔진을 _____ 위해 잠시 정차했다.
(2) 그는 동생의 권유에 그러자고 _____.
(3) 사건의 자초지종을 듣고 주모자의 치밀함에 _____ 않을 수 없었다.
(4) 아무것도 보이지 않으니 오히려 마음이 _____.
(5) 그의 말을 잘 _____ 않으면 오해하기 십상이다.

문법 설명

1. -거니

마땅한 사실로 인정하거나 미루어 짐작한 사실임을 나타내는 종결 어미이다. 흔히 혼잣말을 할 때 쓰인다.
▶ 그 전에 공장에서 일하는 윤 군을 보고서, 학식은 있어 보이나 생활을 위해 노동일을 하기니 생각하였다.
▶ 핏줄의 정이란 다 그러하거니.
▶ 나도 어렸을 때 어머니에게 저런 말을 들어 봤거니.

▶ 친구들이나 자식들이 귀찮게 구는 날, 그저 팔자거니 생각하시고 받아 주시길.

2. -ㅂ/습디다

보거나 듣거나 겪은 사실을 전달할 때 쓰는 종결 어미이다.
▶ 오늘 홍구공원의 식장 설치하는 곳에 시라카와 놈도 왔습디다.
▶ 날씨가 좋아서인지 경복궁에 사람이 많습디다.
▶ 보리가 잘 자랍디다.
▶ 그 학생 조금만 더 연습하면 잘하겠습디다.

3. -(으)ㄹ 줄이야

앞의 사실을 예상하지 못했음을 나타낸다.
▶ 엊그제까지 날마다 채소 바구니를 메고 장사하던 윤봉길이 이처럼 세상을 깜짝 놀라게 할 줄이야.
▶ 이렇게 좋은 기회를 만났는데도 잡지 못할 줄이야!
▶ 십년지기 친구에게 속을 줄이야.
▶ 둘이 정말 잘 어울렸는데 결국 헤어지게 될 줄이야.

문법 연습

1. 다음에서 [보기]의 '-거니'의 용법과 같은 것을 골라 봅시다.

    보기: 그 전에 공장에서 일하는 윤 군을 보고서, 학식은 있어 보이나 생활을 위해 노동일을 <u>하거니</u> 생각했다.

    (1) 나는 _____ 짐인들 무거우랴.
    (2) _____ 하며 술잔을 비웠다.
    (3) 두 비행기는 _____ 하며 해변 주위 하늘을 날았다.
    (4) 이번에도 _____ 기대를 안 했는데 대성공이었다.

2. 밑줄 친 부분을 '-ㅂ/습디다'로 고쳐 써 봅시다.

   (1) 가: 언니가 어제 맞선 본 그 남자 어떻대?
       나: <u>괜찮다더라.</u>　　　　→ _____.
   (2) 가: 걔는 결혼 안 한다니?
       나: 곧 <u>한다더군요.</u>　　　→ _____.
   (3) 가: 둘이 참 닮았더구나.
       나: 서로 남매간이라고 <u>하더라.</u>　→ _____.
   (4) 가: 근거 없는 얘기 좀 하지마.
       나: 책에 그렇게 쓰여 <u>있던데.</u>　→ _____.

3. '-(으)ㄹ 줄이야'를 사용하여 문장을 만들어 봅시다.

   (1) 소식, 비밀리, 거사하다, 새어나가다
   _____

   (2) 박수, 우레, 실수하다, 걱정하다, 받다
   _____

   (3) 상대팀, 위세, 무너지다, 대단하다, 금방
   _____

   (4) 싸구려, 운동복, 양복, 벗다, 차려입다, 변신하다, 말쑥하다
   _____

 이해와 표현

내용 학습

1. '훙구사건'의 준비와 시행 과정에 대해 본문의 내용을 참조하여 정리해 봅시다.

	김구	윤봉길
사건 전	방안 모색,	
사건 당일		

2. 김구는 '훙구사건'을 성공시키기 위해 많은 사람의 도움을 받았습니다. 윤봉길 이외에도 어떤 사람들의 도움을 받았는지 정리해 보고 이러한 사실이 보여 준 김구의 리더십과 독립운동의 성격에 대해 생각해 봅시다.

인물	역할

3. 자신의 이익보다 나라와 민족 대의를 우선시하는 것이 독립운동가들의 '정신'입니다. 자신과 타인을 대했던 김구와 윤봉길의 행동을 정리해 보고 그것을 통해 알 수 있는 독립운동가들의 정신에 대해 토론해 봅시다.

		행동	정신
금전	자신		
	타인		
안위	자신		
	타인		

심화 학습

1. 독립운동가들의 '애국애족' 정신이 오늘날과 같이 평화가 유지되는 시기에도 필요하거나 가능할지 생각해 봅시다.

   ▶ 필요성: _____

   _____

   ▶ 가능성: _____

   _____

2. 한국의 독립운동가들은 당시 일본의 식민 통치로 인해 해외에서 많이 활동했고, 특히 중국에서 많은 활약을 했습니다. 한국의 독립운동과 중국과의 관계에 대해 알아봅시다.

3. 한국의 독립운동과 독립운동가들의 이야기가 한국의 대중 매체에서 많이 다루어졌습니다. 영화 '암살'은 한국 내외에서 큰 인기를 얻었고 '무한도전', '1박 2일' 등의 예능 프로그램에서 제작한 특집도 많은 호평을 받았습니다. 팀별로 관련 작품을 하나씩 찾아보고 그 내용과 관람 후의 소감을 말해 봅시다.

 한국 문화 익히기

독립운동과 대한민국 임시정부*

독립운동은 어떤 국가 또는 세력의 직간접적인 지배를 받는 지역에서 자치권 등의 권한을 얻거나, 스스로의 국가 또는 세력을 세우기 위해 벌이는 모든 행위를 말한다. 그러므로 국가의 독립은 기존 국가에 속한 일부 지역이나 타국의 지배 하에 있던 영역이, 그 지배를 벗어나 새로운 국가로 성립하는 것을 의미한다.

한국은 대한제국이던 1910년에 일본에 강제 점령을 당한 이후 일본으로부터 독립하기 위한 독립운동을 국내외에서 활발하게 전개했다. 한국의 독립운동은 다양한 형태로 전개되어 왔는데, 그 집대성이 바로 1919년 4월 중국 상해에서 설립된 대한민국 임시정부이다.

대한민국 임시정부는 1919년 3.1운동 당시 선포된 독립 선언에 기초해 일본의 식민 통치를 부인하고 국내외의 항일 독립운동을 주도하기 위한 목적으로 설립되었다. 같은 해 9월 11일에 각지에 난립된 임시정부들과 통합해 발전 방향을 모색했다. 1919년 임시 헌법을 제정해 대한제국의 영토를 계승하고 구 왕실을 우대한다고 명시했다. 대한민국 임시정부 초대 대통령이었던 이승만(李承晚, 1875~1965)은 광복 후 수립된 대한민국의 초대 대통령이 되었고, 1948년에 제정된 대한민국 제헌 헌법 전문과 1987년에 개정된 대한민국 헌법 전문에 대한민국 임시정부에 대한 계승 의지가 수록되어 있다.

임시정부 설립 초기에 입법 기관인 임시의정원을 구성해 국호를 대한민국으로 정하고 민주공화제를 골간으로 한 임시 헌장을 채택한 뒤 선거를 통해 국무원을 구성했다. 국무총리에 이승만을 추대하고 내무총장에 안창호(安昌浩), 외무총장에 김규식(金奎植), 군무총장에 이동휘(李東輝), 재무총장에 최재형(崔在亨), 법무총장에 이시영(李始榮), 교통총장에 문창범(文昌範) 등 6부의 총장을 임명한 뒤 정부 수립을 선포했다. 같은 해 6월 11일 임시 헌법(전문과 8장 56조)을 제정, 공포하고, 임시 헌법에 의해 이승만을 임시 대통령으로 선출하고 내각을 개편했으나, 재정적인 곤란과 사상적인 분열로 많은 타격을 받았다.

1920년 10월 중화민국 국민당 총리 손문의 광동 호법정부에 당시 국무총리 겸 외무총장 신규식(申圭植)을 대표로 특파해 임시정부를 승인받는 외에도, 한국 유학생을 중국 군관학교에 수용하고 조차지를 허용해 한국 독립군을 양성할 것과 5백만 원을 차관할 것 등의 5개조 외교에 성공했다.

1926년 9월에는 의정원에서 임시대통령제를 폐지하고 국무령제를 채택, 같은 해 12월 김구가 국무령에 취임해 1932년 1월 이봉창(李奉昌)의 일왕 폭살 미수 사건, 같은 해 4월 윤봉길(尹奉吉)의 홍구사건 등을 지도하는 등 강력한 항일 무장 투쟁을 전개했다. 이봉창의 도쿄의거는 실패하였으나, 윤봉길의 상해 의거는 일본군 사령관 등 20여 명을 살상하는 성과를 올렸다. 그 결과 한국 독립에 대한 여론을 대외적으로 널리 알렸으며, 아울러 임시정부는 일제의 보복을 피해 여러 곳으로 이동해야만 했다.

---

* 이 부분의 내용은 '위키백과(http://ko.wikipedia.org)', '두산백과(http://www.doopedia.co.kr)', 『한국근현대사사전』(한국사사전편찬회, 가람기획, 2005) 등을 참조하여 정리한 것이다.

1932년 5월 임시정부는 일제의 탄압을 피해 중국 절강성 항주로, 1937년에는 다시 강소성 진강으로 옮겨 장개석과 협력해 항일전을 펼쳤고, 중경 시기(1940~1945)에는 광복군을 창설, 강화했다. 1943년 카이로 회담에서 한국의 독립이 정식으로 승인되자 1944년 프랑스, 폴란드, 소련 정부는 주중 대사관을 통해 임시정부의 승인을 통고하였고 1945년 포츠담선언에서 한국의 독립이 재확인되었다. 1944년에는 김구를 주석으로 선출, 미국군과 함께 광복군의 국내 진공 작전을 준비하다가 해방을 맞았다.

1945년 11월 29일 임시정부 간부들은 미군정의 임시정부 불인정으로 인해 개인 자격으로 입국했지만, 국내의 혼란으로 임시정부의 내각과 정책은 계승되지 못했다. 하지만 임시정부의 지도 이념인 자유주의 이념과 조소앙(趙素昻)이 체계화한 민족주의 정치사상인 삼균주의(三均主義) 이념은 1948년 대한민국 헌법에 반영되어 광복 한국의 기초 이념이 되었다. 또한 대한민국 헌법 전문은 '우리 대한민국은 3.1운동으로 건립된 대한민국 임시정부의 법통과 ······'라고 해 임시정부가 한국 독립의 모태가 되고 대한민국 건국의 정신적, 사상적 기반이 되었음을 명시했다.

 ## 더 읽어 보기

김구 저, 도진순 엮어 옮김, 『백범 김구 자서전: 백범일지』, 돌베개, 2014.
도진순, 『한국 민주주의와 남북 관계: 이승만·김구 시대의 정치사』, 서울대학교출판부, 1997.
石源華 저, 최복실 역, 『중국공산당과 한국독립운동 관계기사연구』, 고구려, 1997.
孫科志, 『상해한인사회사 (1910-1945)』, 한울아카데미, 2012.
안중근, 『안중근 자서전』, 범우, 2014.
최기영, 『중국관내 한국독립운동가의 삶과 투쟁』, 일조각, 2015.
한국근현대사학회, 『한국독립운동사강의』, 한울아카데미, 2009.

한국 역사를 빛낸 아름다운 여성들

 학습 목표

★ 한국 역사를 빛낸 여성 인물에 대해 알아봅시다.
★ 여성의 사회적 지위와 역할에 대해 생각해 봅시다.

 준비하기

1. 다음은 신사임당의 생애와 업적에 대한 대화입니다. 잘 듣고 말해 봅시다.   11

2. 다음 내용에 대해 생각해 봅시다.

   ❓ 다음 초상화를 보고 한국의 여성 인물에 대해 알아봅시다.

신사임당 　　　　　 허난설헌 　　　　　 선덕여왕

   ❓ 여러분이 가장 존경하는 여성 인물은 누구인지 말해 봅시다.

191

한국 역사를 빛낸 아름다운 여성들

이배용*

1. 남성 중심의 사회에 대해 말해 봅시다.

인류 역사에서 남녀가 절반씩 차지하고 있는데 그동안 역사는 남성 중심으로 서술되어 왔다. 그늘에 가리워졌던 여성의 역할을 재조명하여 그 진실을 밝혀내는 것도 오늘날의 과제이다. 바로 그것은 오래된 미래로서 앞으로 미래를 향한 여성의 시대적 기여에 여러모로 교훈과 지혜의 메시지를 전할 수 있다고 생각한다. 그러한 관점에서 한국 역사에서 시대를 앞으로 전진하는 데 헌신했던 세 여성을 특별히 조명하는 것도 뜻깊은 역사적 작업이라 할 수 있다.

1. 삼국 통일의 길을 닦은 선덕여왕의 리더십

한국 역사 속에는 세 명의 여왕이 존재하였는데, 그것은 모두 신라 시대에 있었던 일이다. 당시 여왕이 등장할 수 있었던 배경은 골품제라는 사회적 특수 조건에 기인한 것이지만, 당시의 시대적 요청이 없어서는 불가능한 일이었다. 실제 신라는 국가의 위기 때마다 구원 투수로서 여왕을 내세우고 있다. 27대 선덕여왕, 28대 진덕여왕, 51대 진성여왕의 등장은 바로 이 점에 연유한 것이다.

2. 선덕여왕은 어떤 인물인가요? 그의 공헌에 대해 알아봅시다.

선덕여왕(善德女王, 재위 632~647)은 신라 제27대 임금으로, 성은 김씨이며 이름은 덕만(德曼)이다. 아버지 진평왕에게 아들이 없어 장녀 덕만에게 왕위를 잇게 하니 우리나라 역사상 여성으로 왕위를 계승한 첫 번째 사례이다. 신라에는 선덕여왕 외에도 진덕여왕(眞德女王, 재위 647~654), 진성여왕(眞聖女王, 재위 887~897)이라는 두 여왕이 더 있었다. 그러나 선덕여왕은 성품이 관대하고 인자하며 사리가 밝아 재위 기간 중 안으로는 문화를 창조하고 밖으로는 국위를 선양하고, 삼국 통일의 길을 닦은 영특한 임금으로 추앙되고 있다.

*이화여자대학교 명예교수

재조명하다, 밝혀내다, 전진하다, 닦다, 리더십, 골품제, 기인하다, 구원, 투수, 연유하다, 관대하다, 인자하다, 사리, 밝다, 재위, 국위, 선양하다, 영특하다, 추앙되다

여왕의 뛰어난 예지를 보여 주는 몇 가지 사례, 즉 지기삼사(知機三事)를 들어 보면 다음과 같다. 첫째는 당나라 태종이 모란 그림과 그 씨 석 되를 보내 온 일이 있었다. 왕은 그림의 꽃을 보고 "이 꽃은 향기가 없을 것이다."라고 하였다. 씨를 심어 꽃이 피자, 과연 향기가 없었다.

둘째는 영묘사(靈廟寺) 옥문지(玉門池)에 겨울인데도 개구리들이 많이 모여들어 3, 4일 동안 울어댄 일이 있었다. 나라 사람들이 괴상히 여겨 왕에게 물었다. 왕은 급히 각간(角干) 알천(閼川) 등에게 명해 날쌘 군사 2천 명을 선발해 속히 서쪽으로 가 여근곡(女根谷)이 어딘지 찾아가면 반드시 적병이 있을 것이니 죽이라고 했다. 각간이 명을 받고 서교에 가서 묻자, 과연 여근곡이 있었고, 백제 군사 5백 명이 와 거기에 숨어 있었다. 그리하여 이들을 모두 일망타진할 수 있었다.

셋째는 왕이 아무 병도 없는데, 여러 신하들에게 "나는 아무 해 아무 날에 죽을 것이니 나를 도리천(忉利天) 속에 장사(葬事) 지내도록 하라."고 일렀다. 여러 신하들이 그 곳이 어디인지 몰라 물으니 왕이 말하기를 낭산(狼山) 남쪽이라 했다. 그 날이 되자, 왕은 과연 죽었고 여러 신하들은 낭산 양지에 장사 지냈다. 10여 년이 지난 뒤, 문무왕이 왕의 무덤 아래 사천왕사(四天王寺)를 지었다. 불경에 말하기를, "사천왕천(四天王天) 위에 도리천이 있다."고 했다. 그제야 사람들은 왕의 신령하고 성스러움을 알 수 있었다.

왕이 죽기 전에 여러 신하들이 왕에게 어떻게 해서 모란꽃에 향기가 없고, 개구리가 우는 것으로 변이 있을 것을 알았는지를 물었다. 왕이 대답했다. "꽃을 그렸는데 나비가 없으매 그 향기가 없는 것을 알 수 있었다. 또 개구리가 성난 모양을 하는 것은 병사의 형상이다. 옥문(玉門)이란 여자의 음경(陰莖)이다. 여자는 음이고 그 빛은 흰데, 흰빛은 서쪽을 뜻한다. 그러므로 군사가 서쪽에 있다는 것을 알았던 것이다. 또 남근이 여근에 들어가면 죽는 법이다. 그래서 잡기 쉽다는 것을 알았다." 이에 여러 신하들은 왕의 성스러움과 슬기로움에 탄복했다.

이와 같이 선덕여왕은 정확한 판단력과 통찰력으로 당시 삼국의 치열한 각축 속에서 통일의 과업을 하나씩 추진해 나갔다. 그는 신라가 당면한 시

3. 선덕여왕의 예지를 보여 주는 사례로는 어떤 것들이 있습니까?

되, 괴상히, 각간, 날쌔다, 속히, 일망타진하다, 신령하다, 성스럽다, 변, 성나다, 병사, 통찰력, 치열하다, 각축, 과업, 당면하다

4. 선덕여왕의 특징을 보여 주는 핵심 단어들을 찾아봅시다.

5. 삼국 통일에 있어서 김춘추와 김유신의 공헌을 알아보고 말해 봅시다.

대적 과제는 삼국 통일이라는 점을 철저히 인식하고, 그 과업을 달성하기 위해 인재 양성에 주력해 통일의 역군을 키워 냈다. 선덕여왕의 통일 리더십의 주요 덕목을 들자면 첫째, 인재 등용의 혜안이다. 모든 일을 임금 혼자 해 내기 어려운 실정에서 주위에 좋은 참모가 많았다는 것이다. 우리가 흔히 삼국 통일이라 하면 <u>김춘추</u>나 <u>김유신</u>을 연상하게 되지만, 그들이 통일의 주역으로 성장할 수 있었던 것은 당시 최고 통치자인 선덕여왕의 그들의 애국심, 충성심을 믿고 뽑아 준 혜안과 적극적인 뒷받침이 있었기 때문에 가능했던 것이다. 특히 김춘추와 김유신 집안을 결혼으로 맺어 준 것은 그들로 하여금 최대한 능력을 발휘하게 하여 통일의 주역으로 성장하는 데 토대를 마련해 주었던 것이다.

둘째, 선덕여왕의 뛰어난 정치적 감각으로 들 수 있는 것은 주변 정세를 파악하는 기민함과 외교적인 유연성을 들 수 있다. 신라가 백제의 침공을 받을 때는 고구려와의 동맹을 모색하였고, 백제와 고구려의 협공 속에서는 당나라와의 친선 관계를 도모하여 사신을 파견하고 유학생을 요청하는 등 다각 외교를 펼쳐 한반도에서 주도권을 잡을 수 있었다. 특히 당시는 당나라가 동진 정책을 취하고 있던 상황에서 그들의 세력을 십분 활용한 것이다. 그러나 당나라의 간섭이 심해질 때는 어느 정도 일정한 간격을 유지하면서 자주성을 가지고 여왕으로서의 권위와 의연함을 보였다.

첨성대

황룡사 9층 목탑(복원모형)

주력하다, 역군, 덕목, 등용, 혜안, 참모, 연상하다, 주역, 충성심, 뒷받침, 기민하다, 유연성, 침공, 동맹, 모색하다, 협공, 친선, 도모하다, 사신, 주도권, 십분, 자주성, 의연하다

셋째는 백성들의 마음을 결집할 수 있는 포용력을 갖추었다는 점이다. 오직 국가 위기를 극복하는 힘은 백성들의 단합이라는 의식을 철저히 하여 단결을 강조하였다. 즉 무기보다 무서운 것은 분열이라는 인식 아래 문화 창조로 소통하면서 결집을 이루어 냈다. 선덕여왕은 즉위하자마자 내치에 힘을 써 나라 안의 가난하고 혼자 살아갈 수 없는 사람들을 보살피도록 하는 구휼 정책을 활발히 추진했으며, 첨성대를 건립하여 하늘의 때를 헤아려 농사에 도움이 되게 하는 등 여러모로 민생의 안정에 주력하였다. 첨성대는 동양 최초의 천문 관측기구이다.

또한 당시 국가 사상인 불교를 통한 정신적 단결로 통일의 원동력을 삼았다. 선덕여왕 주변에는 훌륭한 승려가 많았다. 자장율사, 원효대사 등 당시 불교 국가에서 백성들의 신뢰를 얻는 데 큰 도움이 되었다. 분황사, 영묘사 등을 건립하고 자장을 당나라에 보내 불경을 연구시켜 불교의 일대 부흥을 가져왔다. 특히 선덕여왕은 웅대한 호국의 의지가 담긴 거대한 황룡사 9층탑을 세웠다. 황룡사 9층탑은 높이 42척(약 80미터)의 대탑으로 이를 모두 9층으로 한 뜻은 이웃의 9적을 물리쳐 복속시키기 위해 나라 이름을 새겨 넣은 것이다. 즉, 1층은 일본, 제2층은 중화, 제3층은 오월, 제4층은 탁라, 제5층은 응류, 제 6층은 말갈, 제 7층은 단국, 제 8층은 여적, 제 9층은 예맥이라고 했다.

선덕여왕은 일통삼한(一統三韓)의 통일 의식과 미래 의식을 바탕으로 뛰어난 예지를 바탕으로 재위 기간 중 많은 업적을 쌓아 삼국 통일의 기반을 넓고 단단하게 다질 수 있었던 것이다.

2. 신사임당의 예술 세계와 생활 세계

조선 시대 여성들은 유교적인 가부장적인 사회 체제의 강화로 자유롭게 활동할 수 없는 제약이 많았음에도 불구하고, 문화 방면에서 커다란 업적을 나타내고 있다. 이 시대 학문이나 예술적 재능이 뛰어난 여성들 중에서도

6. 첨성대의 건립 배경에 대해 말해 봅시다.

7. 자장율사와 원효대사는 어떤 인물인가요? 그들의 공헌에 대해 알아봅시다.

결집하다, 포용력, 단합, 분열, 소통하다, 즉위하다, 내치, 구휼, 민생, 원동력, 웅대하다, 척, 대탑, 복속(시키다), 새기다, 오월, 탁라, 응류, 말갈, 단국, 여적, 예맥, 예지, 단단하다, 다지다, 제약

8. 신사임당은 어떤 인물인가요? 그의 공헌에 대해 알아봅시다.

가장 대표적인 인물로는 신사임당(申師任堂, 1504~1551)을 들 수 있다. 신사임당은 시대적 제약에 굴하지 않고 학문과 예술 면에서 남성 못지않은 능력을 발휘하여 조선의 문화 발전에 크게 기여했다.

신사임당은 진사 신명화의 다섯 딸 중 둘째로, 어릴 때 이름은 인선이라 하였으며, 비교적 유복한 집안에서 자랐다. 어렸을 때부터 천재적 재능을 보여 주위 사람들로부터 신동이라 불렸다. 여성들에 대해 교육의 기회가 거의 차단되던 시절에 신사임당은 자신의 총명함을 아끼고 사랑했던 아버지에게서 글을 배웠고, 그림은 스스로 독학했다.

19살에 이원수와 결혼했는데, 신혼 시절 처음 3년간은 강릉 친정에 머물면서 자녀를 낳아 기르다 친정아버지 3년 상을 마치고 서울 시댁으로 들어갔다. 그녀는 홀시어머니를 극진히 봉양했으며, 성품이 유약한 남편이 선비로서 명예를 지킬 수 있도록 끊임없이 현명하게 내조했다. 7남매에 대한 자녀 교육은 너무나 잘 알려져 있는데, 조선 왕조 최고 천재로 알려지고 교육자, 학자, 정치가로서 명성을 떨친 셋째 아들 율곡 이이는 물론, 자수로 유명한 큰 딸 매창, 문장과 서예로 이름난 넷째 아들 우 등 자녀들을 모두 조선 사회의 발전에 기여한 훌륭한 인재들로 키워 냈다.

시집 생활을 하면서도 강릉에 자주 다니면서 친정어머니에 대한 효성도 지극했는데, 현재 남아 있는 신사임당의 시는 모두 친정어머니를 그리워하는 내용으로 가득 차 있다.

9. 신사임당이 쓴 친정어머니를 그리워하는 시는 그 시기 여성들의 어떠한 삶을 보여 주고 있습니까?

> 하얀 머리칼의 어머님 강릉에 계시는데
> 이내몸 서울 향해서 홀로 가는 마음
> 북쪽 마을로 고개 돌려 잠깐 동안 바라보니
> 흰 구름 내리는데 저문 산은 푸르구나
>
> -「대관령을 넘으면서 친정을 돌아보다」

> 밤마다 달을 향해 기도하노니
> 바로노니 생전에 뵈올 수가 있었으면
>
> -「사친시(思親詩)」

굴하다, 유복하다, 신동, 독학하다. 홀시어머니, 극진히, 봉양하다, 유약하다, 내조하다, 홀로 또한 신사임당의 가정은 남녀평등을 스스로 실천하여 신사임당 5자매 분재기와 신사임당의 7자녀들의 분재기는 남녀 균분상속의 귀중한 사례로 남아 있다.

　신사임당은 시, 글씨, 그림, 자수에 모두 뛰어났다. 특히 그의 그림은 7살 때부터 재주가 뛰어나 칭송이 자자했는데, 당대의 학자 어숙권은 『패관잡기(稗官雜記)』에서 사임당의 그림을 이렇게 평가하였다.

10. 어숙권과 『패관잡기』에 대해 알아봅시다.

　　신씨(사임당)는 어려서부터 그림을 공부했는데, 그의 포도 그림과 산수화는 절묘해서 평하는 자들이 안견의 그림에 버금간다고 하였다. 그러니 어찌 부녀자의 그림이라고 해서 가볍게 여길 것이며, 또 (그림 그리는 것이) 어찌 부녀자에게 합당한 일이 아니라고 나무랄 수 있겠는가.

11. 어숙권은 신사임당의 그림을 어떻게 평가하고 있습니까?

　또한 그는 산수, 풀벌레, 꽃, 과일, 새 등 주변 자연환경에서 보이는 모든 것을 사실적으로 그려 「팔폭 초충도」의 화폭에 담아 인간이 추구할 수 있는 섬세함과 아름다움의 극치를 이루어냈다. 특히 이 세상에 함께 사는 모든 미물도 생명이 있다는 존중의 연민의 마음을 찬란한 예술로 승화시켰다. 오이나 가지 등을 그려 놓으면 실물인 줄 알고 쥐가 쪼아 먹으려고 했다든가, 잔치에 시중들러 온 여인네의 치마폭이 더러워지자 그 자리에서 포도 그림을 그려 새 치마를 만들었다는 이야기 등 신사임당의 놀라운 재주와 능력에 얽힌 일화는 널리 알려져 있다. 신사임당은 그림만 잘 그린 것이 아니라, 자수도 잘 놓았으며, 글씨도 잘 썼다.

12. 이 일화는 신사임당의 어떤 인품을 말해 주고 있습니까?

「팔폭 초충도」

분재기, 균분상속, 자수, 자자하다, 절묘하다, 평하다, 버금가다, 합당하다, 화폭, 극치, 미물, 연민, 승화(시키다), 쪼다, 시중들다, 얽히다

197

13. 신사임당은 여성 의식 면에서 어떤 역할을 발휘했습니까?

여성 의식 면에서 신사임당은 현실에 순응하면서도 재능과 지혜를 발휘해 여성에게 부과된 시대적 제약을 극복하기 위해 노력했다. 즉, 신사임당은 가족 구조 속에서 조화를 통해 여성에게 부과된 어려운 여건을 최대한 설득력 있게 풀어 보려는 자세로 임하여 친정부모와 시부모에 대한 효와 정숙한 아내로서의 내조, 자녀들에게 지혜롭고 덕성스러운 어머니로서의 역할을 거의 완벽하게 이뤄 냈다. 현실에 순응해 안주한 것 같지만, 오히려 내면적인 강인함과 외면적인 유연성으로 남성 중심의 가치관을 서서히 변화시켜 여성의 존재 가치를 일깨워 주었다.

이렇게 신사임당은 남다른 학문적, 예술적 재능을 가지고 나름대로 주체적인 삶을 개척해 보려 부단히 노력함으로써 여성의 역사를 한 단계 진전시키는 데 밑거름이 되었다.

3. 시대를 앞서 살았던 여성 지식인 허난설헌

14. 허난설헌과 그의 가족에 대해 알아봅시다.

허난설헌(許蘭雪軒, 1563~1589)은 강릉 초당리에서 동인의 거두이며 당대의 문장가로 추앙받던 초당 허엽의 3남 3녀 중 셋째 딸로 태어났다. 아버지 허엽은 강릉부사로 있던 시절 초당 두부를 개발한 인물로도 널리 알려져 있다.

난설헌은 어릴 때부터 명문가에서 유복하게 자랐고, 오빠 허성, 허봉 그리고 동생인 허균이 모두 타고난 글재주가 있어 그러한 가족 분위기에서 많은 영향을 받았다.

난설헌은 5살에 서울에 올라와 처음에는 오빠들 속에서 어깨너머로 글을 깨우쳤는데, 그의 자질이 뛰어남을 알게 된 오빠 허봉의 주선으로 당대 최고의 감성파 시인이자 도가에 달통하였던 이달에게서 동생 허균과 함께 시를 배우게 됐다.

일찍이 아버지 허엽도 서경덕에게 수학하면서 도교 사상의 영향을 많이 받았고, 난설헌 형제들도 선계에 대한 책을 많이 읽어 자연 선계 시도 수십 편이나 지었다.

순응하다, 부과되다, 설득력, 풀다, 임하다, 정숙하다, 덕성스럽다, 내면적, 강인하다, 외면적, 부단히, 진전하다, 밑거름, 어깨너머, 달통하다, 선계

어젯밤 꿈에 봉래산에 올라

갈파의 물에 담긴 용의 등을 탔었네

신선들께선 푸른 구슬 지팡이를 짚고서

부용봉에서 나를 정답게 맞아 주셨네

발 아래로 아득히 동해를 굽어 보니

술잔 속의 물처럼 조그맣게 보이는구나

꽃잎의 봉황새는 피리를 불고

달빛은 고요히 황금물동이를 비추었다네

— 허난설헌의 시 「감우(感遇)」 중에서

난설헌이 7살 때 지었다는 광한전(廣寒殿)(선녀가 살고 있다는 상상 속의 궁전) 백옥루(白玉樓)(천제가 사는 상상 속의 궁전)의 상량문은 선계의 분위기가 물씬 풍기는 것으로 주위 사람들의 감탄을 자아내게 하여 그의 재주가 남달랐음을 보여 준다.

무릇 보옥으로 만든 차일은 창공에 걸려 너울거리고

구름 같은 휘장은 색상의 한계를 떠나 그저 황홀하기만 하며

은다락은 햇빛에 번쩍거리고 노을빛의 기둥은 헤매는 속세를 벗어났도다

다시 신선이 부르는 소리로 기운을 되돌리기 어려워 구슬기와의 전당을 만들었으며

이미 푸른 교룡으로 변하여 안개를 불어내어 옥수(계수나무)의 궁전을 지어 냈도다

15. 이 시에서 '옥수(계수나무)'는 어떤 의미를 갖고 있을까요?

바로 신선의 세계가 눈앞에 펼쳐지듯이 생생하게 묘사할 수 있는 뛰어난 시재를 보인 난설헌은 동생인 허균과 같이 시를 이야기하기도 하고, 또 그가 과거 시험을 볼 때 그의 시를 지도해 줄 만큼 형제 중에서도 가장 문장이 뛰어났다. 시공을 넘나드는 자유로운 시상은 소녀 시절의 꿈과 사랑을 유감없이 낭만적으로 노래했다.

갈파, 조그맣다, 물동이, 물씬, 자아내다, 남다르다, 차일, 창공, 너울거리다, 휘장, 색상, 황홀하다, 은다락, 번쩍거리다, 전당, 시재, 시공, 넘나들다, 시상, 유감없이

해맑은 가을 호수 옥처럼 새파란데
연꽃 우거진 속에다 목란 배를 매었네
물 건너 님을 만나 연꽃 따서 던지고는
행여나 누가 보았을까 한나절 부끄러웠네

허난설헌과 그의 생가

16. 허난설헌의 삶과 그 시대에 대해 알아봅시다.

이렇게 지적이고 낭만적인 그녀였지만 결혼 생활은 행복하지 못하였다. 14살에 안동 김씨 가문의 김성립과 결혼했는데, 남편의 외도로 부부 사이가 좋지 않았고, 시어머니는 냉대했으며, 두 아이를 낳았지만 일찍 죽었던 데다가 세 번째 아이는 뱃속에서 숨을 거두어 더욱 마음의 상처가 깊었다.

안팎으로 괴롭고 외로운 날들을 보내면서 자의식이 강한 그는 자신이 살고 있는 조선이라는 사회에 대해, 그리고 여성으로 태어남에 회의하였다.

17. 허난설헌의 한시가 문학사에 미친 영향에 대해 알아봅시다.

한편 어려서부터 도가 서적을 읽으며 자란 허난설헌은 하늘에 신선 세계가 있음을 믿었으며, 그곳을 이상향으로 여겼다. 허난설헌의 시에는 남편의 외도로 인한 외로움, 아이를 잃은 슬픔, 오빠의 귀양살이를 근심하는 내용 등, 자신에게 닥친 현실적인 어려움에 대해 읊은 것도 있지만, 현실과 자연을 초월해 꿈을 통한 상상력으로 선인(仙人)이 되기를 갈망하거나 신선 세계에 대한 동경이 드러나는 시가 많은 부분을 차지하고 있다.

그는 죽는 날 "내가 지었던 시들을 모두 불태워 없애 나처럼 시를 짓다가 불행해지는 여인이 없도록 하라"는 유언과 함께 초당에 가득하던 책들과 손수 지은 시를 불태우고 27세의 나이로 고요히 죽었다.

해맑다, 우거지다, 매다, 행여나, 한나절, 외도, 냉대하다, 거두다, 자의식, 회의하다, 이상향, 귀양살이, 근심하다, 갈망하다, 동경

그의 타다 남은 작품은 그의 동생 허균이 수습하여 후에 명나라에서 출간되었다. 중국에서 초희(허난설헌의 필명) 팬클럽이 생길 정도로 소녀들이 그의 작품에 매료되었다. 그녀의 시집은 중국에서도 유명해졌지만 후에 일본에서도 간행되어 널리 읽혀져 국제적으로 각광받는 16세기 조선의 대표적인 시인의 한 사람으로 빛나는 위치를 차지하게 되었다. 바로 한류의 원조라고 할 수 있다.

허난설헌은 여성의 능력과 역할이 사회적으로 정당하게 인정받으려면 먼저 여성의 지위가 향상되어야 함을 터득하고, 현실의 유교적 남녀 차별 질서를 타파하기에 주력하였던 것이다.

시대를 앞서 살았던 지식인으로서 끝없이 고뇌했던 허난설헌은 끝내 남존여비라는 봉건 제도의 벽을 뛰어넘지 못하고 좌초한 것 같지만, 오히려 현실에서의 좌절감이나 마음의 갈등을 이상 세계를 지향한 시로 표현해 승화시켰다.

이러한 그의 선구자적 의지는 후대에 다시 계승돼 그가 살았던 시대를 대변해 주는 소중한 자료로 남았을 뿐 아니라, 오늘날 여성들에게 용기와 희망의 메시지로 영원히 새겨져 있는 것이다.

18. 허난설헌의 삶은 우리에게 무엇을 말해 줄까요?

수습하다, 팬클럽, 매료되다, 각광받다, 원조, 정당하다, 타파하다, 고뇌하다, 좌초하다, 좌절감

어휘와 문법

단어

명　　사: 리더십, 골품제, 구원, 투수, 사리, 재위, 국위, 되, 각간, 변, 병사, 통찰력, 각축, 과업, 역군, 덕목, 등용, 혜안, 참모, 주역, 충성심, 뒷받침, 유연성, 침공, 동맹, 협공, 친선, 사신, 주도권, 자주성, 포용력, 단합, 분열, 내치, 구휼, 민생, 원동력, 척, 대탑, 오월, 탁라, 응류, 말갈, 단국, 여적, 예맥, 예지, 제약, 신동, 홀시어머니, 분재기, 균분상속, 자수, 화폭, 극치, 미물, 연민, 설득력, 밑거름, 어깨너머, 선계, 갈파, 물동이, 차일, 창공, 휘장, 색상, 은다락, 전당, 시재, 시공, 시상, 한나절, 외도, 자의식, 이상향, 귀양살이, 동경, 팬클럽, 원조, 좌절감

명사·관형사: 내면적, 외면적

동　　사: 재조명하다, 밝혀내다, 전진하다, 닦다, 기인하다, 연유하다, 선양하다, 추앙되다, 일망타진하다, 성나다, 당면하다, 주력하다, 연상하다, 모색하다, 도모하다, 결집하다, 소통하다, 즉위하다, 복속(시키다), 새기다, 다지다, 굴하다, 독학하다, 봉양하다, 내조하다, 평하다, 버금가다, 승화(시키다), 쪼다, 시중들다, 얽히다, 순응하다, 부과되다, 풀다, 임하다, 진전하다, 달통하다, 자아내다, 너울거리다, 번쩍거리다, 넘나들다, 우거지다, 매다, 냉대하다, 거두다, 회의하다, 근심하다, 갈망하다, 수습하다, 매료되다, 각광받다, 타파하다, 고뇌하다, 좌초하다

형용사: 관대하다, 인자하다, 밝다, 영특하다, 날쌔다, 신령하다, 성스럽다, 치열하다, 기민하다, 의연하다, 웅대하다, 단단하다, 유복하다, 유약하다, 자자하다, 절묘하다, 합당하다, 정숙하다, 덕성스럽다, 강인하다, 조그맣다, 남다르다, 황홀하다, 해맑다, 정당하다

부　　사: 괴상히, 속히, 십분, 극진히, 홀로, 부단히, 물씬, 유감없이, 행여나

어휘 연습

1. 다음 단어에 대응되는 해석을 연결해 봅시다.

    연유하다 •　　　• 어떤 세력이나 어려움에 뜻을 굽히다.
    굴하다 •　　　• 위세나 명성 따위가 널리 알려지다.
    도모하다 •　　　• 이리저리 관련이 되다.
    얽히다 •　　　• 사람의 마음이 완전히 사로잡혀 홀리게 되다.
    떨치다 •　　　• 어떤 일이 거기에서 비롯되다.
    매료되다 •　　　• 물결, 천 등이 부드럽고 느릿하게 자꾸 굽이져 움직이다.
    좌초하다 •　　　• 무엇에 대하여 의심을 품다.
    너울거리다 •　　　• 어떤 일을 이루기 위하여 대책과 방법을 세우다.
    터득하다 •　　　• (비유적으로) 곤경에 빠지다.
    회의하다 •　　　• 깊이 생각하여 이치를 깨달아 알아내다.

2. 다음 해석에 해당되는 단어를 [보기]에서 골라 봅시다.

    > 보기: 인자하다, 관대하다, 성스럽다, 절묘하다, 섬세하다,
    >   덕성스럽다, 영특하다, 기민하다, 지극하다, 유연하다

    (1) 비할 데가 없을 만큼 아주 묘하다.　　　（　　　）
    (2) 매우 찬찬하고 세밀하다.　　　（　　　）
    (3) 마음이 어질고 자애롭다.　　　（　　　）
    (4) 성질이 어질고 너그러운 데가 있다.　　　（　　　）
    (5) 마음이 너그럽고 크다.　　　（　　　）
    (6) 더할 수 없이 극진하다.　　　（　　　）
    (7) 함부로 가까이할 수 없을 만큼 고결하다.　　　（　　　）
    (8) 침착하고 여유가 있다.　　　（　　　）
    (9) 남달리 뛰어나고 훌륭하다.　　　（　　　）
    (10) 눈치가 빠르고 동작이 날쌔다.　　　（　　　）

3. 다음 단어에 대해 해석해 봅시다.

단어	해석
골품제	
구휼 정책	
동진 정책	
분재기	
가부장제	

4. 다음 표의 단어에 해당되는 한자를 써 보고 단어의 의미에 대해 생각해 봅시다.

한국어	한자	한국어	한자	한국어	한자	한국어	한자
진전하다		도모하다		복속시키다		일망타진	
연유하다		의연하다		주력하다		지기삼사	
선양하다		예지		봉양하다		자주성	
기민하다		협공		원동력		자질	
결집하다		혜안		시공		유감없이	

5. [보기]에서 알맞은 것을 골라 빈칸에 써 봅시다.

> 보기: 스스로, 십분, 극진히, 부단히, 물씬, 서서히,
> 유감없이, 끊임없이, 실컷, 천천히

(1) 서쪽 하늘의 해도 (　　) 지고 있었다.
(2) 옆에서 묵묵히 듣고 있던 친구가 (　　) 말을 꺼냈다.
(3) 무슨 일이든지 남에게 의지하지 않고 (　　) 해야 해요.
(4) 인터넷을 (　　) 활용하면 외국어 공부에도 도움이 될 수 있다.
(5) 이번 경기에서 우리 팀은 실력을 (　　) 발휘했다.
(6) 그녀는 남편을 현명하게 내조하면서 시부모님도 (　　) 봉양했다.
(7) 주방에 들어서니 생선 비린내가 (　　) 코를 찔렀다.
(8) 그는 자신의 목표를 달성하기 위해 (　　) 노력을 해 왔다.

(9) 나한테 (   ) 욕을 얻어 먹어야 정신을 차리겠어?

(10) 아내는 하루종일 (   ) 잔소리를 해댔다.

6. [보기]에서 알맞은 것을 골라 적절한 형식으로 문장을 완성해 봅시다.

> 보기: 밝다, 다지다, 마련하다, 쌓다, 굴하다, 떨치다,
> 지극하다, 대변하다, 뛰어나다, 자자하다, 벗어나다

(1) 한국의 전통문화가 한류의 토대를 _____ 할 수 있다.

(2) 심청이는 효성이 _____ 눈먼 아버지 심봉사의 눈을 뜨게 하기 위해 인당수에 몸을 던졌다.

(3) 신사임당은 어려서부터 재주가 뛰어나서 주위 사람들로부터 칭송이 _____.

(4) 신사임당은 시대적 제약에 _____ 않고 남성 못지않은 능력을 발휘했다.

(5) '죽림칠현'은 현실 세계에 불만을 품고 속세를 _____ 은거 생활을 택했다.

(6) 나라의 발전을 위해서 기반을 단단하게 _____ 일은 매우 중요한 것이다.

(7) 허난설헌의 선구자적 의지는 그가 살았던 시대를 _____ 소중한 자료로 후세에 남겨졌다.

(8) 세종대왕은 재위 기간 중 조선의 발전을 위해 정말 많은 업적을 _____.

(9) 율곡 이이는 조선 왕조 최고의 천재로 알려져 있고 교육자, 학자, 정치가로 명성을 _____.

(10) 허난설헌은 시에 자질이 _____ 많은 훌륭한 시를 지었는데 그녀의 시집은 후에 명나라에서 출간됐고 일본에서도 출간되어 널리 알려지기도 했다.

문법 설명

1. -는 법이다

어떤 동작이나 상태가 이미 그렇게 정해져 있다거나 그것이 당연하다는 뜻을 나타낸다.

▶ 진정한 자유에는 그에 따른 법칙이나 책임이 따르는 법이다.

▶ 조급하면 할수록 실수를 하는 법이다.

▶ 부모님이 자식을 위해 끝내는 양보를 하는 법이란다.

▶ 하늘이 무너져도 솟아날 구멍이 있는 법이다. 너무 걱정 마.

2. -자면

어떤 의도나 목적을 가정하여 그 조건에 따라 다른 어떤 행위를 하거나 상태에 있음을 진술할 때 쓰인다.
- ▶ 선덕여왕의 통일 리더십의 주요 덕목을 들자면 첫째, 인재 등용의 혜안이다.
- ▶ 예를 들자면 다음과 같은 경우가 있다.
- ▶ 이번 경기에서 우승을 하자면 지금부터 열심히 연습을 해야 할 것이다.
- ▶ 유학을 가자면 사전에 여러 가지 준비를 해야 할 것입니다.

3. -(으)ㄴ/는 데다가

앞의 상태나 행위에 다른 상태나 행위가 덧붙여져서 정도가 더 심해지거나 강해짐을 나타낸다.
- ▶ 허난설헌은 두 아이를 낳았지만 일찍 죽었던 데다가 세 번째 아이는 뱃속에서 숨을 거두어 더욱 마음의 상처가 깊었다.
- ▶ 비가 오는 데다가 바람까지 분다.
- ▶ 배가 고픈 데다가 춥기도 했다.
- ▶ 얼굴이 여윈 데다가 새까맣게 탔다.
- ▶ 열이 나는 데다가 기침도 많이 해요.

앞 문장과 뒤 문장의 주어는 같아야 한다.
- ▶ 큰 애는 사탕을 물고 있는 데다가 작은 애는 과자를 먹어요. (×)
- ▶ 큰 애는 사탕을 물고 있는 데다가 과자도 먹어요. (O)

앞 문장과 뒤 문장에서 말하는 것 사이에는 일관성이 있어야 한다.
- ▶ 친구는 술을 좋아하는 데다가 담배를 싫어해요. (×)
- ▶ 친구는 술을 좋아하지 않는 데다가 담배도 싫어해요. (O)

문법 연습

1. 다음을 연결하고 '-자면'을 사용하여 문장을 만들어 봅시다.

한국에서 살다 •	• 자기 자신이 실력이 있다
젊음을 유지하다 •	• 한국 사회와 문화를 알다
다른 사람의 결점을 잡다 •	• 지금부터 열심히 벌다
그날 겪은 일을 말하다 •	• 당연히 신사임당이다
다른 사람의 인정을 받다 •	• 몇 날 며칠이 걸리다
자기 집을 마련하다 •	• 운동을 꾸준히 하다
한국에서 현모양처의 모범을 들다 •	• 끝이 없다

(1) 한국에서 살자면 한국 사회와 문화를 알아야 한다.
(2) _____
(3) _____
(4) _____
(5) _____
(6) _____
(7) _____

2. '-(으)ㄴ/는 데다가'를 사용하여 문장을 완성해 봅시다.

(1) 그 사람은 _____ 열심히 노력하지도 않는다.
(2) 영희는 _____ 공부도 잘한다.
(3) 친구는 _____ 직장도 없다.
(4) 그 식당은 _____ 음식 맛도 별로 좋지않다.
(5) 그 사람은 _____ 친구도 없다.
(6) _____ 길까지 얼어붙어 운전을 하기 힘들었다.

3. [보기]에서 알맞은 것을 골라 적절한 형식으로 대화를 완성해 봅시다.

> 보기: -자면, -려면, -는 법이다, -는 것이 당연하다,
> 에도 불구하고, 와/과 상관없다

(1) 가: 아들이 기어이 우리가 반대하는 결혼을 한대요.

　　나: 워낙 부모가 자식한테는 (지다) ＿＿＿＿＿＿＿＿＿＿＿＿＿＿＿＿＿.

(2) 가: 어떻게 하면 학문 연구를 잘할 수 있을까요?

　　나: 학문 연구를 (잘하다) ＿＿＿＿＿＿＿＿＿＿＿＿＿ 우선 마음부터 가라앉히고 책을 읽어야 해요.

(3) 가: 그 브랜드 화장품이 정말 비싸던데요.

　　나: 그 화장품은 비싼 (가격) ＿＿＿＿＿＿＿＿＿＿＿＿＿ 인기가 많아요.

(4) 가: 졸업한 후 유럽으로 유학을 가고 싶어요.

　　나: (유학을 가다) ＿＿＿＿＿＿＿＿＿＿＿＿＿ 지금부터 관련 전공 분야를 열심히 준비해야 겠네요.

(5) 가: 어쩌면 그럴 수가 있지요? 제가 지금까지 그에게 얼마나 많은 도움을 주었는데……

　　나: 많은 도움을 받다 보니 오히려 (도움을 받다) ＿＿＿＿＿＿＿＿＿＿＿ 생각하고 있겠지요.

(6) 가: 이번 사건에 대해 해명을 해 줘야 할 거 아닙니까?

　　나: 이번 사건은 어쩔 수 없지만, (저의 의지) ＿＿＿＿＿＿＿＿＿＿＿＿＿.

4. [보기]에서 제시된 문법 사항 4개 이상을 사용하여 '내가 가장 존경하는 여성'이라는 주제로 400자 내외의 글을 써 봅시다.

> 보기: -는 법이다, -(으)ㄴ/는 데다가, -는데, -자면,
> -듯이, -거나, (이)나, -기 마련이다

 **이해와 표현**

내용 학습

1. 선덕여왕, 신사임당, 허난설헌 등 인물의 특징에 해당하는 사례를 본문의 내용을 참조하여 정리해 봅시다.

인물	특징	사례
선덕여왕	뛰어난 리더십	
신사임당	현모양처	
	예술성이 뛰어남	
	효성이 지극함	
허난설헌	시적 재능이 뛰어남	
	시대적 선구자	

2. 다음 허난설헌이 지은 시를 중국어로 번역해 봅시다.

어젯밤 꿈에 봉래산에 올라　　　　　　　_____

갈파의 물에 담긴 용의 등을 탔었네　　　_____

신선들께선 푸른 구슬 지팡이를 짚고서　_____

부용봉에서 나를 정답게 맞아 주셨네　　_____

발 아래로 아득히 동해를 굽어 보니　　　_____

술잔 속의 물처럼 조그맣게 보이는구나　_____

꽃잎의 봉황새는 피리를 불고　　　　　　_____

달빛은 고요히 황금물동이를 비추었다네　_____

210

심화 학습

1. 한국 역사를 빛낸 선덕여왕, 신사임당, 허난설헌 등이 현대 여성에게 주는 시사점을 생각하여 정리해 봅시다.

인물	현대 여성에게 주는 시사점
선덕여왕	
신사임당	
허난설헌	

2. 중국과 한국 여성의 사회적 지위와 역할에 대해 예를 들어 말해 봅시다.

	시대	여성의 지위	여성의 역할
중국	전통 사회		
중국	현대 사회		
한국	전통 사회		
한국	현대 사회		

3. 백년 후의 여성의 사회적 역할에 대해 상상해 봅시다.

한국 문화 익히기

한국의 여성 인물들*

1. 거상 김만덕

김만덕(金萬德, 1739~1812)은 조선 시대의 여자 상인이다. 김만덕은 중개상인 김응열의 딸로 태어났으며 어려서 부모를 잃고 12세에 고아가 됐다. 친척 집에서 겨우 목숨을 이어 가던 만덕은 나이 든 기녀의 집에 의탁했다. 어른이 된 후, 만덕은 기녀가 천시 받는 직업임을 알게 되어, 제주 목사 신광익에게 탄원해 양인(良人)으로 환원됐다. 양인이 된 만덕은 당시 활발해진 해상을 이용한 유통업에 일찍 눈을 떠 제주 특산물인 귤, 미역, 말총, 양태(갓의 재료)를 육지의 옷감, 장신구, 화장품과 교환해 판매하는 상업에 종사해 부를 쌓아 유명한 여성 기업인이 됐다.

1793년 제주도에서는 세 고을에서만 6백여 명이나 아사할 정도로 심각한 흉년이 계속됐다. 그녀는 전 재산을 풀어 육지에서 사온 쌀을 모두 진휼미로 기부해 빈사 상태의 제주도 백성들을 구제했다. 이 때문에 제주에서는 '의녀(義女)'로 불렸다. 그녀의 선행이 조정에까지 알려지자, 1796년에 정조는 비록 명예직이었으나 '의녀반수'라는 여성으로서의 최고의 벼슬을 주었다. 또한 제주 목사 이우현을 통해 만덕의 소원을 물어 보는데, 만덕은 한양에서 궁궐을 보고, 금강산을 보고 싶다고 했다. 대답을 들은 정조는 "관의 허락없이 제주도민은 섬 밖으로 나가지 못한다."라는 규칙을 깨고 만덕의 소원을 들어 주었다고 한다. 이러한 김만덕의 업적을 기리기 위해 제주도에서는 해마다 김만덕 축제를 열고, 김만덕기념사업회에서는 '나눔 쌀 천 섬 쌓기, 만 섬 쌓기 행사'를 진행하고 있다.

2. 민비 민자영

민비 민자영(閔玆暎, 1851~1895)은 1851년 9월 25일 경기도 여주시 근동면 섬락리에서 노론의 거물이었던 민유중(閔維重)의 6대손 민치록(閔致祿)과 재취부인 한산 이씨의 외동딸로 태어났다. 그녀는 서양 세력이 동양으로 진출하는 이른바 서세동점(西勢東漸)의 거친 파도 속에서 남편 고종(高宗)과 함께 일제 침략자들의 야심에 정면으로 맞서다 비극적인 최후를 맞이했던 조선의 여걸이었다.

1866년 흥선대원군(興宣大院君)은 안동 김씨 세력을 견제하고 정파의 정통성을 확보하기 위해서 여흥 민씨 가문인 민비를 왕비로 간택했다. 궁중에 들어온 민비는 대원군과 부대부인(府大夫人)을 공경하고 궁중의 모든 어른들과 궁인들에게 잘해 칭찬이 자자했다. 비록 고종에게는 따뜻한 사랑을 받지 못했지만 『춘추좌씨전(春秋左氏傳)』과 경전을 읽으면서 학문을 연마하고 왕비로서의 입지를 확보하는 데 노력을 기울였다.

민비는 후에 왕권을 시아버지 흥선대원군의 손에서 남편인 고종에게로 넘기는 과정에서 중요한 역할을

---

* 이 부분의 내용은 '위키백과(http://ko.wikipedia.org)', '네이버 지식백과(http://terms.naver.com)', 『함께가는 여성』(한국여성민우회, 2004, 7~8월호) 등을 참조하여 정리한 것이다.

했으며 고종의 정책 결정에 지대한 영향을 미치면서 정국을 이끌어 가는 중심축이 됐다. 또한 임오군란(壬午軍亂)으로 절체절명(絕體絕命)의 고비를 넘긴 그녀는 고종을 보좌하면서 조선의 근대화를 선도했다. 또한 일본이 청일 전쟁의 승리를 발판으로 조선 병탄의 야심을 숨기지 않는 위급한 상황에 이르렀을 때 그녀는 강대국 러시아와 미국 등을 끌어들이는 이이제이(以夷制夷)의 외교 전략을 구사함으로써 국체를 보전하고자 했다.

3. 열사 유관순

유관순(柳寬順, 1902~1920)은 충남 천안군 동면 용두리에서 태어났다. 아버지 유중권, 어머니 이소제의 다섯 자녀 가운데 둘째 딸이었다. 감리 교도였던 유중권과 독실한 신앙심과 근대적인 여성 의식을 갖추었던 어머니의 영향을 받은 유관순은 어린 시절부터 자유와 평등의 정신을 익혔고, 생활 속에서 식민지 체제의 부당함을 체험하면서 뚜렷한 민족 의식을 갖게 됐다.

1916년, 그녀는 미국인 여자 선교사 엘리스 샤프(Elice Shape)의 추천으로 감리교단이 서울에 설립한 이화학당 보통과 3학년에 교비생으로 편입학했고, 1919년 우수한 성적으로 고등부로 진학하였다. 1919년 3월 1일 유관순은 이문회(以文會)를 통해 독립만세운동 계획을 전해 듣고 서명학, 김분옥 등 6명의 고등과 1학년 학생들과 함께 시위에 동참했다. 시위에서 유관순은 바로 그 중심에 있었다.

1919년, 4월 1일 아우내 장터에서 유관순은 만세운동의 주모자로 체포됐다. 일제의 재판과 판결을 전혀 수용할 수 없었던 그녀는 옥중에서 끊임없이 저항했고, 1920년 3월 1일에는 동지들과 함께 옥중만세운동을 벌이기도 했다. 이에 간수들은 골칫거리 유관순을 어둡고 축축한 지하 독방에 감금하고 무자비한 고문을 가했다. 1920년 9월 28일, 유관순은 형기를 3개월 남겨 둔 채 18세의 꽃다운 나이로 세상을 떠나고 말았다.

 더 읽어 보기

강명관, 『그림으로 읽는 조선 여성의 역사』, 휴머니스트, 2012.
박무영 외, 『조선의 여성들, 부자유한 시대에 너무나 비범했던』, 돌베개, 2004.
이배용, 『한국 역사 속의 여성들』, 어진이, 2005.
이배용 외, 『우리 나라 여성들은 어떻게 살았을까』(1~2), 청년사, 1999.

엄마를 부탁해

 ## 학습 목표

★ 한국 어머니의 이미지에 대해 알아봅시다.
★ 어머니의 사랑에 대해 생각해 봅시다.

 ## 준비하기

1. 다음은 어머니의 모성애에 대한 대화입니다. 잘 듣고 말해 봅시다.

2. 다음 내용에 대해 생각해 봅시다.

   ❓ 다음 그림을 보고 여러분이 생각하는 이상적인 어머니의 이미지에 대해 말해 봅시다.

   ❓ '엄마를 부탁해'라는 제목을 보고 이 소설이 어떤 내용일지 추측해 봅시다.

엄마를 부탁해

신경숙*

1. '너'는 누구인지 짐작해 봅시다.

엄마를 잃어버린 지 일주일째다.

오빠 집에 모여 있던 너의 가족들은 궁리 끝에 전단지를 만들어 엄마를 잃어버린 장소 근처에 돌리기로 했다. 일단 전단지 초안을 짜 보기로 했다. 옛날 방식이다. 가족을 잃어버렸는데, 그것도 엄마를 잃어버렸는데, 남은 가족들이 할 수 있는 일은 몇 가지 되지 않았다. 실종 신고를 내는 것, 주변을 뒤지는 것, 아무나 붙잡고 이런 사람 보았느냐 묻는 것, 의류 쇼핑몰을 운영하는 남동생이 인터넷에 엄마를 잃어버리게 된 이유와 잃어버린 장소와 엄마의 사진을 올리고 비슷한 분을 보게 되면 연락해 달라고 게시하는 것. 엄마가 갈 만한 곳이라도 찾아다니고 싶었으나 이 도시에서 엄마 혼자 갈 수 있는 곳은 없다는 것을 너는 알고 있었다. 글을 쓰는 사람이니 문안 작성은 네가 해라, 오빠가 너를 지명했다. 글을 쓰는 사람. 너는 해서는 안 될 일을 하다가 들킨 것처럼 귀밑이 붉어졌다. 과연 네가 구사하는 어느 문장이 잃어버린 엄마를 찾는 데 도움이 될지.

2. 잃어버린 가족을 찾기 위해 어떤 방법들이 동원될 수 있는지 생각해 봅시다.

1938년 7월 24일생이라고 엄마의 생년월일을 적는데 아버지가 엄마는 1936년생이라고 했다. 주민 등록상에만 38년으로 되어 있을 뿐 실제로는 36년생이라는 것이다. 너는 처음 듣는 얘기였다. 아버지는 그 시절엔 다 그렇게 했다고 했다. 태어나서 백일을 넘기지 못하고 죽는 아이들이 많아서 이삼 년 키워 본 다음 호적에 올렸다는 것이다. 38이라는 숫자를 36이라고 고쳐 적으려는데 오빠가 신상명세서이니 38년생으로 적어야 한다고 했다. 이건 우리가 만드는 전단지이고 여기가 동사무소나 구청도 아닌데 사

---

* 신경숙(申京淑, 1963~), 소설가. 문예중앙 신인문학상에 「겨울 우화」가 당선되어 등단했다. 1993년 출간된 「풍금이 있던 자리」가 좋은 평가를 받으며 일약 스타 작가로 도약했다. 인물들의 심리를 섬세하고 서정적으로 묘사하는 데 능숙하며, 1990년대 문학의 새로운 지평을 열어 가는 작가로 평가받고 있다. 주요 작품으로는 「외딴 방」(1999), 「기차는 7시에 떠나네」(1999), 「깊은 슬픔」(2006) 등이 있다.

전단지, 돌리다, 초안, 실종, 신고, 뒤지다, 붙잡다, 게시하다, 문안, 지명하다, 신상명세서, 동사무소, 구청

실보다 등록된 것을 적어야 하나? 의문이 들었지만 너는 묵묵히 36이라 적은 숫자를 다시 38로 고쳤다. 그러면 7월 24일이라는 엄마의 생일은 제대로 된 것일까? 생각하면서.

너의 엄마는 몇 해 전부터 내 생일은 따로 챙기지 마라, 했다. 아버지의 생일이 엄마의 생일 한 달 전이었다. 예전엔 생일이나 다른 기념할 일이 생기면 너를 비롯한 도시의 식구들이 J시의 엄마 집으로 이동하곤 했다. 다 모이면 직계만 스물둘이었다. 엄마는 식구들이 모이는 왁자한 생태를 좋아했다. 식구들이 모이게 되면 며칠 전에 새 김치를 담그고, 시장에 나가 <u>고기를 끊어 오고</u>, 치약과 칫솔들을 준비했다. 돌아갈 때 한 병씩 나눠 주려고 참기름을 짜고 참깨 들깨를 따로 볶아 찧었다. 가족들을 기다릴 즈음 너의 엄마는 동네 사람들이나 시장통에서 만나는 사람들과 얘기할 때 단연 활기를 띠었고 <u>은근히 자부심이 배어나는</u> 몸짓과 말투를 보였다. 헛간에는 엄마가 철 따라 담가 놓은 매실즙이며 산딸기즙이 담긴 크고 작은 유리병들이 즐비했다. 도시의 식구들에게 퍼 줄 황석어젓이며 멸치속젓이며 조개 젓갈들이 엄마의 항아리들을 가득 채우고 있었다. 양파가 좋다는 말이 들리면 양파즙을 만들어서, 겨울을 앞두고는 감초를 넣은 늙은 호박즙을 짜서, 도시의 식구들에게 보냈다. 너의 엄마 집은 도시의 식구들을 위해 사시사철 뭔가 제조하는 공장과도 같았다. 장이 담가지고 청국장이 발효되고 쌀이 찧어지는, 언제부턴가 도시 식구들이 J시에 가는 일보다 엄마가 아버지와 함께 도시로 오는 일이 많아졌다. 그러다가 아버지와 엄마의 생일도 도시의 식당에서 밥을 먹는 걸로 대신하기 시작했다. 그래야 움직임이 단출하긴 했다. 급기야 엄마는 내 생일은 아버지와 함께 쇠자, 했다. 한여름이라 날도 더운 데다 이틀 사이로 지내야 하는 여름 제사가 두 번이나 있는데 그 틈에 언제 생일을 다 챙기겠느냐고 했다. 처음에 너의 가족들은 엄마가 그리 주장해도 그게 무슨 소리냐며 엄마가 도시에 오지 않으려 하면 몇몇이라도 시골집에 내려가 엄마 생일을 챙기곤 했다. 그러다

3. '고기를 끊어 오다'는 무슨 뜻인가요?

4. 어머니는 왜 은근히 자부심을 보였을까요?

직계, 왁자하다, 참기름, 참깨, 들깨, 찧다, 즈음, 활기, 띠다, 은근히, 배어나다, 헛간, 철, 매실즙, 산딸기즙, 즐비하다, 황석어젓, 멸치속젓, 젓갈, 항아리, 감초, 사시사철, 제조하다, 청국장, 발효되다

5. 어머니의 생신을 안 챙기게 된 이유가 무엇인지 말해 봅시다. 그리고 여러분은 부모님의 생신을 어떻게 챙겨 드리는지 말해 봅시다.

6. 어머니는 왜 사진 찍히는 걸 싫어하셨을까요?

가 아버지 생일에 엄마의 선물까지 함께 사기 시작했고 엄마 생일 당일은 슬그머니 지나가게 되었다. 식구들 숫자대로 양말 사기를 좋아하던 엄마의 장롱엔 가져가지 않은 양말들이 수북이 쌓이기 시작했다.

> 이름: 박소녀
> 생년월일: 1938년 7월 24일생(만 69세)
> 용모: 흰머리가 많이 섞인 짧은 파마머리, 광대뼈 튀어나옴. 하늘색 셔츠에 흰 재킷, 베이지색 주름치마를 입었음.
> 잃어버린 장소: 지하철 서울역

엄마의 사진을 어느 걸 쓰느냐를 두고 의견이 갈라졌다. 최근 사진을 붙여야 한다는 데는 모두 동의했지만 누구도 엄마의 최근 사진을 가지고 있지 않았다. 너는 언제부턴가 <u>엄마가 사진 찍히는 걸 매우 싫어했다는 걸</u> 생각해 냈다. 가족사진을 찍을 때도 엄마는 어느 틈에 빠져나가, 사진에는 엄마 모습만 보이지 않았다. 아버지 칠순 때 찍은 가족사진 속의 엄마 얼굴이 사진으로 남은 가장 최근 모습이었다. 그때의 엄마는 물빛 한복을 입고 미장원에 가 업스타일로 머리를 손질하고 입술에 붉은빛이 도는 루주를 바른, 한껏 멋을 낸 모습이었다. 사진 속 엄마를 실종되기 전의 모습과는 너무 달라 그 사진을 따로 확대해 붙여 본들 사람들이 그 사람이 이 사람이라는 걸 알아보지 못하리라는 것이 네 남동생의 의견이었다. 인터넷에 그 사진을 올렸더니 어머님이 예쁘시네요, 길을 잃어버릴 분 같지 않은데요, 라는 댓글이 올라온다고 했다. 너희는 각자 엄마의 다른 사진을 가지고 있는지 다시 찾아보기로 했다. 큰오빠는 너에게 문구를 더 보충해 보라고 했다. 네가 큰오빠를 물끄러미 바라보자 좀더 호소력 있는 문구를 생각해 보라고 했다. 호소력 있는 문구. 어머니를 찾아 주세요, 라고 쓰니 너무 평범하다고 했다. 어머니를 찾습니다, 라고 쓰니 그게 그거고 어머니라는 말이 너무 정중하니 엄마, 로 바꿔 보라고 했다. 우리 엄마를 찾습니다, 라고 쓰니 어린애스럽다고 했다. 윗분을 보면 꼭 연락 바랍니다, 라고 쓰자

슬그머니, 수북이, 광대뼈, 튀어나오다, 재킷, 베이지색, 주름치마, 갈라지다, 물빛, 업스타일, 손질하다, 붉은빛, 돌다, 루주, 실종되다, 댓글, 물끄러미, 호소력, 정중하다, 윗분

큰오빠가 넌 대체 작가라는 사람이 그런 말밖에 쓸 수 없냐! 버럭 소리를 질렀다. 큰오빠가 원하는 <u>호소력 있는 문구</u>가 무엇인지 너는 생각해 낼 수가 없었다. 호소력이 따로 있어? 사례를 한다고 쓰는 것이 호소력이야, 작은오빠가 말했다. 사례를 섭섭지 않게 하겠습니다. 라고 쓰자 사례를 섭섭지 않게? 이번엔 올케가 그렇게 적으면 안 된다고 했다. 분명한 액수를 적어야 사람들이 관심을 갖는다고.

- 그럼 얼마를 적을까요?
- 백만 원?
- 그건 너무 적어요.
- 삼백만 원?
- 그것도 적은 것 같은데?
- 그럼 오백만 원.

오백만 원 앞에서는 누구도 토를 달지 않았다. 너는 오백만 원의 사례금을 드리겠습니다, 라고 적고 마침표를 찍었다. 작은오빠가 '사례금: 오백만 원'으로 고치라고 했다. 남동생이 오백만 원을 다른 글자보다 키우라고 했다. 각자 집으로 돌아가 엄마의 사진을 찾아 보고 적당한 게 있으면 바로 네 이메일로 보내 주기로 했다. 전단지 문안을 더 보충해서 인쇄하는 일은 네가, 그것을 각자에게 배송하는 일은 남동생이 맡기로 했다. 전단지 나눠 주는 아르바이트생을 따로 구할 수도 있어, 네가 말하자, 그런 우리가 해야지, 큰오빠가 말을 받았다. 평일엔 각자 일을 하는 틈틈이, 주말엔 모두 다 함께. 그렇게 언제 엄마를 찾아? 네가 투덜거리자, 큰오빠는 해 볼 수 있는 일은 다하고 있어, 이건 가만 있을 수 없으니까 하는 일이다, 고 했다. 해 볼 수 있는 일 뭐? 신문 광고. 신문 광고가 해 볼 수 있는 일의 다야? 그럼 어떻게 할까? 내일부터 모두 일을 그만두고 이 동네 저 동네 무조건 헤매고 다닐까? 그렇게 해서 엄말 찾을 수 있다고 보장만 되면 그리해 보겠다. 너는 큰오빠와의 실랑이를 그만두었다. <u>지금까지의 습성. 오빠니까 오빠가 어떻게 해 봐라! 고 늘 미루는 마음이던 습성</u>이 이런 상황에도 작동하고 있음을 깨달았기 때문이다. 너의 가족들은 큰오빠 집에 아버지를 두고

7. 잃어버린 사람을 찾기 위한 호소력이 있는 문구로는 어떤 것이 있는지 생각해 봅시다.

8. 왜 이런 습성이 생겼는지 생각해 봅시다.

버럭, 사례, 올케, 토, 사례금, 마침표, 배송하다, 틈틈이, 실랑이, 작동하다

서둘러 헤어졌다. 헤어지지 않으면 또 싸우게 될 것이다. 지난 일주일 동안 줄곧 그래 왔다. 엄마의 실종을 어떻게 풀어 나가야 할지 상의하러 모였다가 너의 가족들은 예기치 않게 지난날 서로가 엄마에게 잘못한 행동들을 들춰내었다. 순간순간 모면하듯 봉합해 온 일들이 툭툭 불거지고 결국은 소리를 지르고 담배를 피우고 문을 박차고 나갔다. 너는 엄마를 잃어버렸다는 얘길 처음 듣자마자 어떻게 이렇게 많은 식구들 중에서 서울역에 마중 나간 사람이 한 사람도 없느냐고 성질을 부렸다.

- 그러는 너는?

나? 너는 입을 다물었다. 너는 엄마를 잃어버린 지 나흘 후에나 알았으니까. 너의 가족들은 서로에게 엄마를 잃어버린 책임을 물으며 스스로들 상처를 입었다.

9. '너'의 가족 관계를 정리해 봅시다.

오빠 집에서 나온 너는 지하철을 타고 집으로 가다가 엄마가 사라진 지하철 서울역에서 내렸다. 엄마를 잃어버린 장소로 가는 사이 수많은 사람들이 네 어깨를 치고 지나갔다. 아버지가 엄마 손을 놓친 자리에 서 있는 동안에도 사람들은 네 어깨를 앞에서 뒤에서 치고 지나갔다. 누구도 미안하다고 말하지 않았다. 너의 엄마가 어쩔 줄 모르고 있던 그때도 사람들은 그렇게 지나갔을 것이다. 네가 도시로 가기 위해 엄마 곁을 떠나기 며칠 전 엄마는 너의 손을 잡고 시장통 옷가게로 갔다. 네가 아무 장식이 없는 민짜 원피스를 고르자 엄마는 어깨와 치마 끝단에 프릴이 달린 것을 네 앞에 내밀었다. 이거 어떠냐! 너는 에이……하며 밀쳤다. 왜? 입어 보렴. 그때만 해도 젊었던 엄마가 눈을 동그랗게 떴다. 프릴 달린 원피스와 엄마가 머리에 쓴 때에 전 수건은 서로 다른 세상처럼 대조적이었다. 유치해요. 내 말에 엄마는 그러냐? 하면서도 아쉬움이 남는지 자꾸만 원피스를 앞뒤로 살폈다. 내가 너라믄 이걸 입어 보겠구만. 유치하다고 말한 게 미안해서 그건 엄마 취향도 아니잖아, 했을 때 너의 엄마는 아니다, 엄만 이런 옷이 좋아, 입을 수 없었을 뿐이다, 했다.

예기하다, 들춰내다, 모면하다, 봉합하다, 툭툭, 불거지다, 박차다, 민짜, 끝단, 프릴, 밀치다, 절다, 대조적, 취향한 인간에 대한 기억은 어디까지일까, 엄마에 대한 기억은?

 엄마가 곁에 있을 땐 까마득히 잊고 있던 일들이 아무데서나 불쑥불쑥 튀어나오는 통에 너는 엄마 소식을 들은 뒤 지금까지 어떤 생각에도 일 분 이상 집중할 수가 없었다. 기억 끝에 어김없이 찾아드는 후회들. 그때 그옷을 입어라도 볼걸, 너는 어쩌면 엄마가 쭈그리고 앉아 있었을지도 모를 자리에 무릎을 접고 앉아 보았다. 기어이 네가 원하는 민짜 원피스를 고른 며칠 뒤에 너는 이 서울역에 도착했다. 너를 서울에 데려다주러 온 엄마는 위압적으로 내려다보는 빌딩도 무찌를 듯한 걸음걸이로, 오가는 인파 속에서도 너의 손을 꼭 잡고 광장을 걸어가 시계탑 밑에서 오빠를 기다렸다. 그 엄마가 길을 잃다니. 지하철이 들어오는 불빛이 보이자, 사람들이 몰려들다가 앉아 있는 네가 거치적거리는지 힐끔거렸다.

 너의 엄마가 지하철 서울역에서 아버지의 손을 놓친 그때 너는 중국에 있었다. 북경에서 열린 북 페어에 동료 작가들과 함께 있었다. 나중에 생각해 보니 너의 엄마를 지하철 서울역에서 잃어버린 그 시간은 네가 북 페어의 한 부스에서 중국어로 번역된 네 책을 들여다보고 있던 때이기도 했다.
<후략>

10. 어머니에 대한 여러분들의 기억을 말해 봅시다.

11. 글쓴이는 왜 어머니가 실종되었을 때 '너'가 중국 북 페어에 있다는 사실을 강조할까요?

12. 이 소설의 서술자는 누구인지 생각해 봅시다.

까마득히, 불쑥불쑥, 어김없이, 쭈그리다, 위압적, 무찌르다, 걸음걸이, 인파, 시계탑, 불빛, 몰려들다, 거치적거리다, 힐끔거리다, 북 페어, 부스

 **어휘와 문법**

단어

- 명 사: 전단지, 초안, 실종, 신고, 문안, 신상명세서, 동사무소, 구청, 직계, 참기름, 참깨, 들깨, 즈음, 활기, 헛간, 철, 매실즙, 산딸기즙, 황석어젓, 멸치속젓, 젓갈, 항아리, 감초, 사시사철, 청국장, 광대뼈, 재킷, 베이지색, 주름치마, 물빛, 업스타일, 붉은빛, 루주, 댓글, 호소력, 윗분, 사례, 올케, 토, 사례금, 마침표, 실랑이, 민짜, 끝단, 프릴, 취향, 걸음걸이, 인파, 시계탑, 불빛, 북 페어, 부스
- 명 사·관형사: 대조적, 위압적
- 동 사: 돌리다, 뒤지다, 붙잡다, 게시하다, 지명하다, 왁자하다, 찧다, 띠다, 배어나다, 제조하다, 발효되다, 튀어나오다, 갈라지다, 손질하다, 돌다, 실종되다, 배송하다, 작동하다, 예기하다, 들춰내다, 모면하다, 봉합하다, 불거지다, 박차다, 밀치다, 절다, 쭈그리다, 무찌르다, 몰려들다, 거치적거리다, 힐끔거리다
- 형용사: 즐비하다, 단출하다, 정중하다
- 부 사: 은근히, 슬그머니, 수북이, 물끄러미, 버럭, 틈틈이, 툭툭, 까마득히, 불쑥불쑥, 어김없이

어휘 연습

1. 다음 예와 같이 빈칸에 합성어를 써 봅시다.

    (1) 물빛, 불빛, 붉은빛, _____, _____, _____
    (2) 사례금, 벌금, _____, _____, _____
    (3) 구청, 시청, _____, _____, _____
    (4) 황석어젓, 멸치속젓, _____, _____, _____
    (5) 청국장, 된장, _____, _____, _____
    (6) 주름치마, 앞치마, _____, _____, _____
    (7) 광대뼈, 등뼈, _____, _____, _____

222

2. 다음 단어에 대응되는 해석을 연결해 보고 알맞은 것을 골라 적절한 형식으로 문장을 완성해 봅시다.

몰려들다	•	• 여러 사람 가운데 누구의 이름을 지정하여 가리키다.
게시하다	•	• 정신이 어지러울 만큼 떠들썩하다.
지명하다	•	• 거추장스러워서 자꾸 거슬리거나 방해가 되다.
와자하다	•	• 팔다리를 우그려 몸을 작게 움츠리다.
작동하다	•	• 여럿이 떼를 지어 들어오다.
밀치다	•	• 한쪽 다리가 짧거나 다쳐서 걸을 때에 몸을 한쪽으로 기우뚱거리다.
절다	•	• 여러 사람에게 알리기 위하여 내붙이거나 내걸어 두루 보게 하다.
쭈그리다	•	• 힘껏 밀다.
거치적거리다	•	• 어떤 일이나 책임을 꾀를 써서 벗어나다.
힐끔거리다	•	• 적을 쳐서 이기거나 없애다.
모면하다	•	• 봉하여 붙이다.
봉합하다	•	• 기계 따위가 작용을 받아 움직이다. 또는 기계 따위를 움직이게 하다.
무찌르다	•	• 가볍게 곁눈질하여 자꾸 슬쩍슬쩍 쳐다보다.

(1) 김 회장은 은퇴하면서 셋째 아들을 후계자_____ 큰 파란을 일으켰다.

(2) 졸음운전을 하다 사고를 냈다. 다행히 주변에 지나가는 차도 사람도 없어서 대형사고를 _____.

(3) 남편은 안아 달라는 아이를 _____ 안방으로 들어갔다.

(4) 이 가게는 공휴일날 이곳 _____ 등산객을 상대로 장사를 하고 있다.

(5) 강아지가 다리를 다쳤는데 다리를 _____ 걷더군요.

(6) 가: 심사 결과가 언제쯤 나오나요?
    나: 한 5일 후쯤 나올 겁니다. 심사 결과는 일층에 있는 게시판 _____ 5일 후에 확인하세요.

(7) 여름인데도 두터운 옷을 입고 있는 남자가 가게에 들어오자 사람들이 _____ 쳐다봤다.

(8) 그는 다섯 번 싸움에 다섯 번을 모두 승리로 이끌어 드디어 적을 _____.

(9) 방문을 열고 불을 켜 봤더니 아내가 침대 한 구석에 _____.
(10) 회사일이 바빠 어린 딸을 보살펴 줄 시간이 별로 없었다. 그래서 미안한 만큼 보상 심리가 _____ 어린 딸의 요구를 무조건 들어주었다.
(11) 머리카락이 너무 길면 기계 작동하는 데 _____.
(12) 교수의 추천서를 봉투에 넣어 _____ 지원서와 함께 우편으로 보내 주세요.
(13) 강당 안에서는 _____ 웃음소리가 터져 나왔다.

3. [보기]에서 알맞은 것을 골라 빈칸에 써 봅시다.

> 보기: 습성, 취향, 위압적, 댓글, 호소력, 시장통,
> 사시사철, 대조적, 실랑이, 틈틈이, 어김없이

(1) 그녀는 긍정적으로 일을 대하는 언니와 (_____)로/으로 매사에 소극적이다.
(2) 바쁜 생활에도 오랫동안 (_____) 시험 준비를 해 온 그는 운 좋게 대학원에 붙었다.
(3) 그는 자신이 남을 믿지 못하는 (_____)가/이 있다는 걸 잘 알았다.
(4) 1회 방영이 끝나자마자 게시판에 수만 개의 (_____)가/이 달렸다.
(5) 성격이 다르면 취미도 다르고 직업에 대한 (_____)도 다르다.
(6) 그는 전에 없이 (_____) 목소리로 상대방을 바싹 다그치기 시작했다.
(7) 원고를 줄줄 읽는 듯한 연설은 박력이 없고 (_____)가/이 약하다.
(8) 추석 연휴 때마다 (_____) 생기는 교통체증으로 인해 고향에 내려가기가 무섭다.
(9) (_____) 어머니는 허리가 휘도록 일하는데 아버지는 늘 밖으로만 돌고 술만 드셨다.
(10) 번잡한 (_____)에서는 소매치기를 당하기가 쉬우니 조심하세요.
(11) 그는 물건 파는 할아버지와 (_____)를/을 벌이다가 이내 주먹을 휘두르기 시작했다.

4. 다음에 공통으로 들어가는 단어를 [보기]에서 골라 적절한 형식으로 문장을 완성해 봅시다.

> 보기: 들춰내다, 손질하다, 튀어나오다, 뒤지다, 박차다, 갈라지다

(1) (_____)
① 그녀는 아침 일찍 머리를 _____ 가장 마음에 드는 한복을 꺼내 입었다.
② 예산이 너무 느슨하게 운영돼 왔기 때문에 이번 기회에 대대적으로 _____.

③ 생선은 파는 곳에서 모두 _____.
④ 주인이 정성껏 _____ 가꾼 화단이라 더없이 아기자기하다.

(2) (   )

① 아파트 동네에서는 쓰레기통을 _____ 재활용 물품을 수거하는 노인들을 보곤 한다.
② 자료를 찾기 위해 인터넷을 _____ 자정을 넘기기가 일쑤였다.
③ 이전에는 종이로 된 전화번호부를 _____ 전화번호를 찾곤 했었다.

(3) (   )

① 가치관의 차이로 두 사람은 결혼한 지 4년만에 끝내 _____.
② 초등학교에 다니는 내 동생을 유학 보내는 문제를 놓고 엄마 아빠의 의견이 _____.
③ 그는 _____ 목소리로 힘겹게 말했다.

(4) (   )

① 밥을 먹고 있는데 사채업자가 문을 _____ 쳐들어왔다.
② 그는 억대 연봉을 팽개치고 평생 직장을 _____ 회사에서 나왔다.
③ 그 낡은 필통은 온갖 어려움을 _____ 공부한 옛 시절을 잊지 않게 해 주었다.

(5) (   )

① 그는 침대 소파를 _____ 흰색과 분홍색으로 된 알약을 꺼내어 보였다.
② 이미 정리가 되었다고 믿고 있는 기억들을 그녀는 다시 _____.
③ 사람은 누구나 자신의 허점을 _____ 싫어한다.

(6) (   )

① 그의 이마에 퍼런 힘줄이 불끈 _____.
② 영어 수업 시간에 모국어가 _____ 벌금을 내기로 했다.
③ 집 안에서 뭔가 깨지는 소리가 들리더니 미영이가 _____.

5. 다음 단어에 대응되는 해석을 연결해 보고 알맞은 것을 골라 적절한 형식으로 문장을 완성해 봅시다.

돌리다	•	• 느낌, 생각 따위가 슬며시 나타나다.
돌다	•	• 일이나 차림이 간편하다.
배어나다	•	• 어떤 물건을 나누어 주거나 배달하다.
단출하다	•	• 어떤 사물이나 현상이 두드러지게 커지거나 갑자기 생겨나다.
불거지다	•	• 빗살처럼 줄지어 빽빽하게 늘어서 있다.
즐비하다	•	• 어떤 기운이나 빛이 겉으로 나타나다.

(1) 그녀의 방에서 어떤 독특한 향기가 _____.

(2) 준호의 집 한 구석에 있는 책장 안에 각종 모형 차가 _____.

(3) 가: 웬 떡이에요?
    나: 옆집에 새로 이사왔어요. 한국에서는 이사 오게 되면 이웃집에 떡을 _____ 풍습이 있어요.

(4) 전혀 예상치 못했던 문제들이 공장을 짓는 과정에서 잇따라 _____ 화제가 되고 있다.

(5) 그녀의 피부에 윤기가 _____ 것을 보니 꽤 행복하게 사는 것 같다.

(6) 할아버지의 유언대로 장례식은 외부 사람 한 명도 없이 집안 가까운 친척들만 참석한 가운데 아주 _____ 치러졌다.

6. 다음 부사에 대응되는 해석을 연결해 보고 부사와 어울릴 수 있는 표현들을 써 봅시다.

은근히	•	• 쌓이거나 담긴 물건 따위가 불룩하게 많이.
슬그머니	•	• 우두커니 한곳만 바라보는 모양.
수북이	•	• 갑자기 마음이 자꾸 생기거나 생각이 잇따라 떠오르는 모양.
물끄러미	•	• 전혀 알지 못하거나 기억이 안 나 막막하게.
까마득히	•	• 행동 따위가 함부로 드러나지 않고 은밀하게.
버럭	•	• 남이 알아차리지 못하게 슬며시.
불쑥불쑥	•	• 성이 나서 갑자기 기를 쓰거나 소리를 냅다 지르는 모양.

은근히: 고집 세다,_____

슬그머니: _____

수북이: _____

물끄러미: _____

버럭: _____

까마득히: _____

불쑥불쑥: _____

7. [보기]에서 알맞은 관용어를 골라 다음 중국어 문장을 한국어로 번역해 봅시다.

> 보기: 귀밑이 붉어지다, 의문이 들다, 소리를 지르다, 성질을 부리다,
> 때에 절다, 활기를 띠다, 토를 달다, 마침표를 찍다

（1）女儿因为我没给她买她想要的玩具在发脾气。
_____

（2）你喊什么喊？我又没打你。
_____

（3）感觉我的内心被他发现了似的，不禁面红耳赤。
_____

（4）千年古镇因前来避暑的游客而变得朝气蓬勃。
_____

（5）学生们对老师留的作业颇有微词。
_____

（6）让我感到疑惑的是，他是怎么在短短的一周内筹到了这么多钱。
_____

（7）他身上的衣服领口、袖口都是泥垢，一看就是个没老婆管的单身汉。
_____

（8）新上任的社长结束了公司多年经济负增长的局面。
_____

문법 설명

1. 끝에

시간, 공간, 사물 따위에서 마지막 한계가 되는 곳에서 어떤 상황이나 상태가 벌어짐을 나타낸다.

▶ 오빠 집에 모여 있던 너의 가족들은 궁리 끝에 전단지를 만들어 엄마를 잃어버린 장소 근처에 돌리기로 했다.
▶ 긴 하루 끝에 좋은 책이 기다리고 있다는 생각만으로 그날은 더 행복해진다
▶ 어머니와의 말다툼 끝에 딸 아이는 집을 나갔다.
▶ 오랜 고민 끝에 유학을 가기로 결정했습니다.
▶ 스탭분들의 논의 끝에 결론을 맺었지요.

2. -은/는 통에

어떤 부정적인 결과가 생기게 된 상황이나 원인을 나타낼 때 쓰인다.

▶ 엄마가 곁에 있을 땐 까마득히 잊고 있던 일들이 아무데서나 불쑥불쑥 튀어나오는 통에 너는 엄마 소식을 들은 뒤 지금까지 어떤 생각에도 일 분 이상 집중할 수가 없었다.
▶ 옆 사람들이 떠드는 통에 중요한 이야기를 못 들었다.
▶ 아기가 밤새 우는 통에 한잠도 자지 못했다.
▶ 휴대폰이 요란스럽게 울리는 통에 깼어요.
▶ 다들 앞줄에 몰려 앉은 통에 결국 사람들 뒤통수만 실컷 구경했어요.

문법 연습

1. '끝에'를 사용하여 문장을 고쳐 써 봅시다.

   (1) 두 회사는 한달 간의 마라톤 협상을 가졌다. 결국 손을 잡기로 했다.
   → <u>두 회사는 한달 간의 마라톤 협상을 가진 끝에 결국 손을 잡기로 했다.</u>

   (2) 재정난으로 지금 쓰고 있는 사무실보다 더 작은 사무실을 찾아야 했다. 몇 달 간 열심히 물색하다가 시내에서 좀 떨어진 곳에서 비교적 저렴한 사무실을 찾게 되었다.
   → _____
   _____

(3) 두 사람은 결혼에 골인하기까지 양가 부모의 반대, 제3자의 개입 등 많은 우여곡절을 겪었다.
→ _____

(4) 10년이란 긴 세월을 기다리고 나서야 드디어 남편이 사업에 성공한 것을 보게 되었다.
→ _____

(5) 올림픽 여자 배구 결승전에서 중국 팀과 미국 팀은 팽팽한 대결을 펼치다가 결국 중국 팀은 3대 2로 미국 팀을 이기게 되었다.
→ _____

(6) 아들네 가족을 따라 미국에 나가 살기를 거부했던 노인을 아들이 질기게 설득했다. 결과적으로 노인은 아들네 가족을 따라 미국에 가기로 했다.
→ _____
_____

2. 다음 문장을 완성해 봅시다.

(1) 두 번의 재도전 끝에 _____.
(2) 여러 군데 다녀 보고 고심 끝에 _____.
(3) 여자 친구와의 말다툼 끝에 _____.
(4) 여러 지원 방안에 대한 논의 끝에 _____.
(5) 협상 끝에 _____.
(6) 수소문 끝에 _____.

3. '-은/는 통에'를 사용하여 문장을 완성해 봅시다.

(1) 비가 계속 (쏟아지다) _____.
(2) 배가 이리저리 (흔들다) _____.
(3) 문이 갑자기 (열리다) _____.
(4) 너무 (서두르다) _____.
(5) _____ 허리가 삐었어요.
(6) _____ 계단에서 넘어졌다.
(7) _____ 북경 같은 큰 도시에서는 집을 살 수 없었다.
(8) _____ 택배물이 손상되었다.

 **이해와 표현**

내용 학습

1. 본문에서 가족들은 잃어버린 어머니를 찾기 위해 어떤 노력을 했습니까? 그 내용을 정리해 봅시다.

가족들	행동
너	어머니를 찾는 문구 작성

2. 본문에서 언급한 어머니에 대한 기억을 통해 어머니가 어떤 분인지 추측해 봅시다.

기억들	어머니의 이미지
생일이나 기념일에 친척들이 찾아오면 김치를 미리 담가 두고, 칫솔도 준비하고, 돌아갈 때 한 병씩 챙겨 가라고 참기름도 준비해 두셨음.	정이 많음

3. 본문에서는 가족들이 어머니를 찾기 위해 모였다가 어머니에게 잘못한 행동을 들춰내어 싸우게 되었습니다. 가족들이 과거에 어머니에게 어떤 잘못을 했는지 추측하여 말해 봅시다.

심화 학습

1. 이 소설은 잃어버린 어머니를 찾는 과정에서 어머니에 대한 기억을 떠올리며 어머니가 가족들에게 주었던 사랑을 새삼 깨닫게 된다는 내용입니다. 여러분의 어머니가 여러분에게 어떤 사랑을 주셨는지, 여러분이 이런 어머니의 사랑을 제대로 느끼고 고맙게 생각하고 있는지 회상하여 말해 봅시다.

2. 한국 어머니의 이미지와 중국 어머니의 이미지를 비교해 봅시다.

시기	한국 어머니	중국 어머니
전통		
현대		

 한국 문화 익히기

한국의 여성 작가*

1. 박경리

박경리(朴景利, 1926~2008)는 1926년에 경상남도 통영에서 태어났다. 아버지로부터 버림받은 어머니의 그늘 속에서 소외감을 느끼며 자랐으며, 아버지에 대한 반항심과 증오심이 뿌리 깊게 남아 있었다. 한국 전쟁이 터지면서 남편과 세 살 짜리인 아들을 잃은 참척의 슬픔을 겪었다. 1955년에 김동리의 추천을 받아 단편 「계산(計算)」, 「흑흑백백(黑黑白白)」을 『현대문학』에 발표하여 등단했다. 단편 「전도(剪刀)」, 「불신시대(不信時代)」, 「벽지(僻地)」, 장편 「김약국의 딸들」, 「시장과 전장」 등의 사회와 현실에 대한 비판성이 강한 문제작들을 잇달아 발표함으로써 문단의 주목을 받기 시작했다. 1969년 6월부터 시작해 1994년에 완성된 대하소설 「토지(土地)」는 한국 근, 현대사의 전 과정에 걸쳐 여러 계층의 인간의 상이한 운명과 역사의 상관성을 깊이 있게 다룬 작품으로 영어, 일본어, 프랑스어로 번역되어 호평을 받았다.

2. 박완서

박완서(朴婉緒, 1931~2011)는 1931년에 경기도 개풍에서 태어났고, 어린 시절을 조부모와 숙부모 밑에서 보냈다. 소설가 박노갑에게 많은 영향을 받았으며 한말숙과의 교분이 두터웠다. 살림에 묻혀 지내다가 마흔이 되던 해에 『여성동아』에 소설 「나목」이 당선되어 등단했다. 「세모」(1971), 「부처님 근처」(1973), 「카메라와 워커」(1975), 「엄마의 말뚝」(1980)을 통해 6.25전쟁으로 초래된 작가 개인의 혹독한 시련을 냉철한 리얼리즘에 입각한 산문정신으로 작품화했다. 「살아 있는 날의 시작」(1980), 「서 있는 여자」(1985), 「그대 아직도 꿈꾸고 있는가」(1989) 등을 통해 여성의 억압 문제에 눈길을 주게 되었고, 여성 문학의 대표적 작가로 주목받았다. 「나의 가장 나중 지니인 것」(1994), 「그 산이 정말 거기 있었을까」(1995), 「너무도 쓸쓸한 당신」(1998) 등의 자전적인 소설을 발표하면서 6.25전쟁의 오랜 피해 의식에서 벗어나 삶을 관조적으로 바라보는 면모를 보여 주었다. 그의 작품 세계는 끔찍할 정도로 생생하게 현실을 그려 냈을 뿐 아니라, 치밀한 심리 묘사와 능청스러운 익살, 삶에 대한 애착, 핏줄에 대한 애정과 일상에 대한 안정된 감각이 표출되어 있다. 이런 의미에서 그의 소설은 한국 문학의 성숙을 보여 주는 단적인 지표라고 할 수 있다.

3. 은희경

은희경(殷熙耕, 1959~)은 1959년에 전북 고창에서 태어났다. 1995년 중편소설 「이중주」가 『동아

---

* 이 부분의 내용은 '두산백과(http://www.doopedia.co.kr)', 『한국현대문학대사전』(권영민, 서울대학교출판부, 2004) 등을 참조하여 정리한 것이다.

일보』 신춘문예에 당선되어 등단했다. 같은 해에 첫 장편소설 「새의 선물」로 제1회 『문학동네』 소설상을 받았다. 은희경의 작품들은 잔잔한 문체와 서정적 분위기를 통해 보잘것없는 일상을 정치한 묘사를 통해 생생하게 형상화해 냄으로써 인생의 진실에 다가선다는 특징을 지니고 있다. 풍부한 상상력과 능숙한 구성력, 인간을 꿰뚫어 보는 신선하고 유머러스한 시선, 감각적 문체 구사에 뛰어난 소설가로 여성 작가 일반에게 부여되는 페미니즘의 시각에서 일정 부분 벗어나 자기 나름의 인간 탐구를 보여 주고 있어 문단의 주목을 받고 있다. 「아내의 상자」(1997), 장편 소설 「마지막 춤은 나와 함께」(1998), 「그것은 꿈이었을까」(1999), 「마이너리그」(2001)와 소설집 『행복한 사람은 시계를 보지 않는다』(1999), 『상속』(2002), 『아름다움이 나를 멸시한다』(2007) 등이 있다.

4. 공지영

공지영(孔枝泳, 1963~)은 1963년에 서울에서 태어났다. 대학 시절 학생 운동에 참여했고, 졸업 후에는 노동 운동에 가담하다가 감옥에 수감되기도 했다. 1988년 단편 「동트는 새벽」을 『창작과 비평』에 발표하면서 등단했다. 첫 장편 「더 이상 아름다운 방황은 없다」(1989)를 비롯한 많은 작품은 작가 자신이 겪어 온 사회 체험의 일부를 소설화함으로써 독자들과 연대감을 형성하며 대중적인 인기를 누렸다. 1990년대 문학의 대표작이라고 할 수 있는 「무소의 뿔처럼 혼자서 가라」(1993), 「고등어」(1994), 「착한 여자」(1997), 「봉순이 언니」(1998) 등에서 20~30대의 젊은이를 주인공으로 내세워 사회적 불평등을 폭로하기도 하고, 남녀의 성차별을 문제 삼는 등 한국 사회가 안고 있던 시대적 아픔들을 형상화함으로써, 부조리한 상황을 비판하고 이를 개혁하고자 하는 자신의 의지를 표현하고 있다. 특히 여성 삶의 문제가 작품 중심에 놓여 계급 운동의 시각에서 발견하지 못했던 인간다운 삶의 의미에 대해 천착하는 작품들을 주로 발표하고 있다. 한동안 침묵하다가 2000년대에 들어서면서 「우리들의 행복한 시간」(2005), 「즐거운 나의 집」(2007), 「도가니」(2009) 등의 장편 소설들을 발표했다.

더 읽어 보기

김소진, 『자전거 도둑』, 문학동네, 2002.
김종길, 「성탄제」, 현상길 엮음, 『한국현대시 108』, 풀잎, 2008.
박재삼, 「추억에서」, 『울음이 타는 가을강』, 시인생각, 2013.
이수형 엮음, 「사모곡」, 『한국 고전문학의 분석과 감상』, 송정문화사, 2004.
이주헌, 「나무와 두 여인」, 김상욱, 『국어 교과서 수필에 눈뜨다』, 상상의힘, 2011.
장영희, 「엄마의 눈물」, 『내 생애 단 한 번』, 샘터, 2010.
정인보, 「자모사」, 『자모사』, 태학사, 2001.
하근찬, 「수난 이대」, 『하근찬선집』, 현대문학, 2011.

제 5 단원

사람 사회는 어떻게 이루어져 가는가

13 한강의 경제 기적
14 우리 사회를 바꾼 호주제 판결
15 우리에게 대학이란 무엇인가?

13 한강의 경제 기적

 학습 목표

★ 한국의 '한강의 기적'에 대해 알아봅시다.
★ 사회 조직이 경제 성장에 미치는 영향에 대해 생각해 봅시다.

 준비하기

1. 다음은 '한강의 기적'을 이룬 원동력에 대한 대화입니다. 잘 듣고 말해 봅시다.   13

2. 다음 내용에 대해 생각해 봅시다.

   다음 그래프를 보고 한국 경제의 성장 과정에 대해 말해 봅시다.

   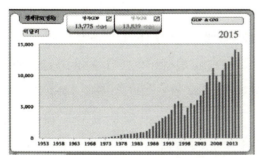
   <명목 GDP>

   <명목 GDP 성장률>

   (출처: 한국은행 경제통계시스템)

   한국 하면 떠오르는 기업이나 브랜드, 그리고 그 이미지에 대해 말해 봅시다.

한강의 경제 기적

송병락*

한강(漢江)은 대한민국 서울의 중앙을 흐르는 강이다. 한강은 파리의 세느강, 런던의 테임스강보다 크다. 많은 나라의 수도 한 가운데를 흐르는 강 중 제일 큰 강은 한강일 것이라고 한다. 한국의 기적적인 경제 성장을 '한강의 기적'이라고 하는데, 지금부터 이를 살펴보기로 하자.

한강의 기적은 한국의 1인당 국민소득이 100달러였던 1963년에 시작되었다. 나는 그 해에 서울대학교 경제학과를 졸업하고 통역 장교로 군대 생활을 시작하면서 많은 미국군 장교들을 만날 기회가 있었다. 미군 장교들은 월급도 나보다 비교할 수 없을 정도로 많았고, 사용하는 전화기, 책상 등도 내가 사용하는 한국산과 큰 차이가 있었다. 한 마디로 한국이 얼마나 못사는 나라인가를 거의 매일 매시 뼈저리게 느끼면서 살았다. 많은 격차와 열등의식 속에서 미군 장교들과 군대 생활을 한 것이다. 휴가 때 서울에 나오면 도처에 판자촌이 있었다. 먹을 것이 없어서 굶어 죽는 사람들도 있었다. 변변한 기업도 없어서 대학을 우수한 성적으로 졸업한 사람도 취직할 곳이 별로 없었다.

한국은 제1차 경제 개발 5개년 계획을 1962년에 시작했는데, 그 요지는 농업 대신 공업에 집중하고, 국내 시장 대신 해외 시장을 대상으로 경제 성장을 한다는 것이었다. 그 효력이 발생하기 시작한 것이 1963년부터이다. 이런 전략을 '수출주도형 공업화 전략'이라고 한다. 수출을 하려면 수출 상품을 생산하는 기계 장비는 물론 석유 같은 자원도 해외에서 수입해야 하므로 수입도 잘 해야 한다. 수출과 수입 모두를 잘하고 해외 여러 나라도 잘 알아야 하므로, 이를 넓은 의미에서 '해외 주도형 성장 전략'이라고도 한다. 당시 한국에는 기계 장비나 석유 등의 자원을 외국에서 사 올 돈이 없어서 외국으로부터 많은 돈을 빌려야 했다.

1. '1인당 국민소득'이 '100달러'였을 때의 경제 상황이 어떠했을지 상상해 봅시다.

2. 한국의 '경제 개발 5개년 계획'에 대해 알아봅시다.

* 서울대학교 경제학과 명예교수, 자유와창의교육원 원장

세느강, 테임스강, 국민소득, 장교, 못살다, 매시, 뼈저리다, 격차, 열등의식, 도처, 판자촌, 변변하다, 요지, 효력, 장비

그리고 미국이나 일본 같은 선진국 국민들이 좋아할 정도의 좋은 제품을 만들어 팔아서 돈을 벌 수 있기까지는 많은 세월이 필요했다. 그래서 외국에서 돈을 빌려야 하는 기간도 길어졌다. 한국은 계속 외국에서 돈을 빌려 와야 했기 때문에 그때까지 외국에 대한 빚(해외 채무)이 계속 쌓여 갔다. 때문에 "한국 경제는 빚더미에 앉은 경제"라고 비난하는 정치인이나 지식인들이 많았다. 그리고 한국은 농업 국가인데, 농업을 버리고 공업에 치중하고, 국내 시장이 아니라 해외 시장에 치중하는 수출 주도형 성장 전략은 잘못된 전략이라고 격렬하게 반대하는 사람들이 많았다.

3. '해외 채무'와 경제 성장과의 관계에 대해 생각해 봅시다.

그런데, 한국은 1986년부터 본격적으로 돈을 벌기 시작했다. 무역이 드디어 적자에서 흑자로 돌아서기 시작했다. 1988년에는 세계 역사상 가장 규모가 크고 성공적인 서울 올림픽에 성공하게 되자 한강의 기적이라는 말이 전 세계적으로 유행하기 시작했다. 많은 나라, 특히 동구 공산주의 국가들도 한국의 한강의 기적을 배우려고 했다. 그럼 한국은 어떻게 한강의 기적을 이룩했을까요?

4. '한강의 기적'을 알리는 데 있어서 '서울 올림픽'의 홍보 효과에 대해 생각해 봅시다.

먼저 이런 문제를 보자. 서양이 언제부터 중국, 한국, 일본 등 동양을 앞서기 시작했을까? 로버트 포겔(Robert Fogel)은 노벨상을 수상한 미국 시카고대 교수인데, 그는 1750년부터 서양이 동양을 앞서기 시작했다는 것이다. 그는 그 이전에는 동양이 서양을 앞섰다고 했다. 그럼 그 이유는 무엇일까? 나는 이 말이 너무 궁금해서 시카고에 있는 그의 연구실을 찾아가서 그 이유를 물었다. 그는 서양이 두 가지 조직 또는 시스템을 발명했기 때문이라고 했다. 하나는 주식회사(corporation)이고, 다른 하나는 자본주의(capitalism, 자본주의 시장경제라고도 함)라고 했다.

5. '주식회사'와 '자본주의'가 발명되기 전의 동서양 경제 시스템에 대해 알아봅시다.

세계에서 가장 큰 주식회사는 어느 것일까? 미국의 월마트(WalMart) 회사이다. 그 종업원은 무려 220만 명이나 된다. 축구 선수는 아무리 실력이 좋아도 축구팀이 없으면 실력을 발휘할 수 없다. 마찬가지로 개인은 회사 일을 아무리 잘하고 싶어도 회사가 없으면 실력을 발휘할 수 없다. 그런데, 축구팀은 불과 20~30명(후보 선수 포함)의 힘을 뭉치는 조직이나, 주식회사는 220만 명이나 되는 사람의 힘을 뭉칠 수 있게 하는 조직이다. 그리고 이런 회사들이 많이 생기고 또한 능력을 자유롭게 잘 발휘할 수 있게

6. 주식회사가 사람들의 '힘을 뭉칠 수 있게 하는' 원리가 무엇인지 생각해 봅시다.

채무, 빚더미, 비난하다, 치중하다, 적자, 흑자, 돌아서다, 동구, 이룩하다, 노벨상, 수상하다, 뭉치다

하는 시스템이 자본주의이다. 주식회사는 개인 차원, 자본주의는 국가 차원에서 사람들의 힘을 뭉치고 발휘할 수 있게 하는 시스템인 것이다.

서양이 1750년부터 이런 조직을 발명하고 활용하니 동양을 앞설 수 있게 되었다는 것이다. 로버트 포겔 교수는 발명이라고 하면 라디오나 자전거 같은 실물을 생각하기 쉬운데, 인류 역사 상 가장 중요한 소프트 웨어 발명은 이 두 가지라는 것이다. 그런데 한국이 1963년부터 이 두 가지 조직(또는 시스템)과 수출 주도형 공업화 전략의 3가지를 적극 도입하고 실천하게 되자 세계에서 가장 빠른 경제 성장을 해서 한강의 기적을 창출하게 된 것이다.

그럼 한강의 기적을 창출하는 데 앞장선 한국인은 누구인가? '박정이'이다. 그럼 '박정이'란 누구인가? 박정이의 '박'은 박정희, '정'은 정주영, '이'는 이병철을 말한다. 정주영은 기아차, 현대자동차 등 현대그룹을 창설했는데, 기아차 및 현대차는 이제 세계 최고 수준의 자동차를 생산하는 회사로 성장했다. 미국의 JD파워의 2016년 신차 품질 평가에 따르면 전 세계 각국에서 생산되는 신차 중 1위는 기아차, 2위는 포르쉐, 3위는 현대자동차가 각각 차지했다. 이병철은 삼성전자 등 삼성그룹을 창설했는데, 삼성전자는 비메모리 반도체 생산에 있어서 세계 제일이 되었고, 삼성전자의 스마트폰은 애플과 더불어 세계 1, 2위를 다툴 정도가 되었다. 박정희 대통령은 고속 성장기의 국가 경제 시스템을 만든 분이다. 이 외에도 많은 분들이 한강의 기적 창출에 헌신했지만 이 3인이 대표적인 인물이다.

미국의 월마트는 세계 최대 회사일 정도로 규모가 크다. 단독으로도 전 세계를 대상으로 사업을 할 수 있다. 그러나 한국의 많은 회사들은 특히 성장 초기 규모가 작았으므로 세계 시장을 대상으로 사업을 하려면 여러 개가 힘을 모아야 했다. 그래서 한국은 기업의 그룹(기업 집단)을 많이 육성했다. 때문에 한국 경제는 기업집단형 경제라고 했다. 이에 대해서 많은 정치인들과 지식인들은 한국도 대만처럼 중소 기업형 경제를 해야 된다고 하면서 많은 반대를 했다. 기업 집단을 해산해야 된다고 주장하는 사람들도 적지 않았다. 심지어 기업 집단이 1997년 경제 위기의 원인이 되었다고 하는 사람도 있다. 그러나 지금은 그런 반대의 목소리가 많이 줄어들었다.

7. 한국은 앞의 '두 가지 조직'을 언제 도입했습니까? 이 '3가지'만 갖춘다면 경제 성장을 할 수 있는 것일까요?

8. '이 3인' 이외에 또 어떤 사람들이 '한강의 기적'에 기여했을까요?

9. '1997년의 경제 위기'에 대해 알아봅시다.

도입하다, 창출하다, 앞장서다, 창설하다, 신차, 메모리, 헌신하다, 단독, 육성하다, 해산하다 그런데 수출주도형 공업화 성장이나 기업 집단이나 경제 목적을 달성하기 위한 수단이지 그 자체가 목적이 아니다. 수단에는 하나의 정답이 없다. 손자병법에도 수무상형(水無常形) 병부상세(兵無常勢)라는 말이 있다. 곧 물이 상대에 따라서 형을 바꾸므로 고정된 형태가 없듯 싸움(기업들 간의 경쟁)에도 하나의 정답이 없다는 것이다.

'박정이'의 강점은 경제 목표와 달성을 위한 전략을 분명히 하고 그 달성을 위해서 헌신한 것이다. 그들이 정한 목표는 <u>경제 성장, 경제 안정, 분배 및 삶의 질의 네 가지</u>이다. 시카고대 노벨 경제학상 수상 교수인 게리 벡커(Gary Becker)는 이 4가지가 올바른 경제 목표라고 했다.

그런데, 그럼 앞으로는 어떻게 해야 하는가? 무엇보다 지금이 <u>전시인가, 평시인가를 잘 알고 그에 대비를 잘 하는 것이다.</u> 하버드대 케네디스쿨 조셉 나이(Joseph Nye) 교수는 전쟁은 군사력을 바탕으로 한 군사 전쟁, 경제력을 바탕으로 한 경제 전쟁, 문화 등을 바탕으로 한 소프트 파워(soft power) 전쟁, 그리고 사이버 파워를 바탕으로 한 사이버 전쟁의 네 가지로 나눈다. 그리고 군사 전쟁은 없더라도 나머지 세 가지 전쟁은 항상 진행되므로 현재는 전시라는 것이다. 반면 손자병법의 저자 손자는 전쟁을 상대의 전략을 치는 벌모(伐謀), 외교 관계를 치는 벌교(伐交), 군대를 치는 벌병(伐兵), 성곽 및 도시를 치는 공성(攻城)의 넷으로 나눈다. 그리고 군사 전쟁인 벌병과 공성은 없더라도 벌모와 벌교는 항상 진행되므로 현재는 전시라고 한다. 조셉 나이나 손자에 따르면 현재는 전시이다.

그런데, 전쟁은 전략으로 하는 것이므로 앞으로 한국이 한강의 기적을 한 단계 높일 수 있는가의 여부는 전략을 어떻게 하는가에 달려 있다. 전략 중 기업과 관계되는 것은 경쟁 전략이다. 경쟁 전략은 기업은 물론 개인에게도 중요하므로 그 예를 보고 이 원고를 마치기로 한다.

한국 경상도에 있는 영덕은 대게(king crab)로 유명한 해안 도시이고, 그 인근 안동은 바다에서 멀리 떨어진 내륙 도시로서 안동포라는 섬유로 유명한 곳이다. 유교의 본산이기도 하다. 영덕이 안동에 대게를 판매하고 안동이 영덕에 안동포를 판매하는 것은 자원을 바탕으로 한 <u>비교 우위</u>(comparative advantage) 때문이다. 그럼 안동은 생산도 하지 않는 안

전시, 평시, 군사력, 성곽, 대게, 인근, 섬유, 본산

10. 이 '네 가지' 경제 목표의 상호 관계에 대해 생각해 봅시다.

11. 글쓴이의 '전시'에 대한 판단과 그 이유에 동의합니까?

12. '비교 우위'와 '경쟁 우위'의 의미에 대해 알아봅시다.

13. '브랜드'와 '경쟁 우위', 그리고 '전략'의 관계에 대해 생각해 봅시다.

동 '간고등어'(salty mackerel)를 파는 것은 무엇 때문인가? 바로 <u>경쟁 우위</u>(competitive advantage) 때문이다. 안동은 다른 곳에서 생산한 고등어를 구입해서 '간고등어'라는 브랜드로 만들어서 전국 각지에 판매한다. 이처럼 간고등어 같은 <u>브랜드</u>를 만들라는 것이 곧 <u>경쟁 우위</u>이다.

　그런데, 경쟁 우위를 만드는 것이 곧 <u>전략</u>이다. 스위스는 심지어 군대의 칼도 'Army Knife'라는 브랜드로 만든다. 스위스는 브랜드 왕국이라고도 한다. 한국은 2012년 현재 IMF 통계에 따르면 1인당 국민소득에 있어서 EU(유럽 선진국) 평균을 넘어섰다. 앞으로는 일류 선진국들과 경쟁을 해야 한다. 그러기 위해서는 개인, 기업, 정부 할 것 없이 전략으로 많은 브랜드를 만들어야 한다. 이것이 한강의 기적을 한 단계 높이는 길이다.

간고등어,　넘어서다,　일류

 **어휘와 문법**

단어

명　사: 세느강, 테임스강, 국민소득, 장교, 매시, 격차, 열등의식, 도처, 판자촌, 요지, 효력, 장비, 채무, 빚더미, 적자, 흑자, 동구, 노벨상, 신차, 메모리, 단독, 전시, 평시, 군사력, 성곽, 대게, 인근, 섬유, 본산, 간고등어, 일류
동　사: 못살다, 비난하다, 치중하다, 돌아서다, 이룩하다, 수상하다, 뭉치다, 도입하다, 창출하다, 앞장서다, 창설하다, 헌신하다, 육성하다, 해산하다, 넘어서다
형용사: 뼈지리다, 변변하다

어휘 연습

1. 다음 경제 용어의 의미를 써 봅시다.

   (1) 국민소득: _____

   (2) 주식회사: _____

   (3) 자본주의: _____

   (4) 비교 우위: _____

   (5) 경쟁 우위: _____

2. 밑줄 친 부분과 바꾸어 쓸 수 있는 것을 [보기]에서 골라 봅시다.

   > 보기: 도처, 열등의식, 요지, 단독, 본산, 일류, 인근

   (1) 내 어린 시절의 우상이 17년만에 <u>솔로</u> 무대로 컴백했다.　　(　　　)
   (2) 대부분의 여성들은 작은 키에 <u>콤플렉스</u>가 있는 것 같다.　　(　　　)
   (3) 몇 번을 읽었는데도 그 논문의 <u>핵심 내용</u>을 파악하지 못했다.　　(　　　)
   (4) 개성은 인삼의 <u>고장</u>으로 유명하다.　　(　　　)

(5) 태풍의 영향으로 전국 <u>곳곳</u>에서 인명 피해와 재산 피해가 속출했다. (   )

(6) 그의 집안은 그 당시 <u>주변</u>을 통틀어서 제일가는 부자였다. (   )

3. 두 단어의 관계가 다른 것을 골라 봅시다.

 (1) ① 파리-세느강   ② 독일-라인강
     ③ 런던-테임스강   ④ 서울-한강
 (2) ① 동구-서구   ② 적자-흑자
     ③ 전시-평시   ④ 단독-일동

4. [보기]에서 알맞은 것을 골라 적절한 형식으로 문장을 완성해 봅시다.

> 보기: 치중하다, 뭉치다, 창출하다, 창설하다,
> 육성하다, 뼈저리다, 변변하다

(1) 이번 행사는 화려함보다는 내실에 _____ 호평을 받았다.
(2) 그는 자신의 잘못을 _____ 후회하고 있다며 마지막 기회를 달라고 했다.
(3) 멤버들은 10여 년만에 다시 _____ 팬들에게 감동을 안겨 주었다.
(4) 문화 산업은 앞으로 어마어마한 경제적 이익을 _____ 것으로 예상된다.
(5) 대학을 졸업한 지 꽤 됐는데 아직 _____ 직장을 찾지 못했다.
(6) 차세대 외교 인재를 _____ 위해 새로운 교육 과정을 개발했다.

문법 설명

1. 와/과 더불어

둘 이상의 사람이나 사물이 함께하거나 어떤 일이 동시에 일어남을 나타낸다.

▶ 삼성전자는 비메모리 반도체 생산에 있어서 세계 제일이 되었고, 삼성전자의 스마트폰은 애플과 더불어 세계 1, 2위를 다툴 정도가 되었다.
▶ 친구와 더불어 산에 올랐다.
▶ 한글의 보급과 더불어 문맹률이 급격히 떨어졌다.
▶ 자연과 더불어 사는 지혜가 필요하다.

2. 를/을 바탕으로

앞에 언급된 것을 기초 또는 틀로 삼는 것을 뜻한다.

- ▶ 영덕이 안동에 대게를 판매하고 안동이 영덕에 안동포를 판매하는 것은 자원을 바탕으로 한 비교 우위 때문이다.
- ▶ 최근 몇 년간 실화를 바탕으로 만든 영화가 많이 출시됐다.
- ▶ 그는 기존 공식을 바탕으로 삼아 새로운 이론을 내놓았다.
- ▶ 서로에 대한 신뢰를 바탕으로 진지한 만남을 이어 온 두 사람은 마침내 결혼을 결심했다.

문법 연습

1. '와/과 더불어'를 사용하여 문장을 완성해 봅시다.

   (1) 글_____ 그림과 사진으로 엮어 낸 이 책은 출판 이후 큰 사랑을 받았다.

   (2) 자연_____ 살기 좋은 곳을 만드는 것을 꿈꿔 왔다.

   (3) 학생들에게 이 천재 뮤지션이 누구인지_____ 그의 음악적 성향에 대해 이야기했다.

   (4) 이번 행사는 '함께' 하는 것에 대한 가치를 일깨워 주기 위함_____ 생명에 대한 소중함을 전달하는 데 목적을 두고 있다.

2. 밑줄 친 부분을 '를/을 바탕으로'로 고쳐 써 봅시다.

   (1) 현재까지 밝혀진 단서들을 통해 사건을 재구성했다.
   _____

   (2) 회의에서 토론한 내용을 토대로 보고서를 작성했다.
   _____

   (3) 한 달간의 설문조사 결과와 이를 기반으로 만든 분석 자료를 제출했다.
   _____

   (4) 생물학을 기초로 한 진화론을 알기 쉽게 설명해 주었다.
   _____

 **이해와 표현**

내용 학습

1. 본문에서 언급된 '한강의 기적'과 관련된 역사적인 사건들에 대해 정리해 봅시다.

연도	사건	의미/평가
1962		
1963		
1986		
1988		
1997		
2012		

2. '한강의 기적'이 이루어지는 동안의 한국 경제 성장에 대해 본문의 내용을 참조하여 정리해 봅시다.

구분	내용
경제 목표	
성장 전략	
자금 운용	
기업 구조	

3. 글쓴이가 '한강의 기적을 창출하는 데 앞장선 한국인'으로 평가한 '박정이'에 대해 알아보고, 경제에 기여한 각 인물의 일화를 하나씩 들어 공유해 봅시다.

▶ 박정희: _____

▶ 정주영: _____

▶ 이병철: _____

심화 학습

1. 글쓴이는 앞으로의 한국 경제를 위해 '경쟁 우위'를 만들어야 한다는 제안을 했습니다. 본문의 내용을 참조하여 한국의 기존 경제 성장 방식은 '비교 우위'와 '경쟁 우위' 중에 어느 쪽에 더 치중했었는지에 대해 생각해 보고, 그 이유가 무엇인지 정리해 봅시다.

▶ 나의 생각: ☐ 비교 우위, ☐ 경쟁 우위
▶ 그 이유: _____
_____
_____

2. 본문에서도 언급한 바와 같이 한국 내부에서는 기존 경제 성장 방식에 대한 '반대 의견'이 상당히 많습니다. 이들 반대론자들의 의견을 항목별로 알아보고 그들의 주장과 이유에 일리가 있는지 생각해 봅시다.

항목	반대 이유	나의 평가
수출주도형 성장 전략		
채무 의존성		
기업집단형 경제		

3. 글쓴이는 한국의 경제 기적을 설명하면서 주식회사, 자본주의, 그리고 수출주도형 공업화 전략 등의 '3가지'를 강조했습니다. 비교의 시각으로 봤을 때 이런 시스템을 채택한 나라들은 많지만, 한국만큼의 경제 실적을 이룬 나라는 적습니다. 사회 조직이 경제 성장에 미치는 영향의 한계와 한국의 성공 이유에 대해 토론해 봅시다.

 한국 문화 익히기

한국의 대규모 기업 집단 — 재벌*

　대규모 기업 집단인 재벌들은 한국의 경제 성장 과정에서 중요한 역할을 해 왔다. 재벌이란 세계 학계에서도 쓰는 말인데, 주로 가족이나 일가 친척이 지배하는 기업 집단을 가리킨다. 현재 한국에는 삼성, 현대, LG, SK 등 많은 재벌 기업들이 있는데 그 형성 과정을 시기별로 살펴보면 다음과 같다.

　우선, 광복 직후 미군정기와 1948년 한국 정부 수립 후 취해진 귀속 재산의 특혜적 불하, 원조 물자의 특권적 배정, 그리고 은행의 특혜적 융자는 1950년대 재벌 형성의 물적 기초로 작용하였고 특히 '3백산업(제분, 제당, 면방 공업)'은 재벌들이 부를 축적하는 계기가 되었다. 1960년대에는 박정희 정부가 수출 주도적 경제 성장을 목표로 수출 산업을 지원하는 제반 정책을 펼쳤는데, 기업 경영 경험이 있는 소수의 기업인에게 집중적으로 지원하는 경향을 보였다. 대부분의 10대 재벌 기업들은 1960년대를 거쳐 저임 노동력과 정부 지원을 이용해 경공업 중심의 신흥 산업으로 경영 분야를 확대했다.

　1970년대는 주요 재벌 기업들이 본격적인 확대 과정에 진입하는 시기이다. 박정희 정부의 중화학 공업화 추진과 종합 무역 상사 육성은 1960년대에 성장한 기업을 중심 대상으로 하여 이루어졌다. 이를 통해 재벌은 중화학 공업 등의 기간 산업을 장악하게 되었을 뿐만 아니라 다수의 대규모 기업을 운영할 수 있게 됨으로써 실질적으로 한국 경제에 대한 경제적 지배력을 확립할 수 있었다. 1970년대 말에 들어서 재벌들은 중화학 공업 투자의 과잉과 중복, 세계적 불황에 따른 수출의 감소, 제2차 오일 쇼크 등으로 인해 심각한 경제 위기를 맞게 되었지만 중화학 공업 부문의 통폐합과 부실 기업 정리 등의 구조 조정을 겪으면서 지배력을 공고히 할 수 있게 되었다.

　1980년대에 재벌은 한국 경제에 대한 지배력을 더욱 강화해 나갔다. 특히 정부가 추진한 개방 체제로의 이행과 민간 주도 경제는 이를 촉진시켰다. 재벌들은 광공업 분야에서 중소기업과의 하도급 계열화 관계의 확대를 통해 그 지배력을 강화해 나갔으며, 금융 부문에 대한 진출을 더욱 확대했다.

　1997년 아시아 외환 위기를 기점으로 정부의 재벌 개혁 정책이 실시되었다. 당시 재벌 개혁 정책의 요점은, 1) 기업 경영의 투명성 확보, 2) 계열 기업 간의 상호 채무 보증의 폐지, 3) 기업의 재무 구조 개혁, 4) 주력 사업에의 업종 정리, 5) 경영자의 책임 강화 등이다. 1998년 1월 김대중 대통령과 5대 재벌 대표와의 회담에서 계열 기업의 1/2 축소와 주력 업종 간의 교환에 합의하였고, 선정된 주력 업종에 대해서는 여신 관리 규제와 총액 출자 제한 등의 여신 규제를 완화해 주었다. 위기를 극복한 재벌들은 지속적으로 성장해 왔고 현재의 재정비와 다음의 젊은 세대로 경영권이 승계되는 과정에 있다.

　재벌은 한국 경제에 긍정적인 영향과 부정적인 영향을 동시에 주고 있다. 긍정적인 영향으로는 투지가 부족하고 산업 기반이 취약한 상황에서 경제 자원의 선택과 집중을 통해 강력한 추진력을 발휘해 한국의

---

* 이 부분의 내용은 '한국민족문화대백과사전(http://encykorea.aks.ac.kr)', 『시사경제용어사전』(기획재정부, 대한민국정부, 2010) 등을 참조하여 정리한 것이다.

경제 성장에 커다란 기여를 하였고, 생산량의 증가에 따라 평균 비용이 줄어드는 '규모의 경제'를 가져와 경제의 효율성을 높이기도 했다.

이와 동시에 재벌들은 한국 경제에 부정적인 영향을 끼친 면도 있다. 문어발식 확장을 통해 중소기업에 적합한 사업까지도 진출함으로써 중소기업이 자생력을 갖고 성장하는 것을 억제했다는 지적을 받고 있다. 또한 재벌의 독과점(獨寡占)적 지위 형성이 생산의 효율화를 저해시킬 수 있고 소유, 지배 구조에 따른 재벌 총수의 과도한 경영 참여와 상명하달식 기업 조직 등으로 인해 전문 경영인의 성장 및 상향의 의사 전달을 어렵게 했다는 지적도 있다.

재벌의 경제적 집중을 억제하고 그 부정적인 영향을 최소화하기 위해 한국 공정거래위원회는 매년 일정 규모의 기업을 '대규모 기업 집단'으로 지정하여 다음과 같은 규제를 가하고 있다. 대규모 기업 집단에 지정되면 상호 출자의 규제, 계열사에 대한 채무 보증의 제한, 소속 금융, 보험 회사의 계열사 주식에 대한 의결권 제한 등의 규제를 받게 된다. 동시에, 공정거래법상 대규모 기업 집단을 원용하고 있는 다른 법령에 의해 금융, 세제(稅制)상의 불이익 및 특정 산업 진출에 제한을 받게 된다.

 더 읽어 보기

김윤태, 『한국의 재벌과 발전국가』, 한울아카데미, 2012.
박태균, 『원형과 변용: 한국 경제개발계획의 기원』, 서울대학교출판부, 2007.
오원철, 『박정희는 어떻게 경제강국을 만들었나』, 동서문화사, 2006.
우석훈·박권일, 『88만 원 세대』, 레디앙, 2007.
장하준 지음, 형성배 옮김, 『사다리 걷어차기』, 부키, 2004.
조윤제, 『한국의 권력구조와 경제정책』, 한울, 2009.

14 우리 사회를 바꾼 호주제 판결

 학습 목표

★ 한국의 호적 제도에 대해 알아봅시다.
★ 법이 개인의 생활에 미치는 영향에 대해 생각해 봅시다.

1. 다음은 한국의 성씨 문화에 대한 대화입니다. 잘 듣고 말해 봅시다.   14

2. 다음 내용에 대해 생각해 봅시다.

   ❓ 여러분의 가족 중에 호주가 누구입니까? 호주와 다른 가족들과의 관계에 대해 말해 봅시다.

   우리 집 호주: _____ →

가족	호주와의 관계

   ❓ 호주는 왜 정해야 하며, 어떻게 정해지는지 알아봅시다.

우리 사회를 바꾼 호주제 판결

헌법재판소*

1. 사건의 배경

[사건 가]

이 사건의 신청인들은 결혼하여 남편과의 사이에 아이를 두고 이혼한 여성들이다. 신청인들은 이혼 후 자녀를 양육하며 친권을 행사하고 있지만, 자녀는 여전히 전남편의 호적에 입적되어 있다. 신청인들은 그들의 자녀를 자신에게 입적하기 위하여 호적 관청에 신고하였으나, 호적 관청은 민법 제781조 제1항 본문을 들어 입적 신고를 받아들이지 아니하였다. 이에 신청인들은 호적 관청의 처분을 받아들일 수 없다며 법원에 불복 신청을 하였고, 민법 제778조와 제781조 제1항이 위헌이라고 주장하며 위헌 법률 심판을 청구하였다.

[사건 나]

이 사건의 신청인들은 결혼하여 호주가 된 남편과 그 남편의 아내이다. 신청인들은 남편이 호주가 되는 것이 불합리하다고 생각하여 호주를 없애기 위하여 관할 호적 관청에 호주 변경 신고를 하였다. 그러나 호적 관청들은 호적법 제8조를 들어 무호주를 인정할 수 없다는 이유로 호주 변경을 거부하였다. 이에 신청인들은 호적 관청의 처분을 받아들일 수 없다며 법원에 불복 신청을 하였고, 민법 제778조와 제826조 제3항이 위헌이라고 주장하며 위헌 법률 심판을 청구하였다.

2. 결정의 주요 내용

헌법재판소는 재판관 6:3의 의견으로 헌법 불합치 결정을 선고하였는데, 그 요지는 다음과 같다.

1. 사건 당시(2005년 이전)의 이 조항들은 어떤 내용인지 찾아봅시다.

2. 사건 당시(2005년 이전)의 이 조항들은 어떤 내용인지 찾아봅시다.

3. '헌법재판소'는 어떤 기관인지 알아봅시다.

* 헌법재판소 주요 판례 '호주제 사건' 참조

호주제, 신청인, 양육하다, 친권, 행사하다, 호적, 입적하다, 관청, 민법, 처분, 불복, 위헌, 청구하다, 불합리하다, 관할, 변경, 불합치

재판관 6인의 다수 의견

[가]

　(1) 가족 제도가 역사적, 사회적 산물이기는 하지만 국가의 최고 규범인 헌법보다 우선할 수는 없다. 따라서 가족법이 헌법 이념의 실현을 막고, 현실과 괴리가 있다면 헌법 규범에 따라 수정되어야 한다.

　(2) 우리 헌법은 제정 당시부터 결혼한 남녀가 동등한 권리를 갖는다고 선언함으로써 가부장적이고 봉건적인 혼인 질서를 더 이상 용인하지 않겠다는 결단을 표명하였다. 오늘날 양성평등과 개인의 존엄은 혼인과 가족 제도에 관한 최고의 가치 규범으로 확고히 자리 잡았다. 한편 헌법 전문과 헌법 제9조에서 말하는 '전통'과 '전통문화'는 역사성과 시대성을 띤 개념으로 헌법의 가치 질서, 인류의 보편 가치, 정의와 인도 정신 등을 고려하여 이해해야 한다. 가족 제도에 관한 전통과 전통문화는 개인의 존엄과 양성의 평등에 어긋나는 것이어서는 안 된다. 그러므로 예로부터 내려오는 어떤 가족 제도가 헌법 제36조 제1항이 요구하는 개인의 존엄과 양성 평등에 어긋난다면 헌법 제9조를 근거로 그 헌법적 정당성을 주장할 수 없다.

[나]

　(1) 호주제의 개념을 정의한 법률 조항은 따로 없다. 호주제란 민법 제4편 제2장 '호주와 가족', 제8장 '호주 승계'를 중심으로 일정한 법률 조항들을 묶어, 이러한 법률 조항들이 긴밀하게 형성하는 법적 상태를 가리키는 말이다. 민법의 개별 조항들이 담고 있는 내용들을 종합하여 보면, 결국 '호주제'란 남계 혈통을 중심으로 가족 집단을 구성하고, 이를 이어 가게 하는 데 필요한 법적 장치라고 할 수 있다.

　(2) 호주제는 성 역할에 관한 고정 관념에 기초한 차별로써 호주 승계 순위, 혼인 시 신분 관계 형성, 자녀의 신분 관계 형성에 있어서 정당한 이유 없이 남녀를 차별하는 제도이다. 이로 인하여 많은 가족이 가족 생활과 가족의 복리에 맞는 법률적 가족 관계를 형성하지 못하여 여러모로 불편

---

4. '가족 제도'와 '가족법'의 관계에 대해 생각해 봅시다.

5. 한국의 '가부장' 제도에 대해 알아봅시다.

6. 이 조항들은 어떤 내용인지 찾아봅시다.

7. '호주제'의 개념을 정리해 봅시다

괴리, 수정되다, 동등하다, 봉건적, 혼인, 용인하다, 양성평등, 존엄, 전문, 정당성, 조항, 승계, 남계, 혈통, 법적, 복리

과 고통을 겪고 있다. 조상을 높이 여기는 숭조 사상, 경로 효친, 가족 화합과 같은 전통 사상이나 미풍양속은 <u>문화와 윤리의 측면에서</u> 얼마든지 계승, 발전시킬 수 있으므로 이를 근거로 호주제의 명백한 남녀 차별성을 정당화하기 어렵다.

(3) 호주제는 당사자의 뜻이나 복리와 무관하게 남계 혈통 중심으로 가족 체계를 유지하고 계승하려는 관념에 불과하다. 요컨대 가족 내의 <u>개인</u>을 존엄한 인격체로 존중하는 것이 아니라 <u>가(家)</u>의 유지와 계승을 위한 도구적 존재로 취급하고 있는 것이다. 이는 개인과 가족의 자율적 결정권을 존중하라는 헌법 제36조 제1항에 부합하지 않는다.

(4) 오늘날의 가족은 가족원 모두가 성별을 떠나 인격을 가진 개인으로서 평등하게 존중되는 민주적인 관계로 변화하고 있다. 사회의 분화에 따라 <u>가족의 형태</u>도 매우 다양하게 변화했다. 아울러 여성의 경제력 향상, 이혼율 증가 등으로 여성이 가장의 역할을 맡는 비율이 날로 증가하고 있다. 호주제가 예로부터 전해 오는 가족 제도라고 하더라도 오늘날의 사회 환경, 가족 관계와 조화하기 어려우므로 더 이상 존치할 이유가 없다.

[다]

호주제의 골격을 이루는 심판 대상 조항들이 위헌일 경우 호주제는 존속하기 어려우며, 그 결과 호주를 기준으로 하는 현행 호적법을 그대로 시행하는 데 어려움이 있다. 그러므로 호주제에 대해 <u>헌법 불합치</u> 결정을 선고한다. 호주제를 폐지할 경우 신분 관계를 공시하고 증명하는 공적 기록에 중대한 공백이 발생하게 되므로, 새로운 호적 체계로 호적법을 개정할 때까지 심판 대상 조항들을 잠정적으로 계속 적용하도록 한다.

재판관 2인의 반대 의견

현행법상의 호주제는 고대 이래 조선 중기까지 이어져 온 우리 고유의 합리적 부계 혈통주의의 전통을 이어받아 그것의 존립을 위한 극히 기본적인 요소만을 담고 있는 것으로서, 일제의 잔재를 없애고 우리 고유의 관습으로 복귀한 것으로 평가할 수 있다. 혼인과 가족 관계를 규율하는 <u>가족</u>

8. 법과 '문화와 윤리'의 관계에 대해 생각해 봅시다.

9. '개인'과 '가'의 관계에 대해 생각해 봅시다.

10. '가족의 형태'는 구체적으로 어떻게 변화했는지 말해 봅시다.

11. '헌법 불합치' 결정의 의미에 대해 알아봅시다.

숭조, 경로, 효친, 화합, 미풍양속, 당사자, 무관하다, 존엄하다, 인격체, 취급하다, 자율적, 존치하다, 골격, 존속하다, 현행, 폐지하다, 공적, 잠정적, 적용하다, 부계, 혈통주의, 존립, 잔재, 규율하다

법은 전통성, 보수성, 윤리성을 강하게 가질 수밖에 없으므로 혼인과 가족 관계에 관한 헌법 규정을 해석할 때는 가족법의 전통적 성격을 고려해야만 한다. 특히 가족법의 영역에서 도시적인 평등의 잣대로 우리의 전통문화를 함부로 재단하여 전통 가족 문화가 송두리째 부정되고 해체되는 결과를 불러와서는 안 된다.

현행법상의 호주제는 전통 가족 제도의 핵심인 부계 혈통주의에 근거를 두고 가의 구성 및 집안의 내림을 계승하기 위한 제도이다. 그러므로 아내를 남편의 가에 입적하는 원칙, 자식을 아버지의 가에 입적하는 원칙 및 호주 승계 제도는 우리 사회의 오랜 전통과 현실에 기초한 것이다. 그뿐만 아니라 여성에 대한 실질적 차별을 내용으로 하고 있지 않으므로 평등 원칙에 위반되지 아니한다. 호주제가 신분 관계를 일방적으로 형성하는 측면이 있다고 하더라도, 이는 가족 제도를 법제화하는 과정에서 부득이한 것이다. 또 임의 분가, 호주 승계권의 포기 등 이를 완화하는 제도를 두고 있으므로 개인의 존엄을 존중하지 않는 것이라 보기도 어렵다. 따라서 호주제는 헌법 제36조 제1항에 위반되지 아니한다.

재판관 1인의 반대 의견

민법이 법제화된 가족 제도를 두고 있는 것은 그것을 형성하고 유지하기 위한 것이다. 그리고 각각의 가에 호주를 두고 있는 것은 우리의 전통문화에 따른 것으로 보아야 한다. 따라서 민법 제778조가 법적 개념으로서 가의 존재를 인정하고 여기에 호주의 관념을 도입하였다 하여 헌법 제36조 제1항을 비롯한 헌법에 위배된다고 볼 수 없다. 호주제의 양성 차별적 요소는 위헌성이 있는 관련 개별 규정을 개정하거나 폐지하면 해소될 수 있는 문제이다. 따라서 그러한 위헌적 요소가 가족 제도의 기본 조항인 민법 제778조에 본질적으로 내재된 문제라고 볼 수 없다. 따라서 민법 제781조 제1항 본문 후단, 제826조 제3항 본문에 관하여는 위헌이라는 다수 의견과 견해를 같이하지만, 민법 제778조는 가족 제도를 보장하기 위해 이루어진 입법적 조치로서 헌법에 위반된다고 볼 수 없다.

12. 여기서 말하는 '가족법'의 특수성에 대해 어떻게 생각합니까?

13. '실질적 차별'이란 구체적으로 무엇을 의미할까요?

14. '위헌적 요소'는 무엇을 가리키는지 찾아봅시다.

도시적, 잣대, 재단하다, 송두리째, 해체되다, 불러오다, 내림, 실질적, 위반되다, 부득이하다, 임의, 분가, 완화하다, 위배되다, 해소되다, 내재되다, 후단, 입법적

어휘와 문법

단어

명　　사: 호주제, 신청인, 친권, 호적, 관청, 민법, 처분, 불복, 위헌, 관할, 변경, 불합치, 괴리, 혼인, 양성평등, 존엄, 전문, 정당성, 조항, 승계, 남계, 혈통, 복리, 숭조, 경로, 효친, 화합, 미풍양속, 당사자, 인격체, 골격, 현행, 부계, 혈통주의, 존립, 잔재, 잣대, 내림, 임의, 분가, 후단

명사·관형사: 봉건적, 법적, 자율적, 공적, 잠정적, 도시적, 실질적, 입법적

동　　사: 양육하다, 행사하다, 입적하다, 청구하다, 수정되다, 용인하다, 취급하다, 존치하다, 존속하다, 폐지하다, 적용하다, 규율하다, 재단하다, 해체되다, 불러오다, 위반되다, 완화하다, 위배되다, 해소되다, 내재되다

형용사: 불합리하다, 동등하다, 무관하다, 존엄하다, 부득이하다

부　　사: 송두리째

어휘 연습

1. 다음 단어의 반대말을 써 봅시다.

    (1) 친권 ⟷ ＿＿＿＿　　(2) 위헌 ⟷ ＿＿＿＿
    (3) 공적 ⟷ ＿＿＿＿　　(4) 잠정적 ⟷ ＿＿＿＿
    (5) 부계 ⟷ ＿＿＿＿　　(6) 내재 ⟷ ＿＿＿＿

2. [보기]에서 알맞은 것을 골라 빈칸에 써 봅시다.

    > 보기: 요지, 골격, 괴리, 비리, 존속,
    > 　　　존립, 현행, 잔재, 잣대, 표준

    (1) 현실과 이상은 언제나 (　　　)가/이 있기 마련이다.
    (2) 남녀에 대한 실적 평가에서 이중 (　　　)를/을 적용하고 있다는 지적이 나왔다.
    (3) 다음 글의 (　　　)를/을 파악해 한 문장으로 표현하시오.
    (4) 나의 (　　　)를/을 위해 남을 희생시켜서는 안 된다.

(5) 교육부는 내년까지는 (   ) 입시 제도를 유지하기로 결정했다.

3. 다음 표의 단어에 해당되는 한자를 써 보고 단어의 의미에 대해 생각해 봅시다.

한국어	한자	한국어	한자	한국어	한자	한국어	한자
양육하다		입적하다		청구하다		용인하다	
존치하다		존속하다		폐지하다		적용하다	
규율하다		재단하다		위배되다		내재되다	
처분		불복		위헌		인격체	
가부장		승계		존립		분가	

문법 설명

1. -다며

'-다고 하면서'의 준말이다.

▶ 이에 신청인들은 호적 관청의 처분을 받아들일 수 없다며 법원에 불복 신청을 하였고, 민법 제778조와 제781조 제1항이 위헌이라고 주장하며 위헌 법률 심판을 청구하였다.

▶ 요새 몸이 안 좋다며 병가를 냈다.

▶ 일찍 들어오겠다며 이제 오니?

▶ 언니는 내 옷이 예쁘다며 가져가 버렸어.

2. -째

일부 명사 뒤에 붙어 '그대로' 또는 '전부'의 뜻을 더하는 접미사이다.

▶ 특히 가족법의 영역에서 도시적인 평등의 잣대로 우리의 전통문화를 함부로 재단하여 전통 가족 문화가 송두리째 부정되고 해체되는 결과를 불러와서는 안 된다.

▶ 도로변에 나무가 강풍에 뿌리째 뽑혀 쓰러져 있다.

▶ 블루베리의 효능을 제대로 보고 싶다면 껍질째 먹어야 한다.

▶ 스캔들이 터지자 지난주에 녹화된 방송은 통째로 편집되고 방영되지 않았다.

문법 연습

1. [보기]에서 알맞은 것을 골라 '-다며'를 사용하여 문장을 완성해 봅시다.

   > 보기: 미풍양속에 위배되다, 관할 범위를 벗어나다,
   > 양성평등을 지지하다, 부득이한 사정이 있다

   (1) 피고인은 _____ 자신의 무죄를 주장했다.
   (2) 호적 관청은 _____ 신청인의 신고를 거부했다.
   (3) 출판사에서는 _____ 해당 사진의 게재를 거부했다.
   (4) _____ 여성 비하 발언을 한 것은 참 아이러니하더라.

2. 다음에서 '-째'의 용법이 다른 것을 골라 봅시다.

   (   )

   (1) 설렁탕 국물은 그릇째 먹어 줘야 제맛이지.
   (2) 냉면이 너무 맛있어서 두 그릇째를 추가로 주문하게 됐다.
   (3) 아무 문제 없던 내 인생이 뿌리째 흔들린 건 바로 당신이 나타나면서부터야.
   (4) 여자 친구에게 프로포즈를 하기 위해 레스토랑을 통째로 빌려 이벤트를 준비했다.

 이해와 표현

내용 학습

1. 본문에서 호주제 판결의 배경으로 소개된 '사건 가'와 '사건 나'의 개요를 정리해 봅시다.

	사건 가	사건 나
신청인 성별		
신청인 혼인 상태		
호적 관청에 요구한 내용		
호적 관청이 거부한 이유		
법원에 신청한 내용		

2. 본문에서 언급된 호주제의 위헌 여부에 대한 세 가지 입장을 정리해 봅시다.

	6인의 다수 의견	2인의 반대 의견	1인의 반대 의견
위헌 여부			
이유/근거			

심화 학습

1. 본문에서는 사회 질서에 관한 다양한 개념을 언급했습니다. 이 개념들의 상호 관계를 그림으로 정리해 보고 서로의 생각에 대해 말해 봅시다.

> ① 호주제, 가족 제도, 가부장제;
> ② 호적법, 가족법, 헌법, 법률;
> ③ 문화, 윤리, 전통, 사회 현실;
> ④ 개인의 존엄, 양성평등, 가의 유지와 계승

2. 호주제 판결은 소수 사람들의 문제제기로 많은 사람들의 생활에 '영향'을 미칠 만한 제도를 바꾼 사례입니다. 이러한 '영향'에는 긍정적인 면과 부정적인 면이 모두 있는데 어느 쪽의 비중이 더 클지 생각해 봅시다.

3. 본문의 문체인 판결문은 우리가 평소에 자주 접하는 문체들과 다릅니다. 본문의 내용을 참조하여 호주제의 위헌 여부에 대한 본인의 의견을 정리해 보고, 판결문의 문체적 특징에 대해 생각해 봅시다.

 **한국 문화 익히기**

호주제 이후 — 가족관계등록제도*

2005년 한국 헌법재판소가 기존의 호주제에 대해 헌법 불합치 판정을 내린 데 이어 2007년 5월에 '법률 제8435호: 가족관계의 등록 등에 관한 법률'이 제정되어 호주제를 대체할 새로운 가족관계등록제도를 마련했다. 이에 따라 2008년 1월 1일부터 민법상 호주제가 폐지되고 부성 원칙 수정, 친양자 입양 제도, 성, 본 변경 제도 등이 반영되어 2008년 1월 1일부터 가족관계등록부 제도가 시행되기 시작했다.

가족관계등록부는 작성 기준을 '호주'에서 '개인'으로 바꿔 개인의 존엄성과 양성평등 등의 헌법 이념을 구체화하고 있다. 혼인이나 이혼, 입양 등 개인의 인적 사항을 모두 드러내는 기존의 호적과 달리, 가족관계등록부는 가족 관계를 특정하는 데 필요한 정보만 담고 증명 목적에 따라 5가지 증명서로 개인 정보 공개 범위를 최소화하도록 했다. 예컨대 가족 관계, 출생과 국적, 개명 등의 신분 사항, 혼인과 입양에 관한 내용, 친양자 입양에 관한 내용 등에 대한 사항이 필요할 경우에는 증명 대상에 따라 가족관계증명서, 기본증명서, 혼인관계증명서, 입양관계증명서, 친양자입양관계증명서로 나누어 발급되므로 불필요한 개인 정보가 노출되는 단점이 없다. 또한 종전의 호적은 누구나 타인의 호적 등본을 발급받을 수 있었으나, 가족관계등록부는 개인정보 보호를 위해 증명서 교부 신청을 원칙적으로 본인 또는 본인의 배우자, 직계 혈족, 형제자매만이 할 수 있도록 해 발급 요건을 강화했다. 결국, 이 제도의 취지는 이전 호적법의 '가족' 단위의 편제 방식을 '개인' 단위로 전환해 개인의 존엄성을 존중하고, 증명하고자 하는 목적에 따라 다양한 증명서 발급 방식을 도입해 신분 정보를 보호하는 것이다.

표: <가족관계등록 사항별 증명서 종류>

증명서 종류	기재 사항	
	공통 사항	개별 사항
가족관계증명서	본인의 등록 기준지 - 성명 - 성별 - 본 - 생년월일 및 　주민등록번호	부모, 배우자, 자녀의 인적 사항 (기재 범위: 3대에 한함)
기본증명서		본인의 출생, 사망, 개명 등 인적 사항 (혼인, 입양 여부 별도)
혼인관계증명서		배우자 인적 사항 및 혼인, 이혼 관련 사항
입양관계증명서		양부모 또는 양자 인적 사항 및 입양, 파양 관련 사항
친양자입양관계증명서		친생부모, 양부모 또는 친양자 인적 사항 및 입양, 파양 관련 사항

---

* 이 부분의 내용은 『시사상식사전』(PMG시사상식연구소, 박문각, 2009), '한국민족문화대백과사전(http://encykorea.aks.ac.kr)' 등을 참조하여 정리한 것이다.

현행 제도 아래 자녀의 성, 본 변경 등에 관한 구체적 조항도 마련되었다. 무조건 아버지의 성을 따르도록 했던 부성주의 원칙을 수정해 혼인 중 출생한 자녀가 어머니의 성과 본을 따르기로 한 경우에는 부모가 혼인 신고 시 협의만 하면 어머니의 성과 본을 사용할 수 있는 등 자녀의 성, 본 변경이 가능해졌다.

기존의 호적법에서는 가정법원에서 협의 이혼 의사를 확인한 뒤에도 이혼신고서에 증인 2명이 연서해야 했으나, 이 법에 따라 가정법원의 이혼의사확인서 등본을 첨부한 경우에는 증인 2명이 연서한 것으로 간주하여 이혼 신고를 할 수 있다. 또한 사망신고인을 친족과 동거인으로 한정함으로써 독거 노인 등에 대한 사망 신고가 잘 이루어지지 않았던 기존의 호적법도 개선해 사망 장소의 동장이나 통장 또는 이장도 사망신고를 할 수 있도록 허용했다.

 더 읽어 보기

김규항, 『아웃사이더를 위하여』, 아웃사이더, 1999.
정희진, 『페미니즘의 도전: 한국 사회 일상의 성정치학』, 교양인, 2013.
한국여성정책연구원, 『다문화가족의 자녀 보호를 위한 법, 제도 개선방안 연구』, 휴먼컬처아리랑, 2016.
황광우, 『젊음이여 오래 거기 남아 있거라』, 창비, 2007.
황지우, 『오월의 신부』, 문학과지성사, 2000.

우리에게 대학이란 무엇인가?

 학습 목표

★ 대학 시절에 꼭 가져야 할 지식, 책임, 꿈의 의미에 대해 알아봅시다.
★ 여러분이 대학생으로서 추구해야 할 것에 대해 생각해 봅시다.

 준비하기

1. 다음은 한국인의 교육열에 대한 대화입니다. 잘 듣고 말해 봅시다.   15

2. 다음 내용에 대해 생각해 봅시다.

   ❓ 다음은 한국 대학의 로고입니다. 어느 대학의 것인지 알아보고 이들 각 대학의 역사와 현황에 대해 알아봅시다.

       KAIST

   ❓ 여러분은 자신이 다니고 있는 대학에 대해 어떤 생각을 갖고 있습니까? 후배에게 소개한다면 어떻게 소개할 수 있을까요? 이에 대해 생각해 봅시다.

우리에게 대학이란 무엇인가?

김난도*

대학. 중고등학교 때부터(사실 우리나라 현실에서는 태어나면서부터), 그렇게 청소년기를 다 바쳐 준비해 왔던 그 대학.

그대에게 질문을 하나 해 보자.

대학이란 무엇인가?

그대는 답을 가지고 있는가? 혹시 당황스럽지는 않은가? 어릴 때부터 그렇게 입학을 소망했으면서도, 정작 대학이 어떤 곳인지 진지하게 생각해 본 적은 없지 않은가? 대학생이 되어 자신의 가장 중요한 생활의 터전으로 삼고 있으면서, 대학의 본질에 대해 한 번이라도 심각하게 생각해 본 적이 있는가? 이 글은 이에 대한 답을 찾기 위해서 존재한다. 그대가 대학 밖에 있다면, 이 질문을 '그대의 20대가 가져야 할 것이 무엇인가?'로 바꾸어 생각해도 될 것이다. 답은 다르지 않을 터이므로.

다시 한 번 묻겠다. 대학이란 무엇인가? 그대의 젊음이 추구해야 할 것은 무엇인가?

국사시간에 태학(太學)이 고대 중국이나 고구려의 대학이었다고 배우긴 했지만, 그것은 지금 대학의 전신이라기보다는 대학의 기능을 수행하는 당시의 '고등교육기관'이었다고 보는 것이 맞을 것이다. 현재 우리가 다니고 있는 대학의 모습과 제도는 13세기 초 서유럽에서 연원한 것이다. 볼로냐, 파리, 옥스퍼드 대학이 대표적 모델이다.

중세 이후 오늘에 이르기까지 대학은 갖은 역사의 질곡 속에서도 진리를 탐구하고 지성인을 길러내기 위해 꾸준한 변화를 계속해 왔다. 거기엔 역사가 있고, 시대적 사명이 있었다. 그냥 학원 같은 기관이 아니었던 것이다. 단적으로, 대학을 한자로는 '大學'이라고 쓴다. 그대로 해석하면 '큰 배

1. 여러분에게 대학이란 무엇입니까? 이에 대한 본인의 생각을 말해 봅시다.

2. 태학이란 무엇이고, 어느 시대의 것인가요?

3. 13세기 초 서유럽의 대학 제도에 대해 알아봅시다.

4. 대학의 '시대적 사명'은 무엇이라고 생각합니까?

*서울대학교 소비자학과 교수

소망하다, 정작, 터전, 태학, 전신, 연원하다, 볼로냐, 옥스퍼드, 질곡, 지성인

움을 얻는 곳'이라는 뜻이다. 그냥 배움이 아니라 커다란 배움을 얻어야 하는 곳이다. 나는 '대학'에서, 나아가 청춘을 바쳐 꼭 해야 할 세 가지가 있다고 생각한다.

커다란 지식, 커다란 책임, 그리고 커다란 꿈.

1. 커다란 지식

대학은 단순히 지식을 전달하는 기관이 아니다. 고등학교보다 더 어려운 내용을 가르치는 교육기관 정도가 아니라는 것이다. 대학이 다른 교육기관과 본질적으로 다른 점은, 새로운 학문적 진리를 탐구하는 '연구'를 수행한다는 데 있다. 창조적인 지식을 생산하는 일은 사실 교육에 앞서는 대학의 가장 본질적인 기능이다.

그렇기 때문에 대학이 기본적으로 길러 내고자 하는 인재는 기업이나 사회에서 원하는 기능인이 아니라, 그런 학문적 연구를 할 수 있는 지성인이다. 이를 <u>학문후속세대</u>'라고 한다. 가끔 기업의 인사 담당자들이 "대학 졸업생들을 뽑아도 바로 업무에 투입할 수가 없다. 새로 교육을 시켜야 한다"며 불만을 토로하는데, 나는 이것이 잘못된 문제 제기라고 생각한다. 대학은 예비 신입사원 양성 기관이 아니다. 당장 기업에서 써먹을 수 있는 실용 지식을 전수하는 곳이 아니라, 그런 지식을 받아들이고 비판할 수 있는 지성과 학습 능력을 연마하는 곳이다.

그런데도 기업과 사회는 물론, 대학생 스스로도 자꾸만 직장 생활에 필요한 도구적 지식만이 대학에서 배워야 할 지식의 전부라고 생각하는 경향이 있다. 수요자가 이렇게 변하고 있으니, 공급자인 대학 역시 <u>큰 지식</u>을 주지 못하고 당장 취업에 도움이 될 '<u>작은 지식</u>'에만 집중하고 있다.

부디 명심하기 바란다. 대학의 본질은 올망졸망한 개인적 소망이 모여 있는 스펙의 강연장이나 취업 준비 학원이 아니다. 사회와 기업이 나아갈 바를 향도하고 본원적 변화를 모색하는, 도구적 지식이 아닌 본원적 지혜를 연마하는 곳이다.

5. '학문후속세대'가 갖추어야 할 조건에 대해 토론해 봅시다.

6. 여기서 말하는 '큰 지식'과 '작은 지식'은 무엇을 의미하는 것인가요? 예를 들어 설명해 봅시다.

기능인, 학문후속세대, 투입하다, 토로하다, 써먹다, 전수하다, 지성, 연마하다, 수요자, 공급자, 올망졸망하다, 스펙, 향도하다, 본원적

2. 커다란 책임

역사적으로 대학은 사회로부터 많은 특혜를 받아 왔다. 물질적인 지원이나 정신적인 존중은 물론, 제도적으로도 보호를 받는다. 헌법에조차 "대학의 자율성은 법률에 따라 보장받도록" 명시돼 있다.

대학이 이처럼 사회의 지원을 받는다는 사실은 사회에 대해 일정한 책임을 져야 함을 의미한다. 날선 비판의식으로 사회의 방부제를 자임해야 하고, 나라 발전과 사회 변화의 견인차 역할을 수행해야 할 커다란 책임이 있는 것이다.

과거 우리 사회에서 대학은 이러한 책임을 지며 좀 더 특별한 의미를 품었다. 세계사에 유례가 없다는 한국의 경제적 성장과 정치적 민주화를 동시에 이룩하는 데 대학이 결정적인 역할을 한 것이다. 부실하기 짝이 없다고 안팎으로 욕을 먹기는 했으나, 그래도 우리 대학은 부지런히 선진국의 지식을 받아들여 전파함으로써 경제 성장의 이론적, 실천적 발판을 마련했으며, 군부 독재를 무너뜨리고 민주주의를 확립하는 데 큰 기여를 했다.

그러나 언젠가부터, 우리 사회가 어느 정도 경제적, 정치적으로 안정되고 난 이후부터, 대학의 사회적 책임에 대한 의식이 많이 약화된 듯하다. <u>교수들은 자기 연구 실적 늘리기에 급급하고, 학생들은 취업 스펙을 쌓기에 바쁠 뿐 대학에 몸담은 사람으로서 가져야 할 책임에 대해서는 아무도 관심이 없다.</u> 하지만 대학이 모래알처럼 흩어져 자기 이익만 생각하는 이들의 집합소여서는 안 된다. 책임 있는 리더십과 팔로워십에 대한 교육이 제대로 이루어지지 않는다면, 그것은 이미 대학이 아니다.

7. 여러분은 혹시 취업 스펙을 쌓기 위해 대학에 몸담고 있는 것은 아닌지 반성해 봅시다. 그리고 본인이 져야 할 책임이 무엇인지에 대해 생각해 봅시다.

3. 커다란 꿈

대학은 미래지향적인 조직이다. 당장 돈이 되지 않더라도 기초적이고 이론적인 논의를 하는 곳이다. 대학이라는 기관이 당장에는 쓸모가 없어 보여도 새롭고 창조적인 미래의 지식을 생산하도록 했기에, 인류가 진보를 계속해 올 수 있었다고 나는 믿는다. 대학은 자잘한 현실보다 광대한 미래를 내다봐야 한다.

날서다, 방부제, 자임하다, 견인차, 전파하다, 발판, 군부, 급급하다, 몸담다, 집합소, 팔로워십, 자잘하다, 내다보다

대학이 과도한 자율을 누리고 있다는 비판이 있는데, 그것은 대학의 이러한 미래지향적 속성을 간과한 시샘이라고 생각한다. 대학이 권력과 자본과 세속에서 독립되지 못하면, 큰 꿈을 꾸지 못한다. 대학이 근시안적으로 변하면 종국적으로 가장 큰 피해를 보는 것은 대학을 품고 있는 국가와 사회다. 그것을 알기에 대학에 먼 미래를 내다보라고 과분한 자율을 주고 있는 것이다. 물론 그렇기 때문에 앞서 이야기한 대로 대학 스스로의 책임도 막중하다.

그러니 그 안에 몸을 담고 있는 구성원들도 당장의 이익이 아니라 먼 훗날의 큰 꿈을 꿀 수 있어야 할 터인데, 현실은 정반대다. 다들 고도근시가 되어 당장 눈앞의 이해관계에만 급급하다. 물론 사회가 급변함에 따라 대학도 살아남는 것이 제일의 과제가 됐고, 그러자니 시대적 트렌드에 민감하지 않을 수 없게 된 측면은 있다. 하지만 교수들의 종신을 보장하는 등의 비효율을 감수하는 이유는 좀 더 장기적인 사고를 해달라는 역사의 요구가 반영된 것이다. 대학이 너무 보수적이어서는 안 되겠지만, 너무 현안에만 연연하는 것도 문제다.

대학과 교수들이 이럴진대 학생들은 오죽하랴. 자신의 전(全) 생애적 가능성에 대한 모색은 엄두도 내지 못한 채, 당장 취직이 급하고 안정된 생활이 아쉽다. 긴 호흡으로 자신의 '커다란 꿈'을 찾아가겠다는 학생은 보이지 않고, 딱히 쓸 데도 없을 것 같은 자격증에만 관심을 둔다. 최근 대학가에 부는 스펙 열풍이란 단순한 유행의 문제가 아니다. 대학의 본질에 반(反)하는 역사적 역류다.

너무 이야기가 딱딱하고 장황해진 것 같아 미안하다. 하지만 다소 어렵더라도, 그대의 청춘에 대학이라는 두 글자가 가진 의미가 막중하기에 '대학이 어떠한 곳이어야 하는지', 나아가 '젊은 그대가 추구해야 하는 것은 무엇인지' 한번은 이야기해 주고 싶었다. 그렇다. 대학은 그대가 막연히 알던 것보다 훨씬 더 역사가 길고, 책임이 크고, 시야가 멀고 넓은 공동체다.

8. 여러분은 글쓴이의 이 언급에 대해 어떻게 생각합니까?

9. 여기서 말하는 '긴 호흡'이란 무엇을 의미하는 것일까요?

10. 이 문장의 깊은 뜻에 대해 생각해 봅시다. 그리고 여러분이 생각하는 대학이란 공동체는 무엇인지 말해 봅시다.

자율, 간과하다, 시샘, 근시안적, 종국적, 막중하다, 구성원, 훗날, 정반대, 이해관계, 급변하다, 살아남다, 트렌드, 종신, 비효율, 감수하다, 장기적, 현안, 엄두, 딱히, 역류, 장황하다, 막연히 그대는 왜 대학을 꿈꾸었는가? 취업을 위한 최고의 스펙은 역시 출신 대학이니까? 고작 '○○대학교 출신'이라는 산지(産地)명을 오렌지처럼 이마에 찍고 비싼 값에 팔려 나가려 하는가? 왜 무한한 가능성을 품은 그대의 잠재력을 믿지 못하고 코앞의 이익에 무너지려고 하는가?

다시 한 번 묻는다.

그대에게 대학이란 무엇인가?

고작, 무한하다, 잠재력

어휘와 문법

단어

명   사: 터전, 태학, 전신, 볼로냐, 옥스퍼드, 질곡, 지성인, 기능인, 학문후속세대, 지성, 수요자, 공급자, 스펙, 방부제, 견인차, 발판, 군부, 집합소, 팔로워십, 자율, 시샘, 구성원, 훗날, 정반대, 이해관계, 트렌드, 종신, 현안, 엄두, 역류, 잠재력

명사·관형사: 본원적, 근시안적, 종국적, 장기적

동   사: 소망하다, 연원하다, 투입하다, 토로하다, 써먹다, 전수하다, 연마하다, 향도하다, 자임하다, 전파하다, 몸담다, 내다보다, 간과하다, 살아남다, 감수하다

형용사: 올망졸망하다, 날서다, 급급하다, 자잘하다, 막중하다, 급변하다, 장황하다, 무한하다

부   사: 정작, 딱히, 막연히, 고작

어휘 연습

1. 지금까지 배운 단어 중에는 본문에서 언급된 '연연하다, 급급하다'처럼 'AA식'의 동사나 형용사가 비교적 많은데 어떤 것들이 있는지 회상해 보고 다음 표를 채워 봅시다. 그리고 그중에서 5개를 골라 문장을 만들어 봅시다.

ㄱ		구구하다	갑갑하다
ㄷ	답답하다		
ㅁ	만만하다	막막하다	
ㅅ	선선하다		쌀쌀하다

(1) _____
(2) _____
(3) _____
(4) _____
(5) _____

2. 다음 단어나 표현의 반대말을 본문에서 찾아 빈칸에 써 봅시다.

　　도구적 지식　⟷　_____
　　작은 지식　　⟷　_____
　　기능인　　　⟷　_____
　　자잘한 현실　⟷　_____
　　올망졸망하다　⟷　_____
　　수요자　　　⟷　_____

3. [보기]에서 알맞은 것을 골라 적절한 형식으로 문장을 완성해 봅시다.

> 보기: 토로하다, 전수하다, 연마하다, 자임하다, 몸담다, 내다보다,
> 　　　간과하다, 연연하다, 올망졸망하다, 급급하다, 자잘하다,
> 　　　막중하다, 오죽하다, 장황하다

(1) 그는 자신의 기술을 제자들에게 서슴없이 다 _____.
(2) 나이, 성별, 외모에 _____ 말고 친구에게서 배울 수 있는 장점을 발견해라.
(3) 그는 서울에 들른 친구에게 이 분한 심정을 _____.
(4) 사사로운 이익에만 _____ 나머지 주위를 돌보지 않는다.
(5) '문화 대통령'을 _____ 김대중 대통령 취임 뒤 정부는 나름대로 개혁적인 문화 정책을 펼쳐왔다.
(6) 그는 평생을 학문 연구에 _____ 결심했다.
(7) 말할 필요도 없이 정부의 책임은 _____.
(8) 그 사람의 다소 _____ 설명에도 불구하고 그녀는 이해가 가지 않는 것 같은 얼굴을 하고 있었다.
(9) 저는 요새 집안의 _____ 일로 엄청 바쁩니다.
(10) 눈 앞의 경쟁과 승리보다 내일을 _____ 안목이 필요하다.
(11) 대학의 이러한 대량화, 대규모화, 대중화의 현상과 함께 또 한 가지 _____ 수 없는 것은 대학에 있어서의 교육 내용의 변혁이다.
(12) 대학은 학문을 _____ 곳이다.
(13) 신혼 때 갖춘 살림살이들은 자그마하고 _____.
(14) 어른들이 그럴진대 아이들은 _____?

4. [보기]에서 알맞은 것을 골라 빈칸에 써 봅시다.

> 보기: 정작, 딱히, 막연히, 고작

(1) 나는 좀 어이가 없었고, (   ) 할 말이 없었다.
(2) 그러나 (   ) 우리가 걱정하는 것은 돈 문제에만 한정되는 게 아니다.
(3) 집을 나와서 (   ) 갈 데도 없던 터라 난 그 친구를 찾아갔다.
(4) 까마득하게 오래된 것 같은데 사실은 (   ) 하루밖에 지나지 않았다.
(5) 택시가 올 때까지 (   ) 앉아서 기다릴 수 없었다.
(6) 이제 보니 (   ) 중요한 문제는 따로 있는 듯싶다.
(7) 열 명 중 이 자리에 참석한 사람은 (   ) 네 명뿐이었다.
(8) (   ) 공부하는 것은 꿈과 목표가 없기 때문입니다.

5. '-적'은 일부 명사 또는 명사구 뒤에 붙어 '그에 관계된', '그 성격을 띠는', 그리고 '그 상태로 된'의 뜻을 더하는 접미사입니다. 본문에 나온 다음 단어의 의미를 알아보고 그중에서 5개를 골라 문장을 만들어 봅시다.

> 보기: 개인적, 결정적, 경제적, 근시안적, 기본적, 기초적, 단적, 대표적, 도구적, 물질적, 미래지향적, 보수적, 본원적, 본질적, 사회적, 시대적, 실천적, 역사적, 이론적, 장기적, 정신적, 정치적, 제도적, 종국적, 창조적, 학문적

(1) _____

(2) _____

(3) _____

(4) _____

(5) _____

6. 외래어 '스펙'은 직장을 구하는 사람 사이에서 학력, 학점, 토익 점수 등을 말하는 영어 단어 Specification의 준말로, 2004년에 한국 국립국어원의 신어 자료집에 등록된 신어입니다. 이런 식으로 한국어의 어휘 체계에 들어온 외래어 신어로는 또 어떤 것이 있는지 조사해 봅시다.

문법 설명

1. -는 경향이 있다

현상이나 사상, 행동 등이 어떤 방향으로 기울어진다는 뜻을 나타낸다.
- ▶ 그런데도 기업과 사회는 물론, 대학생 스스로도 자꾸만 직장 생활에 필요한 도구적 지식만이 대학에서 배워야 할 지식의 전부라고 생각하는 경향이 있다.
- ▶ 요즘 영화는 너무 컴퓨터 그래픽을 남용하는 경향이 있다.
- ▶ 하얀색을 좋아하는 남자는 모든 일을 완벽하게 해 내려는 경향이 있다.
- ▶ 사람들은 동물들의 모습과 행동과 생활 방식을 보고 그 동물의 성격을 규정짓는 경향이 있다.

2. -(으)ㄹ진대

앞말의 일을 인정하면서, 그것을 뒷말 일의 조건이나 이유, 근거로 삼음을 나타내는 연결 어미이다. 예스러운 표현이고 장중한 어감을 띤다.
- ▶ 대학과 교수들이 이럴진대 학생들은 오죽하랴.
- ▶ 내가 이럴진대 아이에게 아빠의 자리는 또 얼마나 클까!
- ▶ 우리가 친구일진대 서로 도와야 마땅하다.
- ▶ 그대와 같이 건강할진대 무엇이 걱정되랴.
- ▶ 글쓰기가 단순히 글 재주에서 나오는 것이 아닐진대 생각없이 글이 온전해질 수 없는 것이다.

문법 연습

1. 성공한 사람과 실패한 사람의 차이가 무엇일까요? 성공한 사람과 실패한 사람의 상황별 대응으로 빈칸을 채우고, '-는 경향이 있다'를 사용하여 문장을 만들어 봅시다.

상황	성공한 사람	실패한 사람
도전을 직면했을 때	도전을 무서워하지 않다	쉽게 포기하다
어려운 처지에 처해 있을 때		
목표를 세울 때	성취 가능한 목표를 세우다	

   (1) 성공한 사람들은 도전에 직면할 때 도전을 무서워하지 않는 경향이 있다.

   (2) _____

   (3) _____

   (4) _____

   (5) _____

   (6) _____

2. 다음 문장을 완성해 봅시다.

   (1) 그처럼 건강할진대 <u>무엇을 못하랴?</u>_____

   (2) 그 사람이 그렇게 좋을진대 _____

   (3) 계획을 세웠을진대 _____

   (4) 세계 평화를 염려할진대 _____

   (5) 지구의 앞날을 걱정할진대 _____

   (6) 이왕 같이 일을 시작한진대 _____

3. [보기]에서 제시된 문법 사항 5개 이상을 사용하여 '중국의 대학 교육'이라는 주제로 400자 내외의 글을 써 봅시다.

> 보기: 에서 연원하다, 에 급급하다/연연하다, -(으)ㄴ/는 데 있다, -는/은 물론,
> -(으)ㄴ/는 채, -(으)ㄹ 터이다, -(으)ㅁ에 따라, -자니

 이해와 표현

내용 학습

1. 다음은 대학이 져야 할 책임에 대한 글쓴이의 논의입니다. 다음 내용을 읽어 보고 여러분이 다니고 있는 대학이 이러한 '방부제'와 '견인차'의 역할을 제대로 수행하고 있는지에 대해 말해 봅시다.

   > 대학이 이처럼 사회의 지원을 받는다는 사실은 사회에 대해 일정한 책임을 져야 함을 의미한다. 날선 비판의식으로 사회의 방부제를 자임해야 하고, 나라 발전과 사회 변화의 견인차 역할을 수행해야 할 커다란 책임이 있는 것이다.

2. 글쓴이는 본문에서 "대학이 모래알처럼 흩어져 자기 이익만 생각하는 이들의 집합소여서는 안 된다. 책임 있는 리더십과 팔로워십에 대한 교육이 제대로 이루어지지 않는다면, 그것은 이미 대학이 아니다."라고 말했습니다. '리더십(leadership)'은 다른 사람을 다스리거나 이끌어 가는 지도자로서의 능력을 말하고, '팔로워십(followership)'은 한 개인이 지도자를 능동적으로 따르는 능력을 말합니다. 여러분의 경험을 기초로 하여 '리더십'과 '팔로워십'의 관계에 대해 말해 봅시다.

3. 다음 내용을 중국어로 번역해 봅시다.

   (1) 대학은 단순히 지식을 전달하는 기관이 아니다. 고등학교보다 더 어려운 내용을 가르치는 교육기관 정도가 아니라는 것이다. 대학이 다른 교육기관과 본질적으로 다른 점은, 새로운 학문적 진리를 탐구하는 '연구'를 수행한다는 데 있다. 창조적인 지식을 생산하는 일은 사실 교육에 앞서는 대학의 가장 본질적인 기능이다.

   _____
   _____
   _____

(2) 대학은 미래지향적인 조직이다. 당장 돈이 되지 않더라도 기초적이고 이론적인 논의를 하는 곳이다. 대학이라는 기관이 당장에는 쓸모가 없어 보여도 새롭고 창조적인 미래의 지식을 생산하도록 했기에, 인류가 진보를 계속해 올 수 있었다고 나는 믿는다. 대학은 자잘한 현실보다 광대한 미래를 내다봐야 한다.

_____
_____
_____

심화 학습

1. 본문에서 언급된 다음 내용을 읽어 보고 여러분의 경험과 사고를 기초로 하여 '나는 왜 대학에서 공부하는가'라는 주제를 가지고 토론해 봅시다.

> 그대는 왜 대학을 꿈꾸었는가? 취업을 위한 최고의 스펙은 역시 출신 대학이니까? 고작 '○○대학교 출신'이라는 산지(産地)명을 오렌지처럼 이마에 찍고 비싼 값에 팔려 나가려 하는가? 왜 무한한 가능성을 품은 그대의 잠재력을 믿지 못하고 코앞의 이익에 무너지려고 하는가?

2. 다음 내용을 한국어로 번역해 보고 중국의 계몽 학자이며 교육자인 蔡元培의 대학 사상에 대해 알아봅시다.

> 蔡元培认为大学应具备以下基本特征和功能：第一，大学以研究学问为第一要义。大学是研究学问之机关，不是灌输固定知识的场所，更不是养成资格、贩卖毕业文凭的地方。第二，大学应以引领社会、服务社会为职志。教育之于社会，有二大基本功能：一在引领，二在服务。第三，大学教育的目的是育人而非制器。教育是帮助被教育的人，给他能发展自己的能力，完成他的人格，于人类文化上能尽一分子责任；不是把被教育的人，造成一种特别器具。其四，大学是精神家园。大学应有着丰富的精神内涵，这些精神主要包括自由精神、平等精神、民主精神和科学精神。第五，大学教育以创新为灵魂。无论是教师还是学生，无论是教学内容还是教学方式，都要寻着创新的思路加以改进。

 **한국 문화 익히기**

한국의 고등 교육 기관 — 대학*

　대학(大學)은 교육의 단계상 고등 교육 기관에 속하며 전문적인 교육과 연구를 함께 하는 최고의 교육 기관이다. 일반적으로 모든 과정을 수료한 경우 학위나 수료증을 수여해 사회로부터 인정받을 수 있게 해 준다.

　한국의 대학 교육 기관은 372년 고구려 소수림왕 때 설치된 태학, 신라 682년 신문왕 때 설립된 국학, 그리고 고려 992년 성종 때 설립된 국자감을 들 수 있다. 조선 시대의 국립 고등 교육 기관으로는 조선 1398년에 준공된 성균관이 있는데 이는 고려 시대 국자감의 전통을 이어 받아 사서(四書)와 오경(五經) 등을 기본으로 했다. 한말 및 일제 강점기에는 세브란스(지금의 연세대학교 의과대학 전신), 보성(지금의 고려대 학교 전신), 이화(지금의 이화여자대학교 전신), 연희(지금의 연세대학교 전신), 불교 중앙학림(佛敎中央學林, 지금의 동국대학교 전신), 숙명(지금의 숙명여자대학교 전신) 등의 고등 교육 기관이 사립 전문 학교라는 이름으로 설립되었다.

　대학이라는 명칭으로 설립된 것은 일본 정부가 설립한 경성제국대학(지금의 서울대학교 전신) 뿐이었는데 광복 후 전문학교가 모두 대학으로 승격하였고, 그후 많은 국립대학과 사립대학 등이 각지에 설립되었다. 국립대학으로는 서울대학교, 여자대학으로는 이화여자대학교, 사립대학으로는 숭실대학교와 연세대학교, 민립대학으로는 조선대학교 등이 한국의 근대적 대학교의 시초라고 할 수 있다.

　오늘날 한국에서의 대학은 광의적인 의미로는 학부 과정과 석, 박사 과정인 대학원 과정을 모두 포함한다. 대학원은 대학교 내에 학부 과정과 함께 설치되기도 하고, '대학원대학'이라 하여 대학원 과정만을 설치하기도 한다. 또한 고등교육법상 대학은 4~6년제 종합대학뿐만 아니라 2~3년제 전문대학, 산업대학, 교육대학, 기능대학, 기술대학, 원격대학(방송대학, 통신대학, 방송통신대학 및 사이버대학) 등을 모두 이르는 말이다. 한국 교육 기본법에서는 4~6년제 종합 대학을 한국어 한자어로 '대학교(大學校)'라고 하는데, 이는 중국과 일본 등의 한자 문화권에 속해 있는 다른 나라와 대별된다. 통계에 의하면 한국의 대학 수는 무려 350개나 되었고, 그중 국립 대학은 50개이고 공립 대학은 8개이다. (2016년 8월 기준)

　학생들은 대학에 입학하기 위해서는 '대학수학능력시험(大學修學能力試驗, CSAT, College Scholastic Ability Test)', 즉 '대학에서 수학할 수 있는 능력을 평가하는 시험'을 치러야 한다. 수능시험은 1994년에 도입된 시험인데, 대학 진학을 원하는 고등학교 졸업 예정자 및 이미 졸업한 자, 또는 검정고시 합격자를 비롯한 그에 상응하는 학력을 소지한 자 등을 대상으로 매년 11월에 시행된다.

　한편 2000년대 이후에는 한국 대학의 진학률이 1990년의 33.2%에서 2009년의 81.9%로 대폭 증가되었다. 그럼에도 불구하고 학부모들은 자녀를 좋은 대학에 입학시키려고 온갖 힘을 쓰고 있다. 이러한 교

---

* 이 부분의 내용은 '네이버 지식백과(http://terms.naver.com)', '두산백과(http://www.doopedia.co.kr)'와 '위키백과(http://ko.wikipedia.org)' 등을 참조하여 정리한 것이다.

육적, 사회적 원인으로 말미암은 높은 교육열은 재수생 문제, 입시 중심 교육, 과열 과외, 치맛바람 등의 많은 문제점을 초래하고 있다.

한국 현행 고등교육법상 대학은 인격을 도야하고, 국가와 인류 사회 발전에 필요한 학술의 심오한 이론과 그 응용 방법을 교수하고 연구하며, 국가와 인류 사회에 공헌함을 목적으로 하고 있다(제28조). 물론 대학 간의 서열화와 인구 감소에 따른 정원 미달 등의 문제점을 안고 있지만 오늘날의 한국 대학은 국민 교육 제도의 일환으로서 운영하고 있으며 옛날과 같이 상아탑적 존재로 있을 수만은 없는 것이 사실이다. 대학은 고도의 지적 문화를 창조적으로 계승하고 국가의 미래를 짊어져야 할 지도자를 양성해야 하며, 아울러 사회 봉사를 수행해야 할 사명을 가지고 있다.

더 읽어 보기

EBS '왜 우리는 대학에 가는가' 제작팀·정성욱, 『왜 우리는 대학에 가는가』, 해냄출판사, 2015.
김봉걸, 『한국의 대학 어제와 오늘 그리고 내일』, 대학서림, 1997.
김종인, 『한국의 대학과 지식인은 왜 몰락하는가』, 집문당, 2004.
백종기, 『대학의 이상과 사명』, 성균관대학교출판부, 2007.
오욱환, 『한국 교육의 전환 – 드라마에서 딜레마로』, 교육과학사, 2014.
이혁규, 『한국의 교육 생태계』, 교육공동체벗, 2015.
주심환, 『21세기 한국교육 진단과 처방』, 학지사, 2016.
최은수, 『한국 대학의 '따뜻한 변화'와 리더십을 말하다』, 공동체, 2016.

듣기 지문

01 잃어버린 문화재, 되찾은 문화재

왕　　호: 뉴스에서 들었는데요, 최근 프랑스 정부가 보유하고 있던 외규장각 도서 297점을 반환했다고 하더라고요. 그게 무슨 말인가요?

이 교수님: 응, 1866년에 프랑스 해군이 강화도에서 외규장각 도서들을 약탈해 간 일이 있어. 이번에 프랑스 정부가 이 책들을 다시 돌려 주게 된 거야.

왕　　호: 그렇군요. 외규장각은 어떤 곳이에요?

이 교수님: 외규장각은 왕실 관련 서적을 보관하기 위해 강화도에 설치한 도서관이야. 왕립 도서관인 규장각의 부속 도서관이라고 할 수 있지.

왕　　호: 교수님, 한국 문화재는 주로 언제 유출되었나요?

이 교수님: 한국은 여러 번의 외침(外侵)으로 소중한 문화재가 약탈되고 소실되는 경우가 많았어. 주로 구한말에서 일제 강점기에 걸친 근대 시기에 일어난 일들이야.

왕　　호: 주로 어떤 방식으로 유출되었어요?

이 교수님: 강압적 약탈이나 도굴 등의 밀반출, 그리고 개인 수집가에 의한 유물 수집, 반출 경위가 명확하지 않은 경우 등을 들 수 있어.

왕　　호: 그 수량이 어느 정도나 되죠?

이 교수님: 국외소재문화재재단에 따르면 해외에 유출된 문화재의 수량이 16만여 점에 달한다고 해. 무려 20여 개국에 퍼져 있는데, 이 중에 절반 정도는 일본에 소장되어 있는 것으로 알려져 있어. 안견의 「몽유도원도」에 대해 들어 봤니?

왕　　호: 네, 들어 봤어요. 역사 교과서에도 소개될 만큼 유명하잖아요.

이 교수님: 그렇지. 한국 역사에서 위대한 산수화로 꼽히는 그림이지만 아쉽게도 국내에서는 이 그림을 볼 수 없어. 16세기 말 임진왜란 시기에 일본이 약탈해 갔는데, 현재 일본의 문화재로 지정되어서 일본 천리대학에 소장 중이거든.

왕　　호: 그렇군요. 그런데 왜 한국에 돌아오지 못하고 일본의 문화재로 지정되었나요?

이 교수님: 1893년 이전에 일본으로 건너간 것으로 추정되지만 왜, 어떻게 건너갔는지에 대

　　　　　　한 증거 자료가 없어서 소유권을 주장하기 힘든 상황이래.
왕　　호: 고국으로 돌아오지 못하고 타향살이를 하고 있는 셈이군요.
이 교수님: 그런 셈이지. 소중한 한국 문화재를 지키지 못했던 아픔을 반성해 보고 진정한 주인이 누구인지를 한번 생각해 보는 기회가 되었으면 좋겠어.

02 간송 전영필

이 교수님: 일제 강점기에 문화재가 일본의 손에 넘어 갔더라면 우리는 지금도 먼발치에서 우리 문화재를 볼 수밖에 없었을 거야. 한국 역사의 한 가운데서 혼신의 힘을 다해 문화재를 지켜낸 분이 누군지 아니?
왕　　호: 글쎄요?
이 교수님: 간송미술관의 소장품들은 교과서에 실린 걸작들이라 누구의 작품인지 알 거야. 하지만, 이 그림을 지금 우리가 볼 수 있도록 지켜 준 간송 전형필 선생에 대해서는 아는 사람이 거의 없어.
왕　　호: 저도 인터넷에서 『훈민정음(해례본)』을 구입해 지켜 냈다는 기사를 본 적이 있어요. 어떤 분이셨나요?
이 교수님: 얼마 전 TV에서 '간송이 지켜 준 보물'이라는 방송을 내보낸 적이 있어. 일제 강점기에 최고의 부잣집에서 태어난 전형필 선생은 독립운동가 오세창 선생과의 운명적 만남을 통해 문화재 수호자의 길로 들어서게 됐지.
왕　　호: 그 분은 어떻게 문화재를 수집하셨죠?
이 교수님: 응, 전형필 선생은 진귀한 문화재가 나타났다는 소문이 돌면 아무리 큰돈이 들어도 주저하지 않고 구입했다고 해. 『훈민정음(해례본)』도 그렇게 지켜 냈고, 일본에 가서 직접 구입한 문화재도 있다고 하고.
왕　　호: 네. 소장품들로는 주로 무엇이 있어요?
이 교수님: 대부분이 국보 및 보물급의 문화재야. 김정희, 신윤복, 장승업 등의 회화 작품과 서예 및 자기류, 불상, 서적에 이르기까지 모두 한국 미술사 연구에 귀중한 자료로 인정받고 있지.
왕　　호: 한국의 문화재 보호를 위해 큰일을 하신 분이군요. 5월에 전시회가 열리면 꼭 가 봐야겠어요.

03 신라 천년의 중심, 속살을 드러낸 반월성에 올라

이 교수님: 얼굴이 많이 탄 걸 보니 어디 다녀온 모양이구나.

왕　　호: 네, 동아리에서 경주로 답사를 다녀왔어요. 꼭 한번 가 보리라 꿈꾸던 곳이었는데, 역시 말로 표현할 수 없을 만큼 아주 알찬 여행이었어요.

이 교수님: 그래? 어디 어디 구경했니?

왕　　호: 월성, 안압지, 첨성대, 석굴암 등을 돌아 봤어요. 신라의 왕궁이 있던 월성은 흙과 돌을 섞어 만든 작은 토성인데, 그 모습이 반월을 닮았다고 해서 반월성이라고 부른대요.

이 교수님: 지금은 많이 무너지고 큰 나무들이 자라고 있어서 아마도 자취를 찾는 일이 쉽지 않았을 텐데.

왕　　호: 네, 맞아요. 월성에서 내려오면 바로 앞에 안압지가 있어요. 안압지는 동궁에 딸린 인공 연못이래요. 궁 안에 연못을 파고 산을 만들어 화초를 심고 진기한 새와 짐승을 길렀대요. 안압지를 나와 동북쪽으로 가니 1,300여 년의 세월을 지켜 온 석조물이 있었어요. 바로 유명한 첨성대였는데, 이곳에서 별을 관측했을 신라인들을 떠올려 봤어요.

이 교수님: 토함산 중턱에 자리 잡은 석굴암은 어땠니?

왕　　호: 네, 부처가 한가운데 느긋하게 앉아 있었어요. 그런데, 사진을 찍어 오지 못해서 많이 아쉬웠어요.

이 교수님: 석굴암 안에 있는 부처의 모습이야말로 언제 봐도 단아하고 근엄하게 느껴지지.

왕　　호: 교수님께서는 경주에 여러 번 가 보셨지요?

이 교수님: 그럼, 열 번 이상 갔었지. 신라의 수도였던 경주 역사 지구에는 도시 전체가 '벽 없는 박물관'이라고 일컬어질 정도로 다양한 문화재가 보존되어 있어. 유네스코가 선정한 자랑스러운 한국의 문화유산이기도 하지.

04 매화 그늘을 서성이며

이 교수님: 서원 하면 무슨 생각이 나니?

왕　　호: 안동에 있는 도산서원이요. 천 원짜리 지폐에도 나왔던 곳이잖아요?

이 교수님: 서원은 조선 시대 선비들이 공부하던 곳이야.

왕   호: 저는 역사나 유학에 관심이 별로 없어서 그 동안 잘 모르고 있었어요.

이 교수님: 서원에서 우리의 주목을 끄는 것은 선비들의 고결한 정신이야. 서원의 건물들은 소박하기 짝이 없어. 이게 바로 성리학을 숭상하는 선비의 정신이지. 중요한 것은 물질이 아니라 정신이라고 생각한 거야. 선비들의 이런 고결한 정신을 보여주는 사물이 또 하나 있어.

왕   호: 그게 뭔데요?

이 교수님: 바로 매화야. 서원에는 반드시 매화나무가 마당을 지키고 있어. 도산서원의 매화원(梅花園) 매화나무 가지에 피어난 꽃망울이 더 이상 움츠러들지 말라고 마음의 균형을 잡아 주고 있지.

왕   호: 선비와 매화가 무슨 관련이 있을까요?

이 교수님: 매화가 귀한 대접을 받는 이유는 세상의 모든 꽃들이 겨울 추위에 자취를 감추었을 때 홀로 피어 있기 때문일 거야. 매화마저 피지 않는 겨울은 얼마나 쓸쓸하겠어? 불의에 굴하지 않는 선비의 정신을 표상하는 거야. 청빈했던 옛 선비들은 모두 매화나무 같은 삶을 살았다고 볼 수 있지.

왕   호: 그렇군요. 전에는 별 관심이 없었는데 말씀을 듣고 보니 서원에 대해 더 많이 알고 싶어지네요.

05 산신각

이 교수님: 왕호야, 지난 번에 시골에 갔을 때 금줄 봤지?

왕   호: 금줄이요?

이 교수님: 응, 큰 도로를 벗어나 시골길을 달리다 보면 서낭당 옆의 당산나무에 울긋불긋한 천이나 줄이 매어져 있는 걸 볼 수 있었잖아.

왕   호: 아, 그거요. 지나면서 얼핏 보긴 했는데, 금줄이 구체적으로 뭔지는 잘 모르겠어요.

이 교수님: 금줄이란 신성한 곳임을 표시하고, 부정한 사람의 접근을 막기 위해 마을의 당산나무에 두르는 새끼줄이야. 귀신들이 붉은 것을 싫어하기 때문에 새끼줄에 붉은 황토를 뿌리기도 하지. 그리고 대개 짚으로 꼰 왼 새끼를 두르는 풍습이 있어.

왕   호: 그래요? 왜 왼쪽으로 꼬는 거죠?

이 교수님: 새끼줄은 보통 오른쪽 방향으로 꼬아 만들지만, 금줄에 사용되는 것은 왼쪽 방향으로 꼬아 만들어야 해. 오른 새끼줄은 일상적인 것, 인간 세상에 속한 것을 의미하고 왼 새끼줄은 성스러운 세상을 의미하거든. 한마디로 귀신이 싫어하는 줄이라는 뜻이야.

왕 호: 그럼, 마을 수호신의 역할 외에 다른 역할이 있나요?

이 교수님: 있지. 대문에 금줄을 쳐 놓은 것을 본 적 있니?

왕 호: 네, 대문에 친 금줄도 봤어요. 그건 무슨 역할을 하는 거죠?

이 교수님: 아기가 태어난 집 대문에 금줄을 쳐 놓고 사람들을 함부로 드나들지 못하게 했지. 이 집에는 면역력이 약한 갓난아이가 있으니, 병이 있거나 부정한 사람들은 출입을 하지 말라는 뜻이야. 아들을 낳으면 새끼줄에 숯과 고추를 끼우고, 딸을 낳으면 새끼줄에 숯과 솔가지를 끼웠어.

왕 호: 항아리에 금줄을 두른 것도 봤어요.

이 교수님: 그래. 예전에는 장을 담글 때도 장맛이 좋아지라고 항아리에 금줄을 두르곤 했지.

왕 호: 한국분들의 생활 곳곳에는 민간신앙이 뿌리 깊게 자리하고 있군요.

06 서양은 에피스테메를 말하지만 우리는 혼란을 말한다

이 교수님: K-POP이 뭔지 아니?

왕 호: K-POP은 해외에서 인기 있는 한국의 댄스 음악이잖아요.

이 교수님: 오늘날 K-POP이 동서양에서 모두 인기를 얻고 있잖아. 그 이유가 무엇일까?

왕 호: K-POP은 동서양 음악의 융합이라고 볼 수 있어요. 가수들은 대부분이 한국인이고 윙크와 손동작을 이용한 안무 동작은 아시아적 취향으로 느껴지지만, 힙합적 음률, 유로팝적 후렴과 랩 그리고 덥스텝이 들어간 서구적인 사운드의 음악을 구사하고 있으니까요. 그런데 한국에서 어떻게 K-POP이 발달하게 되었죠?

이 교수님: 1990년대부터 본격적으로 형성되기 시작한 신세대는 보편적인 가치관 대신 자기실현을 최고의 미덕으로 여겼고, 록 음악과 댄스 음악으로 기성세대를 압박하는 모습을 보여주고 있어.

왕 호: 한국인이 들으면 다소 낯설지만, 다른 아시아권에서는 낯설면서도 신선하고 또 서구권에서는 익숙하면서도 신선한 그런 음악이요?

이 교수님: 맞아. 그런 낯섦과 신선함, 익숙함과 세련됨이 뒤섞인 음악들이 유튜브를 타고 퍼져나가면서 전 세계에 돌풍을 몰고 올 수 있었던 거야. 외국어 실력이 뛰어나거나, 외국 문화에 익숙한 사람을 멤버로 구성했고, 곡의 작곡이나 편곡에 있어서도 해외 작곡가들을 참여시킨 것을 보면 처음부터 국제 무대에서 활약할 준비가 되어 있었던 거지.

왕　　호: 그렇군요. K-POP이 한류의 중심에 서서 한국의 대중문화를 전 세계에 알리고 있는 거네요.

이 교수님: 그렇다고 볼 수 있지. 하지만 공장에서 똑같은 물건을 만들어 내듯이 표정이나 용모, 가창력이 비슷한 아이돌 가수들이 쏟아져 나와서 대중문화의 상업성을 부추길 우려도 없지 않아.

07 추운 시절의 그림, 세한도

왕　　호: 교수님, 이 그림 좀 보세요. 사람도 없고 초라한 가옥 한 채, 그리고 소나무 두 그루와 잣나무 두 그루가 그려져 있어요. 그냥 봐서는 썰렁하기 그지없는 그림이네요.

이 교수님: 어떻게 보면 별 볼거리 없는 단순한 그림이지만, 보이는 부분보다 보이지 않는 부분을 읽을 수 있어야 해. 김정희가 그린 「세한도」인데, 한국의 고등학교 국어 교과서에도 실렸던 그림이야. 이 그림이 오늘날 우리의 심금을 울리는 것은 그 안에 김정희와 제자 이상적(李尙迪)의 가슴 시린 정이 그려져 있기 때문이지.

왕　　호: 어떻게 해야 이 그림을 잘 이해할 수 있을까요?

이 교수님: 김정희가 제자 이상적에게 보낸 그림 속의 발문(跋文)까지 읽어야 그 진면목을 알 수 있어.

왕　　호: 발문에는 어떤 내용이 담겨 있어요?

이 교수님: 제자와 스승 간의 아름다운 정을 느낄 수 있어. 제자 이상적이 중국에서조차 구하기 어려운 값비싼 책을 유배 생활을 하는 김정희에게 보내 준 적이 있는데, 김정희는 자신을 찾아와 준 제자에게 그림과 발문으로 극진한 고마움을 전했지. 「세한도」의 발문에는 『논어』의 구절을 인용한 이런 글이 적혀 있어. "한겨울 추운 날씨가 된 다음에야 소나무와 잣나무가 시들지 않음을 알 수 있다."

왕　　호: 그게 무슨 뜻인가요?

이 교수님: "어렵고 힘든 지경에 이르러서야 진정한 친구를 알 수 있는 법이다." 바로 이런 뜻이야. 그림을 자세히 보면, 오른쪽의 늙어 기울어져 가는 소나무를 왼쪽의 젊은 소나무가 받쳐 주며 곧게 자라고 있지? 여기서의 젊은 소나무는 제자 이상적의 모습이고, 풀 한 포기 없는 황량한 언덕에 찌그러진 집 한 칸은 바로 김정희 자신의 모습이야.

왕   호: 저는 그냥 오래됐고 국보라서 엄청 비싼 그림일 거라고만 생각했어요. 그 그림에 이렇게 깊고 감동적인 의미가 담겨 있는 줄은 미처 몰랐어요.

이 교수님: 사람 관계가 삭막해지는 요즘에 진정한 사제 관계를 생각하게 해 주는 감동적인 그림이라고 할 수 있지.

08 미인도는 왜 남겨 두었을까?

이 교수님: 간송미술관의 가을 전시가 다음 주부터 시작되는데, 전시될 그림 중에 신윤복의 그림이 있어. 그 사람의 그림을 보면 재미있는 얘깃거리가 많고 그 속에서 읽어 낼 요소들이 풍부해.

왕   호: 신윤복이 누구예요?

이 교수님: 신윤복은 김홍도와 함께 한 시대를 풍미했던 조선 시대 풍속 화가야. 섬세하고 세련된 도시 감각을 묘사한 것으로 유명하지.

왕   호: 신윤복의 그림 중에 가장 유명한 게 무엇이죠?

이 교수님: 관객들의 시선을 한 몸에 받고 있는 작품을 꼽으라면 「미인도」가 단연 으뜸이지. 전시회가 열릴 때면 이 그림을 보기 위한 인파로 성북동 일대의 교통이 마비될 정도야.

왕   호: 그래요? 「미인도」는 어떤 그림인가요?

이 교수님: 한국의 아름다운 미인을 그린 작품이야.

왕   호: 교수님, 그림에 대해 구체적으로 소개 좀 해 주세요.

이 교수님: 「미인도」는 감각적인 색채와 섬세하고 부드러운 선으로 표현한 그림이야. 그림 속에는 아름다운 조선 시대의 여인이 다소곳이 서 있고, 곱게 빗은 머리카락, 고운 이마에 초승달 같이 그려 놓은 눈썹, 생각에 잠긴 것 같이 조용한 눈빛 등의 아름다움을 한껏 드러내고 있어. 오늘날 신윤복이 남긴 최고의 작품으로 평가되고 있지.

왕　　호: 말씀을 들어보니, 저도 전시회에 가서 그 그림을 보고 싶네요.

09 가야금 인생

이 교수님: 오늘 공연 어땠니? 나는 오랜만에 들으니 새롭던데.

왕　　호: 저는 국악을 많이 듣지 않아서 전통 악기에 대해 잘 몰라요.

이 교수님: 그래도 가야금이나 거문고는 들어 봤겠지? 두 악기는 울림통과 현을 만드는 재료가 같다는 공통점이 있지만, 연주법은 달라. 가야금은 손가락으로 줄을 뜯어서 소리를 내는 반면, 거문고는 술대라는 막대를 이용하여 줄을 튕겨 소리를 내거든. 현의 수 또한 차이가 있지. 가야금은 12줄, 거문고는 6줄이야.

왕　　호: 연주를 재미있게 들을 수 있는 방법이 있을까요?

이 교수님: 무엇보다도 악기에 대해 잘 아는 것이 중요해. 전통 악기들의 연주법을 보면 거기에 한국 문화가 고스란히 담겨 있어. 가야금이나 거문고 같은 현악기를 보면 악기의 몸통과 줄이 멀리 떨어져 있는 구조를 활용하여 줄을 격렬하게 흔들어 음을 자유자재로 운용하는 주법을 사용하거든.

왕　　호: 네. 그런데, 한국에서는 왜 이런 현악기가 중시되었을까요?

이 교수님: 글쎄. 그저 추측일 뿐인데, 한국 음악은 3박자로 구성되어 있기 때문에 흥청거린다거나 넘실거린다고 할 수 있지. 박자를 통해 보면 한국인들은 딱딱하게 분절되는 것보다 곡선적으로 너울거리는 것을 더 좋아하는 것 같아. 이 분위기는 '아리랑'을 불러 보면 잘 알 수 있어.

왕　　호: 한복을 입고 연주하는 모습이 참 예뻐 보이던데, 현악기도 이런 곡선적인 미를 음악적으로 표현한 것이군요.

10 백범일지

이 교수님: 이번 여름에 상해와 절강성에 있는 한국 독립운동 유적지에 다녀왔다며?

왕　　호: 네, 한국인 친구들과 함께 답사를 다녀왔어요. 그런데 왜 윤봉길(尹奉吉) 선생을 의사(義士)라고 부르죠?

이 교수님: 응, 안중근(安重根) 의사처럼 나라를 위해 무력으로써 항거하여 의롭게 돌아가신 분을 의사라고 하고, 유관순(柳寬順) 열사처럼 나라를 위해 맨몸으로써 저항

289

왕　　호: 아, 그렇군요. 윤봉길 의사가 폭탄을 투척한 곳에는 현재 중국의 대문호 노신(魯迅)의 동상과 묘지가 자리하고 있어요. 그리고 김구(金九) 선생이 은신하셨던 가흥(嘉興)과 해염(海鹽) 지역도 둘러 봤어요.

이 교수님: 1932년 4월 29일에 있었던 역사적인 사건을 아니? 윤봉길 의사가 상해 홍구공원에서 일본군을 향해 폭탄을 던졌고, 윤봉길 의사의 의거 이후, 일본군은 독립운동 세력을 추적하기 시작했지.

왕　　호: 일본의 감시와 위협 속에서도 꾸준히 독립운동을 이어 온 것이 대단하고 존경스러웠어요.

이 교수님: 윤봉길 의사의 최후의 유언이 뭔지 아니?

왕　　호: "나의 소원은 우리나라 대한의 완전한 자주독립이요, 후일 자주독립 후 지하에서 만납시다." 바로 이거잖아요.

이 교수님: 맞아. 너무나도 소박하면서 결연한 의지가 담겨 있지. 김구 선생은 자신의 생애 절반을 나라를 위해 바치셨는데, 그분의 희생이 없었다면 지금의 대한민국이 없었을 수도 있겠다는 생각이 들어.

왕　　호: 맞아요. 『백범일지』에 나온 이야기를 그곳에서 직접 눈으로 보고 귀로 들으니까 울컥하는 순간들이 많았어요.

이 교수님: 그래. 김구 선생과 윤봉길 의사의 독립운동 이야기는 우리를 참 숙연해지게 만드는구나.

11 한국 역사를 빛낸 아름다운 여성들

왕　　호: 한국의 화폐 속에는 문화유산이 숨겨져 있는 것 같아요.

이 교수님: 한국의 화폐 속에 나오는 인물들, 얼마나 알고 있니?

왕　　호: 백 원짜리 동전과 천 원, 오천 원, 만 원, 오만 원짜리 지폐에는 각각 나라를 위기에서 구한 이순신 장군, 성리학을 집대성한 유학자 퇴계 이황, 학자이자 정치가인 율곡 이이, 한글을 창제한 세종대왕, 현모양처의 귀감으로 존경받는 신사임당이 들어 있잖아요.

이 교수님: 그래. 모두 훌륭한 분들이지.

왕　　호: 이분들 중에 신사임당은 한국의 대표적인 현모양처라고 들었는데, 어떤 분이시죠?

이 교수님: 오천 원짜리 지폐에 실린 이이의 어머니이시기도 해. 재능을 살리는 자녀 교육과 가정을 지킨 부덕(婦德)으로 추앙받는 분이야. 한시를 여러 편 남기는 등 시문이 뛰어났고, 섬세함과 정교함이 돋보이는 「초충도」를 즐겨 그린 한국 최고의 여류 화가로 평가받고 있지. 이이의 외가이자 신사임당의 친정인 강릉 오죽헌에는 신사임당의 영정과 그림들이 소장되어 있어.

왕 호: 어머니와 아들이 모두 그렇게 훌륭하다니 정말 대단해요. 그러고 보니 신사임당은 한국의 화폐에 등장하는 유일한 여성이네요.

이 교수님: 유일한 여성이라는 상징성은 한국 사회의 남녀평등 의식을 고취하는 의미를 지니고 있어.

왕 호: 제가 듣기로는 조선 시대는 여성들이 자신의 뜻을 마음대로 발휘할 수 없었던 시대였다고 하던데요. 그런 시대에 신사임당과 같은 분이 있었다는 것은 정말 놀라운 일이 아닐 수 없네요.

이 교수님: 그렇지. 현대 여성들에게는 특히 아들을 훌륭히 키워 낸 장한 어머니로서 더 주목을 받고 있어. 그래서 신사임당상(賞)이란 것도 만들어진 거고.

왕 호: 맞아요. 저도 얼마 전에 신문에서 어느 훌륭한 어머니가 신사임당상을 받았다는 기사를 읽은 적이 있어요.

12 엄마를 부탁해

이 교수님: 한국의 어머니들은 교육열과 모성애가 강한 편이야. 그중에 한석봉의 어머니처럼 현명하고 단호한 모성애는 마르지도 않고 변하지도 않을 거야.

왕 호: 한석봉이 누구예요?

이 교수님: 추사 김정희와 어깨를 나란히 했던 서예가야. 조선 중기 사람인데, 종이를 살 형편이 안 돼서 집을 나가서는 돌다리에 글씨를 쓰고, 집에서는 질그릇이나 항아리에 글씨를 썼다고 해. 특히 그가 1583년에 완성한 『석봉 천자문』은 조선 천자문의 표준이 되었고, 왕실과 사대부뿐 아니라 전국 각지에 있는 서당으로 퍼져 나갈 정도로 유명했대.

왕 호: 정말 훌륭한 분이네요.

이 교수님: 이런 한석봉의 뒤에는 가난한 떡 장수 어머니의 헌신적인 사랑이 있었지.

왕 호: 한석봉 어머니의 헌신적인 사랑이 구체적으로 무엇이었나요?

이 교수님: 떡을 팔며 아들의 뒷바라지를 하던 어머니는 글 공부를 위해 아들을 떠나 보내

며 10년 동안 학업에만 힘쓰고 찾아오지 말라고 당부를 했어. 그런데 어머니가 그리워 3년 만에 집에 돌아오자 어머니는 불을 끈 캄캄한 방에서 아들에게 이런 제안을 했지. "나는 떡을 썰 테니, 너는 글을 쓰거라."

왕　　호: 네? 떡을 써는 것과 글씨를 쓰는 것을 겨룬 건가요?

이 교수님: 응, 계속 들어 봐! 그리고는 다시 불을 켜고 확인하자 어머니가 썬 떡은 가지런했지만 한석봉의 글씨는 비뚤어지고 크기도 제각각이었어. 자신의 글씨가 아직 멀었다는 것을 스스로 깨닫게 된 거지.

왕　　호: 정말 대단한 어머니시군요.

이 교수님: 응, 한석봉의 어머니는 자식에게 몸소 모범을 보여 주었고, 그것을 본받게 하신 분이야.

13 한강의 경제 기적

왕　　호: 교수님, 뉴스에서 들었는데요, '한강의 기적'이 무슨 말이죠?

이 교수님: 한강의 기적이란 한국이 1960년대부터 눈부시게 빠른 경제적 성장을 한 것을 이르는 말이야. 외국에서 한국의 대표적인 강인 '한강'의 이름을 따서 그렇게 부르는 거지. 원래 제2차 세계 대전 이후 수십 년에 걸친 서독의 경제적 발전을 이르는 말인 '라인 강의 기적'에서 유래한 말이지.

왕　　호: 아, 그런 말이었군요.

이 교수님: 2000년 이후 많은 개발도상국들이 한국을 지역 사회 개발 운동의 성공적인 모범으로 삼고 있다고 해. 전쟁의 폐허 속에서 일궈 낸 경제 성장에서 한국은 두 가지 교훈을 보여 주고 있지. 하나는 인적 자원을 바탕으로 한 발전 전략이고, 또 하나는 70년대 새마을 운동을 통해 전 국민들에게 비전 있는 리더십을 제시한 정부의 기능이야.

왕　　호: 새마을 운동이 뭐죠?

이 교수님: 이 운동은 1970년 4월에 시작되었는데, 가난에서 벗어나자는 국민적 요구와 조국 근대화를 추진하던 국가적 의지가 결합된 말 그대로 잘 살기 위한 운동이었어.

왕　　호: 새마을 운동이 어떻게 경제 성장을 촉진시켰나요?

이 교수님: 근면, 자조, 협동의 기본 정신을 바탕으로 정부 주도 하에 강력하게 추진된 이 운동은 길도 넓히고 집도 수리하고, 농촌에 공장을 유치하는 등 상대적으로 낙

후됐던 농촌에 활기를 불어넣어 주었지. 이렇게 농촌 근대화 운동으로 시작된 새마을 운동이 공장, 학교, 도시, 직장 등 한국 사회 전체로 확산됐고 70년대 '한강의 기적'을 뒷받침할 수 있었던 거야.

왕　　호: 그렇군요.

이 교수님: '새마을 금고, 새마을 식당, 새마을 호······' 지금도 이런 이름을 딴 상호가 곳곳에 남아 있어.

14 우리 사회를 바꾼 호주제 판결

왕　　호: 한국인은 상대나 자신의 성씨를 묻고 답할 때, 일반적으로 '김'과 같이 단독으로 말하지 않고 '김해 김씨'와 같이 장소 이름과 '씨'를 붙여 말하던데, 그 이유가 뭔가요?

이 교수님: 응, 그건 본관이라고 하는 건데, 한국에서는 본관을 통해 먼 윗대의 조상들이 살았던 곳을 알 수 있어. 그 정보는 이름 중 성에 담겨 있지. 성이 같은 '김씨'라도 '김해 김씨', '경주 김씨' 등 각 김씨 집안이 살았던 장소는 다르거든. 김해나 경주 같은 조상들의 거주지가 본관이 되는 거야.

왕　　호: 아, 본관이 한국인들에게는 참 중요한 의미군요.

이 교수님: 그럼, 한국에서는 어른들이 "본관이 어디니?"라고 물었을 때 바로 대답하지 못하면 '뼈대 없는 집안'이라거나 가정 교육을 잘 받지 못했다고 혼을 낼 만큼 본관을 중요하게 여기는 경향이 있어.

왕　　호: 네, 한국인의 성씨에 그런 정보가 담겨 있는 줄은 몰랐어요.

이 교수님: 한국은 줄곧 부계 성씨를 유지해 오다가 1990년대 후반부터는 여성주의자들과 진보 성향의 일부 지식인들을 중심으로 한 '부모 성 함께 쓰기 운동'이 전개됐지.

왕　　호: 그게 무슨 운동이죠?

이 교수님: 부모 중 아버지의 성을 따르는 전통적 호주제에 대한 비판으로 '김이한솔'처럼 부모의 성을 다 밝혀 주는 거야.

왕　　호: 지금은 호주제가 폐지됐다고 들었어요.

이 교수님: 맞아. 2008년에는 호주제가 폐지되어서 자녀들은 아버지의 성이나 어머니의 성 중에 원하는 성을 택할 수 있게 됐어.

왕　　호: 그렇게 되면 사회적으로 좀 혼란이 오지 않을까요? 자신의 본관에 대한 개념은 어떻게 되는 거죠? 또 자신은 아버지의 성을 따라서 김씨인데 누나나 형은 어머니의 성씨를 따라서 최씨이고…… 생각만 해도 머리가 아프네요.

이 교수님: 글쎄, 이혼 가정의 자녀들이 새아버지의 성과 달라서 받게 되는 마음의 상처를 고려하면 필요한 법안이라고 할 수 있지.

15 우리에게 대학이란 무엇인가?

왕　　호: 교수님, 한국인의 교육열에 대해 말씀해 주실 수 있으세요?

이 교수님: 한국인의 교육열은 세계적으로 유명해. 한국 학생들이 공부를 하는 데 들이는 시간과 노력은 놀라울 정도야. 초등학생부터 고등학생까지 더 나은 학과 성적을 얻기 위해 학원과 개인 교습, TV방송 등의 다양한 방법으로 사교육을 받고 있거든. 학교와 집, 학원과 집을 오가느라 파김치가 될 정도로 힘들어도 눈에 불을 켜고 공부를 하는 이유는 고생 끝에 낙이 온다고 분명히 좋은 결과를 얻을 거라고 믿기 때문이야.

왕　　호: 그럼, 사교육비가 만만치 않겠네요.

이 교수님: 그래도 한국의 부모들은 자녀들의 학업을 위해 투자하는 것을 아까워하지 않아. 공부를 잘해야 명문 대학에 입학하고, 명문 대학을 졸업하면 성공하기 쉽다고 생각하기 때문이지.

왕　　호: 한국의 부모들은 자식의 공부를 위해 모든 수고를 아끼지 않는군요.

이 교수님: 높은 교육열로 양성된 인재가 없었다면 한국의 고도 경제 성장은 불가능했을 거야. 하지만 수많은 청소년들은 '입시 지옥'의 교육 현실에서 순수한 꿈을 잃어 가고 있어. '치맛바람'이라는 말이 만들어질 정도로 부모의 열의가 지나쳐서 때로는 사회 문제를 야기하기도 하고.

왕　　호: 한국은 매년 11월에 수학능력시험이 있다고 들었어요.

이 교수님: 맞아. 이날 정부는 수험생의 편의를 위해 공공 기관과 회사의 출근을 1시간 늦추어 교통 혼잡을 줄여 주고, 수험생의 부모는 자식의 합격을 기원하기 위해 절에 가서 108배를 하기도 해.

왕　　호: 정말 부모의 정성이 대단하네요.

이 교수님: 이것뿐 아니라 수능시험 전에 수험생들은 친척이나 친구들로부터 각종 엿을 선물 받기도 해. 왜냐하면 엿이 끈적끈적해서, 한국인들은 그걸 먹으면 이름이 바로 합격자 명단에 붙어서 가고 싶어하는 대학에 갈 수 있다고 믿기 때문이야.

왕   호: 하하! 엿이 그런 기능이 있는지 몰랐어요. 정말 재미있는 풍습이네요. 그런데 한국 대학의 입학생 수가 고등학교 졸업생 수보다 많다고 하던데, 그러면 대학에 들어가는 것도 쉬울 텐데, 왜 이렇게 열광적이죠?

이 교수님: 한국은 학벌 사회이기 때문이야. 명문 대학에 합격하기 위해 많은 가정들이 피땀 흘려 번 돈을 아낌없이 투자하니까.

본문 출처

	제1단원　문화의 상징과 공간들
01	오태경, 「잃어버린 문화재, 되찾은 문화재」, 『중학교 국어』(2-1), 디딤돌, 2011
02	김창원·조형주, 「간송 전형필」, 『고등학교 국어』(상), 디딤돌, 2011
03	이재호, 「신라 천년의 중심, 속살을 드러낸 반월성에 올라」, 『천년 고도를 걷는 즐거움』, 한겨레출판, 2005
	제2단원　사상의 갈래와 만남
04	정우락, 「매화 그늘을 서성이며」, 저자 집필
05	김현준, 「산신각」, 『사찰, 그 속에 깃든 의미』, 효림출판사, 1997
06	정희진, 「서양은 에피스테메를 말하지만 우리는 혼란을 말한다」, 『정희진처럼 읽기』, 교양인, 2014
	제3단원　문화를 사랑하는 민족
07	오주석, 「추운 시절의 그림, 세한도」, 『오주석의 옛 그림 읽기의 즐거움』(1), 솔출판사, 1999
08	강명관, 「미인도는 왜 남겨 두었을까?」, 『그림으로 읽는 조선 여성의 역사』, 휴머니스트, 2012
09	황병기, 「가야금 인생」, 『나는 나답게 산다』(황병기 외 공저), 산하, 1998
	제4단원　품성이 아름다운 사람들
10	김 구, 「백범일지」, 『쉽게 읽는 백범일지』(도진순 엮어 옮김), 돌베개, 2005
11	이배용, 「한국 역사를 빛낸 아름다운 여성들」, 저자 집필
12	신경숙, 「엄마를 부탁해」, 『엄마를 부탁해』, 창비, 2008
	제5단원　사람 사회는 어떻게 이루어져 가는가
13	송병락, 「한강의 경제 기적」, 저자 집필
14	헌법재판소 주요 판례 '호주제 사건', 「우리 사회를 바꾼 호주제 판결」, 『고등학교 국어』(상), 창비, 2011
15	김난도, 「우리에게 대학이란 무엇인가?」, 『아프니까 청춘이다』, 쌤앤파커스, 2010